国家林业和草原局普通高等教育"十三五"规划教材

林下经济

何 茜 李吉跃 主编

中国林业出版社

图书在版编目(CIP)数据

林下经济 / 何茜, 李吉跃主编. —北京：中国林业出版社, 2020.10

国家林业和草原局普通高等教育"十三五"规划教材

ISBN 978-7-5219-0830-5

Ⅰ.①林… Ⅱ.①何…②李… Ⅲ.①林业经济-高等学校-教材 Ⅳ.①F307.2

中国版本图书馆CIP数据核字(2020)第192739号

中国林业出版社·教育分社

| 策划编辑：高红岩 | 责任编辑：曹鑫茹 | 责任校对：苏 梅 |
| 电 话：(010)83143560 | 传 真：(010)83143516 | |

出版发行 中国林业出版社(100009 北京市西城区德内大街刘海胡同7号)
E-mail：jiaocaipublic@163.com 电话：(010)83143500
http://www.forestry.gov.cn/lycb.html
经　销　新华书店
印　刷　北京中科印刷有限公司
版　次　2020年10月第1版
印　次　2020年10月第1次印刷
开　本　787mm×1092mm　1/16
印　张　10.25
字　数　270千字
定　价　38.00元

未经许可，不得以任何方式复制或抄袭本书之部分或全部内容。
版权所有　侵权必究

《林下经济》编写人员

主　编：何　茜（华南农业大学）

　　　　李吉跃（华南农业大学）

副主编：李　怡（华南农业大学）

　　　　刘效东（华南农业大学）

参　编：邱　权（华南农业大学）

　　　　陈祖静（华南农业大学）

　　　　王　冉（河南省退耕还林和天然林

　　　　　　　　保护工程管理中心）

　　　　苏　艳（华南农业大学）

前　言

在我国实施生态建设为主的林业发展战略下，随着天然林资源保护、退耕还林还草等重大工程的深入实施，绿色经济、低碳经济和循环经济的发展，势必更加关注林地、多种生物资源开发和森林生态系统的科学经营，林下经济由此应运而生。2012年，国务院办公厅下发《关于加快林下经济发展的意见》，明确了在新的历史时期下，保护与发展林下经济的新方向和重要性。党的十九大报告中指出，林区的经济建设和林业建设都是事关经济、社会可持续发展的根本性问题，而发展林下经济既能解决森林生态保护的问题，又能产生经济效益，符合建设生态文明的理念；同时，林下经济能促进乡村振兴，实现林农"不砍树也能富"，践行"绿水青山就是金山银山"的发展理念。

近年来，林下经济在全国范围内发展迅速，受到了社会的普遍重视，并已逐渐成为当代林业发展的主要形式之一。林下经济作为林业的一个新兴分支，是在林学、植物学、生态学、农学、畜牧学、社会学、经济学等基础上建立的交叉学科，也是近年来发展迅速、前景广阔的综合性和实践性科学。本教材是国家林业和草原局普通高等教育"十三五"规划教材，重点介绍了林下经济的国内外发展历史、研究领域，林下经济的概念和理论基础，林下经济四大模式及其特征，以及林下经济效益评价。本教材适用于高等农林院校的林学、园艺、农学、畜牧、林业经济等专业学习，也可作为相关专业的科研、管理和生产人员的工具书和参考书。

本教材由华南农业大学从事林学、农林经济学的科研教学团队编写。共分8章，第一章由何茜和李吉跃编写；第二章由何茜和苏艳编写；第三章由李怡和刘效东编写；第四章由刘效东编写；第五章由王冉编写；第六章由邱权编写；第七章由陈祖静编写；第八章由李怡编写。我们在编写的过程中注重理论联系实际，不仅参考了国内外大量文献资料，也应用了我们率先在全国开展林下经济调研的资料，总结了国内外在林下经济及相关领域研究的最新研究成果，融合了林下经济基本理论和实践技术，特别是对不同林下经济发展模式的特征和特色进行了详细地介绍。另外，本教材也得到了农业和林业主管部门、林业科研院所和基层生产单位诸多很好的建议，对此表示衷心的感谢。

本教材编写过程中参考了相关资料并都予以标注，谨对相关作者表示感谢。由于编者的专业知识水平所限，教材中难免有错误和疏漏之处，恳请读者批评指正。

编　者

2020 年 10 月

目 录

前 言

第一章 绪 论 (1)
第一节 国内外林下经济的发展历史 (1)
第二节 林下经济的研究领域 (7)

第二章 林下经济的概念和特征 (17)
第一节 林下经济的概念 (17)
第二节 林下经济的主要类型与特征 (22)
第三节 林下经济的作用 (30)

第三章 林下经济发展的理论基础 (37)
第一节 林下经济的生态学原理 (37)
第二节 林下经济的经济学原理 (41)

第四章 林下种植 (51)
第一节 林下种植概述 (51)
第二节 林下种植的指导原则 (54)
第三节 林下主要种植模式 (57)
第四节 林下种植配套技术 (66)

第五章 林下养殖 (73)
第一节 林下养殖概述 (73)
第二节 林下养殖主要模式与管理技术 (76)

第六章 林下产品采集加工 (90)
第一节 林下产品采集加工概述 (90)
第二节 林下产品采集加工的主要模式与效益 (92)
第三节 林下产品采集加工模式配套技术 (96)

第七章　森林景观利用 …………………………………………………（107）
第一节　森林景观利用概述 ……………………………………………（107）
第二节　森林景观利用的理论基础 ……………………………………（115）
第三节　森林景观利用模式 ……………………………………………（123）

第八章　林下经济效益评价 ……………………………………………（134）
第一节　林下经济效益评价概述 ………………………………………（134）
第二节　林下经济效益评价方法 ………………………………………（136）
第三节　林下经济效益评价指标体系构建 ……………………………（138）
第四节　林下经济效益初步评价 ………………………………………（144）

参考文献 ……………………………………………………………………（147）

第一章 绪 论

第一节 国内外林下经济的发展历史

"林下经济"是我国所特有的名词，国外并无此概念，相近的概念有"农林复合经营""社会林业""混林农业"等。国外关于林下经济产业发展的相关研究，最早可以追溯到农林复合经营、社会林业等领域，其研究内容主要集中在对环境的影响、基础理论研究和学科研究，而对产量研究、实践研究和经济研究较少。农林复合经营的概念是 1968 年由国际农林业研究委员会的 King 博士从复合经营的角度提出的，概括来说，农林复合经营就是一种土地经营利用系统或者自然资源管理系统。20 世纪 60 年代，农林复合经营研究开始兴起，人们对其内涵进行了丰富多样的描述，但本质上并无太大差别。80 年代提出了一个较为普遍接受的定义：农林复合经营是一门不同于农学，也不同于林学的独立的土地经营学科，而且它的目标也不是单一的效益，而是整体效益的最佳，追求土地资源和气候资源的高效持续利用。

从农林复合经营的历史发展和相关研究界定看，"林下经济"与"农林复合经营"在内涵上有一定的重合度，两者皆为农业与林业的混合培育模式，而且均可兼顾经济效益和生态效益，主要手段都是以生态学和经济学为理论基础，把一块长有多年生植物的土地按计划地融入农业和畜牧业，通过这种方式来提升土地利用效率和综合收益。他们的目标导向也相同：进行农林复合经营和林下经济生产活动，都有助于增加农户的额外收入，并为农户提供生产原材料，同时，大大降低了农户的经营风险，并保障农户能够在短期、中期和长期获得稳定收入。但两者也有区别，具体表现在以下几个方面：一是培育对象的侧重不同，林下经济是以林为主，在生产林产品的前提下提高土地利用率，增加单位面积经济产量和经济效益，而农林复合则不一定以林为主；二是土地利用类型不同，农林复合经营的土地利用类型是林地；三是发展的目的不同，农林复合经营的目的主要是改善农田的生态环境条件，而林下经济的主要目的是在不破坏林地生态功能的前提下，优化区域产业结构，发展林下经济；四是发展的阶段不同，农林复合经营是一般的农业生产活动，而林下经济是在这种经营活动基础上发展起来的全新经济形式，它以生态经济和循环经济为指导，更加强调整个过程充分利用生态学原理和生物种间的互利关系，做到资源的高效和循环利用；五是概念和范畴不同，农林复合经营主要表征经营活动，林下经济主要强调发展经济，而范畴更加广泛。可以说，林下经济主体来源于农林复合经营，但是又不同于农林复合经营，在内涵和生产格局上，更强调其经济属性（翟明普，2011）。从研究的范畴来看，国外学者以研究农林复合经营的基础理论和对环境的影响居多；国内学者以林下经济的具体实践研究发展模式为主。

综上，"林下经济"与"农林复合经营"两者既有区别又有联系。

一、国外农林复合经营发展与现状

农林复合经营研究在国外历史久远。Smith于1950年所著的《树木作物：永远的农业》一书中第一次提出农林复合经营的概念。早在1806年缅甸出现了一种叫作"塔亚"的系统，是将农作物与用材林间作。塔亚系统1873年被引入印度尼西亚爪哇；1887年被引入南非；1890年被引入印度和孟加拉国；20世纪普遍被泰国所采用。此后，塔亚系统在亚洲、拉丁美洲和非洲的许多热带和亚热带地区得到了进一步完善和发展。1977年，Bene(1997)在加拿大国际发展研究中心的委托下，完成了题为《树木、粮食与人》的报告，重点强调了"Agroforestry"这一新学科的研究和实践并解释了其含义，明确了这一学科的主要研究内容，优先促进复合型农业生态系统生产体系的发展这一理念在报告中被提出。随后在加拿大国家发展研究中心的倡导下，国际农林复合生态系统委员会(the International Council for Research in Agroforestry，ICRAF)于1978年成立。Nair等(1997)对农林复合经营的特点和内涵进行了总结，他认为农林复合经营既具备农业特点，又具备林业特点，同时还具有景观、田野、土壤的集合特性，因此，也证明了农林复合经营是一个集农学、林学、生态学、气候学、生物学、社会经济学和系统科学相互交叉的新兴研究学科。

在农林复合经营成为一门独立学科前，世界各地就有此类生产实践。这种把农作物或畜牧与树林结合起来的土地利用方式，在亚热带地区和热带地区较为普遍，其中一些方式已经存在了上千年。非洲在农林复合经营方面有着良好的基础。非洲地区实行的主要模式有：林牧模式、条带式混交结构、庭院式农林生态系统、塔亚系统等。许多发达国家和有关机构在非洲进行林下生态系统的研究，国际农林生态复合系统委员会将非洲作为研究和推广的主要基地。美洲的许多国家有不少关于农林复合经营的报道，主要是灌木混种、乔木与经济作物、林牧系统等。其中，美国对农林复合经营的研究更为深入，起初大多数论文都来自美国的大学，美国福特基金会和洛克菲勒基金会对此类研究给予了大力支持和赞助。1989年，美国加州大学出版了《农林复合生态系统大全》。欧洲的农林复合经营有着较长的历史，但进一步深入的研究是在最近十年才兴起的。目前，现有的类型也较为简单，主要分布在地中海地区。农林复合经营在英国于20世纪90年代才受到重视(方建民，2010)。

亚洲地区有着悠久的农林复合经营历史，近年来的发展更是迅速。以家庭为单位的庭院式的农林复合生态系统发展出许多具代表性的模式，如孟加拉国和印度的家庭式园林，印度尼西亚爪哇的林农混合农户经营系统，斯里兰卡的康提复合系统等。许多国家根据当地的自然—社会—经济条件推广了很多行之有效的农林复合生态系统模式，如泰国的森林村庄，马来西亚的胶园畜牧复合系统，越南和斯里兰卡的林、牧、渔、蜂复合系统。在联合国环境开发署、联合国粮食及农业组织和日本等国协调支持下形成了亚太农林复合网络(APAN)开展对亚洲地区农林复合生态系统的研究(方建民，2010)。

目前，国外对农林复合生态系统的研究主要侧重于基础理论的研究，如美国的 Tieszen (1993)侧重于从树木和作物的生理角度来探讨农林复合系统，指出由于 C_3 和 C_4 植物对环境因子适应不同，生产力和光合效率也不同。以 Haoksli(1990)为代表，则侧重于研究农林复合系统中各种群的分布，以及不同的复合系统中树种或作物的筛选等。还有一些学者从生物量和能量的角度，对如何解决发展中国家对燃料、粮食、药材的需求及质量提升等问题进行研究；有些学者是研究兼顾生态和经济效益的经营模式。总之，在许多国际组织和研究机构资助下，国外对农林复合系统经营结构、功能和生产力进行了较为深入和具体的研究，但将农林复合系统作为一个整体来研究农、牧、渔相结合方面以及农林复合系统的开发利用方面工作相对较少。

二、我国农林复合经营(林下经济)发展与现状

1. 起源与分类

农林复合经营起源于我国，从远古时代的刀耕火种开始，已存续几千年。我国劳动人民在生产实践中创造出许许多多农林复合经营类型。我国的农林复合经营源远流长，虽未进行系统化总结，但此类经营模式早已出现。最早可追溯到旧石器时代中后期，原始农业起源于森林，从来都是农林结合的。到了汉代，人们全面总结和推广了农林业生产经验。中国传统林下种植、养殖在明、清两代得到了大力发展，农、林、牧、渔的搭配组合形式之多也是前所未有。林木与农业物种进行混合耕作，打破了单一的种植业格局，也打破了纯林业营造格局，形成了农、林、牧紧密结合的立体种植结构和工作制度，形成了生态效益好、生产效益高、经济效益佳的林下复合种植系统，提高了土地利用率、劳动生产率和光能利用率。无论是从类型的多样性、功能的多样性和结构的多样性方面，还是从研究的深度和广度方面，我国对农林复合经营的研究在原始农业时期的萌芽阶段和以传统经验为基础的农林复合经营阶段都处于世界前列。20 世纪 80 年代，在江苏里下河地区的湿地，发展了林—渔—农复合经营系统。90 年代，在西南山地、丘陵地区发展的高等植物篱带技术，在坡地沿等高线布置灌木或矮化乔木作为植物篱带，带间种农作物，能有效防止水土流失和提高土壤肥力，取得了良好的经济效益、生态效益和社会效益。在东北、华北地区对果农间作、林药间作、林草间作等进行推广，在改善生态环境的同时，也提高了林农收入。鉴于我国农林复合种植模式比较单一，数量较少，且我国幅员辽阔，气候和土壤等条件复杂，许多模式只能在某一地区应用推广，而在其他区域会受到限制。

根据发展区域和经营要素，学者们提出了相应的分类体系。熊文愈(1988)将农林复合种植模式总结为林农、林牧、林渔、林副、林农渔五大类；裴福庚等(1996)将农林复合经营系统划分为农林、林农、林牧、农林渔、林特和地域性农林 6 种复合型；宋兆民(1993)划分为农林间作、农林牧经营、林牧经营、农林渔经营和多用途森林经营 5 种系统类型；朱清科等(1999)将黄土区农林复合系统划分为复合系统、复合模式、结构类型和栽培经营方式 4 个分类等级单元。

2. 发展阶段

当前，我国进入了以先进科学技术设计为标志的现代农林复合经营阶段。我国农林复

合经营已经从定性研究向定量化研究，从单一模式的定量研究向系统的定量化研究深入发展，主要表现在以下几个方面：一是采用统计分析或与之相关的分析方法进行定量化研究。在桐农间作种系统中应用数量化方法来确定泡桐的立地等级，并以土壤、水位、养分、植物配置方式和树龄级等要素来建立泡桐生长的预测方程。应用二次旋转设计方法，以苗木密度、种植期、施肥量等5个因素为控制变量的回归模型研究，确定苗木培育措施的组合方案。二是农林复合经营的能量流动、物质循环及系统的动态模拟定量化研究。三是经营管理及优化调控的定量研究。针对具体系统，用连续变化梯度法设计，用最少的试验次数和最小的试验规模来获得最佳结构模式。四是农林系统的总体定量化研究。应用地理信息系统技术对其三维空间的动态模拟，利用定植被层的形态及其他有关物理参数，模拟出光照生态位在三维空间的动态分布。应用地理信息系统和专家系统进行农林复合经营辅助决策管理的初步研究，建立了包括社会、经济和生态因子的专家推理模型和专家经验知识回归模型，并通过地理信息系统绘制出土地、水资源图及其他自然条件、社会经济条件分布图(况小宝，2013)。

我国学者对林下经济的相关理论基础进行了初步研究，主要是从生态学理论、经济学理论和社会学理论3个角度阐述。在生态学方面，主要统筹考虑林下经营与环境之间的关系，物种在生物群落中特定的地位和作用；在经济学方面，主要考虑生态效益和经济效益的共同最大化，不能一味以牺牲环境为代价来追求经济利益，要注意两者的协调统一。根据土地经济学理论，要优化土地的利用方式，提高资源的生产力，完善土地用的生产关系，巩固集体林权制度的改革成果，也要考虑市场供求理论，在发展林下经济时，要及时掌握市场的供需信息，不能盲目发展；在社会学理论方面，主要注重可持续发展。资源是有限的，合理利用资源保持资源环境的可持续发展。还要注意社会的可持续发展，维持社会的和谐稳定，保证文化思想的传承(魏吴琴，2015)。

3. 发展模式

林下经济的主要模式有以下4种：

①林下种植　选择合适的物种，在林下种植喜阴、喜湿的药材、粮食、蔬菜、棉花和油料作物，主要种植类型有林药模式、林粮模式、林果模式、林草模式、林茶模式、林菜模式、林花模式、林油模式等。

②林下养殖　利用造林密度较小、林下活动空间较大、林木较高大的林地，放养或圈养禽畜类动物，主要类型有林禽模式、林畜模式、林蜂模式、林蛙模式等。

③林下产品采集加工　林菌模式利用林下空气湿度大、氧气充足、光照强度低等条件，大力发展林下产品采集与加工活动，主要类型有藤芒编织、竹产品编制加工、松脂采集、竹笋采集加工、野菜野菌采集加工。

④森林景观利用　利用良好的森林景观和生态环境等自然资源，向社会公众提供亲近自然、感受自然、观光度假、修养身心的休闲服务，主要类型有"林家乐"、林区"森林人家"、生态休闲旅游、森林游憩康养、风景名胜区生态旅游等。

陈红萍(2020)对林下经济的主要模式及其优缺点进行了探讨。就林药模式而言，可根据林下的环境状况来选择适合生长的药材，培育有针对性，能充分发挥所栽药材的药用价值。例如，黄精喜欢比较阴暗、湿润的地方；在中度阴暗的地方可以选择种植板蓝根、山药等。但由于药材本身的特点及环境要求不同，不适合发展大规模种植，限制了林药模式的发展。对于林禽模式，可以很好地利用林下的水源、土地等，同时还能利用这些禽类来清除林地上的杂草，并提高土壤有机物含量。但由于禽类的活动范围比较大，粪便不易收集，容易污染水资源，传播疾病。同时，长期养殖禽类会使土壤被踩踏的次数过多，容易造成土质硬结。至于林菌模式，林下环境很适合生长各种菌类，具有菌类生长所需的光照、温度和湿度等条件，同时林木还能给这些菌类带来生长所需的原料，因此培养起来十分方便。但是菌类生长周期比较长，而且对水分要求较高，所以投入的资金也比较多。另外，栽培时最好选择地势平坦、交通方便的地区。

林下经济模式效益因地区和模式而异。例如，江西省地处亚热带中部，有非常优质的自然条件，气候湿润暖和，阳光充足，雨水充沛，非常适合多种植物的生长。所以，江西地区的农户可以根据不同年龄阶段的林地及不同特征的林下空间选择与此相适应的林下动植物类型，以此来发展林下经济。从2018年的发展形势分析，江西省林下经济发展获得了很好的成果。在2018一整年中，江西省林下经济面积增加了$4.29\times10^4 hm^2$，其中有油茶、药材等。江西地区的林下经济发展趋势很好，成为当地脱贫致富主要产业。截止到2018年，江西省林下经济总产值高达1 533亿元，位居我国前列(徐慧艳，2020)。此外，浙江省嘉兴市秀洲区在推广林下模式后，全区农用土地利用率及林农平均收入都在不断提高。林苗模式共推广$306.67 hm^2$，林下产出平均年产值每公顷4.8万元，林下产出平均年效益每公顷2.63万元，年总产值1 472万元，年总效益806.5万元；林禽模式共推广$286.67 hm^2$，林下产出平均年产值达到每公顷6万元，林下产出平均年效益为每公顷2.7万元，年总产值1 720万元，年总效益774万元；林菜模式共推广了$260 hm^2$，林下产出平均年产值每公顷2.25万元，林下产出平均年效益每公顷1.28万元，年总产值585万元，年总效益332.8万元。

4. 发展因素

对林下经济影响因素的实证研究，主要有3种：一是建立OLS回归模型，对林下经济产业收入的影响因素进行研究；二是建立Logistic回归模型，对农户或职工家庭从事林下经济活动意愿的影响因素进行研究，研究发现这些影响因素主要体现在个体自身(年龄、受教育程度等)、拥有的林地状况(坡度、面积、土质等)以及其他外部因素(资金问题及市场信息、政府扶持)三方面；三是运用层次分析方法，通过建立林下经济发展的影响因素指标体系进行研究。此外，也有学者进行了实地调研，最终发现资金、职工家庭拥有权利的大小也会影响林下经济的发展(彭鹏，2016)。

我国林下经济整体上仍处于初始发展阶段，制约林下经济发展的因素目前主要体现在资金、市场、技术、理念4个方面。资金缺乏是目前各地林下经济发展面临的共性问题。第一，林农缺乏投入资金。农村生产资金缺乏问题多年困扰乡村林业发展。第二，市场开拓难度较大。除了林下休闲旅游(包括采摘、住宿餐饮服务等)外，林下经济产品大多为种植、养殖产品，即食品和中医药品。目前全国大多地方在发展林下经济时，都纷纷打出"绿色""环保"牌。如河北邱县的"林下柴鸡"、大兴安岭的"黑木耳"和"野生蓝莓"等。但由于监管松弛和法治不力等原因,市场上所谓的绿色产品存在掺假现象,给消费者带来不少疑惑。第三,品牌维护难度较大。消费者难以从外表上对不同产地的林下种植、养殖产品进行严格区分,加之市场法制缺失现象频发,往往使得食品和中医药品行业冒仿欺诈行为成本低且风险小,易引发林下经济优质品牌冒仿行为,这不仅给品牌打造的投资经营者带来巨大经济损害,而且给广大消费者带来消费心理障碍。在技术方面,广大林农的科技文化素质整体较低。由于受城乡二元化教育差距影响,农村劳动者文化与技术素质目前仍然普遍低下。第四,乡村林业科技服务支撑不足。林下经济项目的选择、策划、生产、销售等各环节都需要科学技术和产品信息、市场信息等科技信息领域的强力支撑。例如,林下养殖种类和品种的选择、放养量规模、植物病虫鼠害防治、畜禽疫情防治等,不但影响着林下经济收益,而且影响着生态环境保护。而一般生产经营者并不具备这些科技知识,需要公共服务部门提供咨询帮助。然而,目前乡村林业科技服务机构的科技服务能力难以适应林下经济快速发展需求。此外,林下经济也受理念制约,受传统林业思想观念影响,一些人对林下经济缺乏明确认知,对林下经济内涵与外延难以界定。林下经济以林业生态保护为主,利用综合资源系统,涉及多领域多部门,认识上的误区对推动林下经济快速发展无疑会产生负面影响。

单红旭(2012)对安徽省金寨县西北部地区某村庄的林下经济进行实地调研,发现村庄经济能人的参与是村林下经济项目成功实施的重要纽带。经济能人是一个村庄的重要人物,他们往往对一个村庄的政治和社会经济活动产生十分重要的影响。有效整合该村庄外部资源和内部资源是采用参与式方法发展林下经济项目的关键。在外部资源注入和帮助村发展林下经济的情况下,如何利用这些资源是外来力量和村必须考虑的现实问题。

5. 发展趋势

目前在对林下经济发展意义、模式等进行研究时,由于数据处理烦琐以及评价指标难以确立等原因,国内大多为描述性研究;对林下经济发展的影响因素进行研究时,所用的实证方法主要是基于问卷调查的层次分析法。今后在研究林下经济问题时,可考虑采用对比实验法对林下经济模式的效益进行分析,依据因变量的不同,选用不同模型对发展林下经济的影响因素进行研究,如农户经营林下经济意愿服从二项分布,对其进行研究时采用Logistic回归模型,而研究林下经济发展影响因素时可能存在多种原因多种结果的情况,则可选用结构方程模型,提高结果的科学性和客观性。

林下经济在发展过程中,技术创新成果能够很快实现产业化,见效快、效益高。林下经济是劳动密集型产业,能够在一定程度上缓解农村劳动力富余问题。林下经济能增加林地的生物多样性,促进林农增收等,总之,作为新兴的绿色产业,林下经济是林业产业的新兴经济增长点。林下经济以维护和改善生态环境为前提,是一种"生态—循环—立体型经济",能够实现林业经济和生态环境效益的双赢。林下经济拓宽了林业投资渠道,在全社会办林业的同时分享林业带来的效益(毕世明,2008)。纵观我国对林下经济经济效益的研究,大多学者选用层次分析法(AHP)来进行测算评价,包括拓展的SWOT-AHP、Fuzzy-AHP-SWOT分析方法。彭斌,刘俊昌(2014)在对广西壮族自治区的林下经济效益进行分析时,选用了数据包络模型法(DEA),丰富了林下经济效益评价体系。此外,在评价不同林下经济模式或同一模式下的不同搭配时，不能只注重经济产出的效益，要同时兼顾好生态效益和社会效益，把综合效益作为评价的标准(林涛，2013)。

第二节　林下经济的研究领域

林下经济的内涵是发展农林复合经营，以生产多种木质与非木质林产品为目的的经济形态。林下经济的外延还应包括利用森林的生态功能和社会文化功能，开展诸如生态旅游、休闲度假、观光采摘等多项活动，以满足社会需求而发展的林业经济。

一、林下经济物质循环与能量流动

能值分析是在系统生态、能量生态、生态经济理论基础上于20世纪80年代末创立的系统分析新方法和新理论。它着重于系统整体特征的分析，不仅解决了传统能量分析方法中不同能量类别难于比较和加减的问题，并且从一个全新的角度来看待自然环境资源在生态系统中的作用，适合比较分析不同类别能量，综合分析评价系统能流、物流和价值流。能值是指某种能量所包含的另一种能量的数量。基于一切能量都始自太阳能的观点，将任何资源、产品或劳务形成所需直接和间接的太阳能之量称为其所具有的太阳能值(solar emergy)，单位是太阳能焦耳(solar emjoules，简称sej)。能值分析常用太阳能值来衡量某一能量的能值大小，将单位数量的能量或物质所包含的太阳能值称为太阳能值转换率。

农林复合系统能流的研究是近50年来研究较多的课题之一。自从生态系统能流分析方法创立以来，科学家对各类生态系统进行了能流研究，提出一套简明的"能量语言"和分析方法。从20世纪六七十年代开始，各国学者对人工影响的生态系统能流和物质循环进行了大量研究。

能值理论概念和分析方法是从能量到体现能，再到能值，从系统能量分析到能值分析；从自然生态学研究到复合生态经济系统研究；从生态系统能物流分析到复合生态经济系统各种生态流(能物流、信息流、生物流、货币流)的能值综合分析；从系统分析到生态工程的系统设计。经过长期研究，综合系统生态概念和度量标准能值，H. T. Odum创立了能值理论和分析方法。1987年，他接受瑞典皇家科学院克莱福奖时发表的演讲和在 *Science* 发表的论文中，首次阐述了能值概念理论，论述了能值和能质、能量等级、信息、资源财富等的关系。经进一步研究和总结国际能值研究成果，于1996年出版了世界上第一部能值专著 *Environmental Accounting: Emergy and Environmental Decision Making*。所以，能值分析理论和方法虽然问世不久，但其形成和发展的历史却不短。

我国能量流动研究起步比较晚。加拿大学者Smil于1981年从能流观点中对中国农林复合生态系统做了比较全面的分析，对剖析我国农林复合生态系统的特点开创了先例。我国在这方面研究比较早的是刘巽浩(1982)，他提出了比较详细的方法和步骤，即确定生态系统边界、调查收集资料、确定研究能量的内容、能量折算、分析等。闻大中(1985、1986、1987)对能流分析方法也做了较全面的总结。韩纯儒(1989)对黄淮海14个农业复合生态系统进行了能流分析，并与美国、荷兰等国的典型农场进行了对比分析。陶芸等对不同研究对象进行了能流分析，以不同规模和深度对农林复合生态系统进行了定量、半定量的分析。

目前，能值研究是美国、意大利、瑞典、澳大利亚、日本等国家的科学界的热点研究方向，亚洲、非洲和拉丁美洲的很多发展中国家的学者也纷纷投入了研究当中，如印度、墨西哥、厄瓜多尔、泰国、中国等都有越来越多的学者开展研究。能值理论和分析方法是以客观的科学观点分析自然资源和世界经济财富，对发展中国家的可持续发展有利，易于被他们所接受。基于市场价值论的西方经济学家则比较难以理解和接受这种生态经济学的能值理论，他们抨击得多，深入研究比较少，又提不出否定的充分理由和依据。

二、林下经济的固碳潜力

1. 林下经济固碳潜力概念及范畴

不同研究者对固碳潜力的表述随研究目的不同而有所差异，有学者将固碳潜力定义为特定目标年和环境背景下，生态系统可能达到的最大固碳能力（于贵瑞，2011）；有学者将其表述为碳储量相对于对照的长期平均增长量（Sampson，2000），其中对照或基准值可以为无林的农田或草地、退化农林复合系统或现有农林复合系统（Montagnini，Nair，2004）。也有研究者提出固碳潜力包括理论固碳潜力和实际固碳潜力，理论固碳潜力是由植物自身生长特性、气候和环境条件共同决定的；实际固碳潜力是在社会、经济因素和管理条件限制下所能达到的固碳潜力（Cannell，2003）。Luedeling 等（2011）对以上概念进行了整合和修改，提出适宜于农林复合系统的固碳潜力，共包括以下4个层次：

①生物固碳潜力（biophysical potential） 是指在特定的光照、温度、降水和土壤等气候和环境条件下，不受管理、社会和经济因素限制的某一区域农林复合系统所能达到的最大固碳能力，也称理论固碳潜力。生物固碳潜力有利于不同区域或不同类型农林复合系统固碳潜力间的比较，因此，当前对农林复合系统固碳潜力的研究主要集中在生物固碳潜力。

②技术固碳潜力（technical potential） 是指在生物固碳潜力的基础上，在满足农田管理措施、技术措施和生态系统输入（化肥和灌溉）等条件下所能达到的固碳潜力。

③经济固碳潜力（economic potential） 是指在考虑农田管理措施的经济成本和效益的基础上所能达到的固碳潜力。

④实际固碳潜力（practical potential） 是指在考虑农林复合系统的社会认可度、劳动力有效性、土地使用周期、政策支持和市场导向等因素下所能达到的实际固碳潜力。实际固碳潜力有助于评价农户的经济收益和制定相关政策。有研究表明，实际固碳潜力仅为生物固碳潜力的 10%~20%（Smith et al.，2007）。研究农林复合系统的固碳潜力需要同时关注这4个组分，但当前的研究大多只关注生物固碳潜力和（或）实际固碳潜力（Luedeling，2011）。国际上通用的固碳潜力的表述为某一区域或某一生态系统每年所固存的碳，可用固碳速率与分布面积的乘积计算得到（Udawatta，Jose，2012）。

2. 林下经济固碳潜力计算方法

准确地测定农林复合系统的碳储量是估算固碳速率和固碳潜力的基础，农林复合系统的碳储量包括地上碳、根系碳、微生物碳、土壤碳和凋落物碳 5 个组分。测定方法包括站点实测法、涡度相关法和模型模拟法等(Takimoto, 2007; Nair, 2009b)。

(1) 站点实测法

站点实测法是直接测定样地内木本和草本植物的地上生物量、根系生物量、凋落物量、微生物生物量和土壤有机碳含量,以此来计算农林复合系统的固碳速率和固碳潜力的方法。其中,地上生物量采用整株收获法测定,细根生物量采用土钻法或土柱法测定,粗根生物量采用部分或全部挖掘法测定。基于破坏性取样的直接测定法是获取农林复合系统碳储量的最准确的方法,常被用于其他估算方法的验证。但该法会耗费大量的时间和劳动力,特别是对高大乔木。因此,研究者也常通过建立地上生物量与胸径、树高的回归方程来估算木本植物的地上碳储量(Smiley, Kroschel, 2008; 李海奎, 雷渊才, 2010)。但这种回归方程或只适用于特定样地,或太过普适,往往不能得到准确的估算结果(Haile et al., 2010)。李海奎和雷渊才(2010)给出了我国 16 个树种的生物量回归方程,但在实际估算时需要基于最新的样地实测数据来检验和修改参数。土壤碳储量的测定在农林复合系统固碳潜力的计算中起着决定性的作用,土壤碳储量包括根系碳、微生物碳和土壤有机碳等多种形式。但当前的取样技术对准确地测定根系生物量还存在较大的困难(Nair, 2011b)。因此,有很多研究利用根冠比值来间接估算木本和草本植物的根系生物(Nair et al., 2009c; 李海奎, 雷渊才, 2010)。对农林复合系统植被固碳潜力的估算是基于碳含量的假说,该假说认为农林复合系统中枝条的含碳量为 45%~50%,叶片的含碳量为 30%,整株植物的含碳量为 50%(Udawatta, Jose, 2011)。

(2) 涡度相关法

涡度相关法是基于微气象学方法和涡度相关技术对农林复合系统与大气间 CO_2 湍流通量进行实时非破坏性取样的方法。该方法能在较大尺度上测定碳通量在大气—植被—土壤间的交换过程,已被广泛用于森林、农田和草地生态系统碳储量的定量观测。但农林复合系统相比单一系统具有下界面复杂、冠层结构多样等特点,可能导致湍流格局的复杂性,进而影响观测结果的准确性,因此,目前在农林复合系统碳循环研究中还没有得到广泛的应用。Ward 等(2012)的验证结果表明,涡度相关法能很好地用于澳大利亚农林间作系统的固碳潜力评估。该方法也在巴拿马的热带林草复合系统和非洲稀树草原区的固碳潜力研究中得到了应用(Wolf et al., 2011)。涡度相关法能实时准确地测定农林复合系统的净碳交换量,因此结合站点实测法将能很好地揭示农林复合系统固碳潜力的时空分布格局。

(3) 模型模拟法

为了获得区域乃至全球尺度农林复合系统的固碳潜力,20 世纪 90 年代中期在农林复合系统建模项目(agroforestry modeling project, AMP)的支持下开始了农林复合系统的模型研究。这些模型基于农林复合系统内的植被生长和土壤生物地球化学循环过程来估算农林复合系统的固碳潜力(Nair et al., 2010)。Ellis 等(2004)对当前运用较多的模型,如 HyPAR 模型、WaNuLCAS 模型、BEAM 模型和 HyCAS 模型进行了对比分析,认为这些模型大都因参数较多和结构复杂而没有得到较好地应用。Masera 等(2003)建立了一个生态系统尺度的农林复合系统固碳潜力模型(CO2FIX V.2),该模型能动态模拟森林生态系统的碳循环过程，并在温带和热带农林复合系统中得到了验证。

Zhai 等(2006)基于 GRASIM 模型发展了 silvopasture-GRASIM 模型，该模型能较好地模拟美国中西部林草复合系统内草本植物的生长状况，但是，该模型是否适用于其他区域还需要进一步的验证。当前大部分模型都只关注农林复合系统内木本或草本植物的单一碳循环过程，还缺少将木本和草本植物的碳循环过程耦合关联以定量地估测农林复合系统整体固碳潜力的研究。

农林复合系统固碳潜力的高低取决于其分布面积和固碳速率，当前对不同类型农林复合系统的分布面积还没有准确的估算，这是由于农林复合系统中木本植物的分布很不规则，因此很难准确地描述木本植物的影响边界。不同区域、不同类型农林复合系统的固碳速率相差很大($0.22\sim16.1\text{t C}\cdot\text{hm}^{-2}\cdot\text{a}^{-1}$)，全球农林复合系统未来 50 年的固碳潜力为 $1.2\sim2.2\text{Pg C}\cdot\text{a}^{-1}$，我国农林复合系统未来 30 年的固碳潜力为 $37.95\text{Tg C}\cdot\text{a}^{-1}$，平均固碳速率为 $0.5\text{t C}\cdot\text{hm}^{-2}\cdot\text{a}^{-1}$，相比全球平均值($0.72\text{t C}\cdot\text{hm}^{-2}\cdot\text{a}^{-1}$)或其他国家和地区还处于较低的水平。相对而言，热带湿润地区的固碳速率要高于温带干旱和半干旱地区，南亚和东南亚热带地区的庭院复合系统、非洲热带湿润地区和南美洲热带地区都具有较高的固碳潜力。温带农林复合系统中林草复合型的固碳潜力较高，Udawatta 和 Jose(2011)的研究表明，美国林草复合系统的固碳速率为 $6.1\text{t C}\cdot\text{hm}^{-2}\cdot\text{a}^{-1}$，固碳潜力为 $474\text{Tg C}\cdot\text{a}^{-1}$，占农林复合系统总固碳潜力的 86%。印度建植 9 年林草复合系统的固碳速率为 $1.96\text{t C}\cdot\text{hm}^{-2}\cdot\text{a}^{-1}$，相比其他类型也具有较高的固碳优势(Yadava，2010)。高生产力的农林复合系统包括林牧复合、林草复合、林药复合等，能很好地促进碳在土壤中和生物物质中的固定(地上和地下固定)。例如，拉丁美洲传统养牛业中的单作牧场，一般在营建 5 年后发生退化，并释放出大量碳。Veldkamp(1994)估计，采伐迹地上营建的低产操场地毯草，在森林采伐后的前 20 年累积净 CO_2 释放量在 $31.5\text{t}\sim60.5\text{Mg C}\cdot\text{hm}^{-2}$(弱发育湿润淋溶土)。而管理良好的林牧复合系统不仅能提高总生产力，而且能固定更多的碳这对于牧民可能是一项额外的经济收益。

农林复合系统所固定的碳量受其树种(或灌木种)、林分密度与空间分布、牧草耐阴能力的共同影响。在厄瓜多尔安第斯山脉，土壤碳量从开放牧草系统的 7.9%增加到 Inga 树冠下的 11.4%，但是其中土壤碳含量差异不明显，林地 15cm 表层土壤内碳的含量较开放牧草系统增加 $20\text{Mg C}\cdot\text{hm}^{-2}$。

三、林下经济对水资源保护

林木通过对降水及云雾的截持(可能有正反两方面的影响)、土壤蓄水、减少地表径流及增加入渗影响着系统的水循环。林木能将养分限制在系统内部进行循环，防止了养分的流失。因此，农林复合系统能减少地表水受硝酸盐及其他对环境或人体有害的物质污染的可能性。在林分或农林复合系统覆盖较高的小流域地区，由于径流和养分淋溶的减少，流域水质会得以提高(Stadtmuller，1994)。

在哥斯达黎加的一些研究阐明了农林复合系统中的相互影响。例如，咖啡分别与定期修剪的刺桐($555\text{株}\cdot\text{hm}^{-2}$)及不修剪的破布木($135\text{株}\cdot\text{hm}^{-2}$)复合经营，截留降水量分别为16%和7.5%。在大量施用氮肥以期获得作物高产地区的研究表明，咖啡单作系统中硝酸盐的淋失量远比种植耐阴树种的系统高，这可能是由于农林复合系统具有更高的蒸腾率(Avila, 2004)。在这一地区，已经通过立法承认了农林复合系统和林地这种综合环境服务功能，但是要准确确定农林复合系统的真正价值，还需要开展环境中长期效益的经济分析和研究。

四、林下经济的生物多样性

在采伐迹地和破碎化景观中，农林复合系统可以为植物、动物提供生境和生活资源，保持景观的连通性（方便动物的迁徙和活动，有利于种子传播和授粉），减少火灾频率和强度以利于物种定居、增加潜在的边际效益及为保护区提供缓冲，在生物多样性保护中发挥着重要作用。值得注意的是，农林复合系统并不能完全等同于天然林的生境，也不能作为损害天然林保护进程的替代工具。然而，农林复合系统确实能够为景观尺度上的生物多样性提供强有力的补充，在诸如中美洲生物廊道这样的地区，农林复合系统对于保护现存森林片段、维护保护区周边农场林木覆盖率、提高森林的连通性发挥了令人瞩目的作用。

农林复合系统的生物多样性保护功能受多种因素的影响，如系统的起源和设计（尤其是其中植物种类及其结构多样性）、系统在景观中的持久性、系统所处位置与现存天然生境的关系和联通程度、系统的管理利用方式（特别是修枝、除草剂和农药的使用）、木材和非木质产品的收获、系统内的家畜等。一般来说，系统多样性越丰富、管理强度越低，并且越靠近天然生境，其保护本地植物和动物的能力就越强。当然，尽管农林复合系统能很好地模仿天然生态系统，并为具有丰富多样性的动植物提供多样的生境和资源，但它所起到的作用通常还是不及天然林。但即便是具有较低林木密度和物种多样性的农林复合系统也能在维持生物连通性方面发挥作用。

关于农林复合系统中生物多样性研究论著很多，但这些研究并没能回答系统中动物和植物种群长期可存活性，以及周边森林的大量采伐又将如何影响这些种群。到目前为止，大部分研究仍是在森林覆盖的地区开展生物多样性监测与编目，这些研究主要集中在较小的时空尺度上的为数不多的几个类群，要清楚了解农林复合经系统在生物多样性保护中的真正价值，开展更长时间、更多尺度的复合类群研究很有必要。

农林复合系统多样性的生态基础是通过多种物种共存的生态位互补性和非竞争性共享增长资源，如光、水和营养成分。它解释了生态系统中物种多样性如何导致资源更有效的利用、生态系统的健康和生产力的提高，以及系统中更大范围的物种如何导致更广泛的资源利用，从而使系统更有成效(Tilman, 1994)。在这种系统中，生态位互补性的另一个表现形式来自系统不同部分的不同生根模式和根系结构。从浅层到深层，从细根结构到粗根结构，在不同水平和垂直距离的定位及在土壤中通过混合系统的组合根系是否有利于完全覆盖土壤，与单个物种相比更具有优势(Nair, 1993)。事实上，利用农林复合系统的这些生态位互补属性将为设计农业生态系统提供更有价值的资源，这些系统在资源利用方面比传统系统更有效率。

农林复合系统中存在的树木、灌木和其他物种的数量和多样性有助于增加生态系统对于传播者、分解者、授粉者、食草动物、捕食动物和病原体等更多生物体安家。在不同空间分布上，从而更有利于提高生态系统服务和食物链的效率和功能。

五、林下经济的生产力提升

土壤肥力是农业系统维持和发展的关键因子，它的高低直接影响系统的产量、产值。目前，对农林系统土壤肥力的研究较多，如吴建军（1998）等研究表明，在柑橘园中套种牧草有利于改善其土壤肥力，林地土壤有机质、全氮、速效磷、阳离子交换量及pH值都比传统柑橘种植园高。

赵英（2006）等，通过 ^{15}N 微区试验，对作物生长量及光合有效辐射进行测定、并结合多年监测的土壤水文数据，综合探讨了南酸枣—花生复合系统引起的物种间水肥光的变化；并对其交互作用形成的竞争关系分析，较为全面地评价了农林复合系统水肥光竞争特征。研究表明，在低丘红壤中性行南酸枣与花生复合种植，能够促进南酸枣生长，但也减少了20%~50%的花生产量。其原因与南酸枣遮阴引起复合花生光合有效辐射减弱和两者水、肥竞争有关。在旱季，复合系统能有效利用深层土层土壤水分，从而缓解了干旱造成的影响；也使南酸枣能够利用施于花生区的深层养分，提高了养分的利用率；但同时也导致养分的竞争并影响花生的生长。在各种影响因子中，光最大，养分其次，水分最小。

傅松玲（1996）等通过对泡桐—茶树复合系统生物量的比价发现，复合系统中泡桐与纯泡桐林中泡桐的各器官生物量差异不显著。复合系统中茶树与纯茶园中茶树比较，其生物量结构差异也不大。系统中茶树侧根相对略少，而吸收根所占比例显然大于纯茶园。这可能是由于混交林中的泡桐通过大量落花、落叶，将其从土壤深层中吸收的养分部分地归还林地，使林地表层土壤肥力增强，导致茶树生出较多吸收根，以吸取更多养分。纯茶园中土地养分相对较贫瘠，故根部延伸到更广泛的土壤中，从而导致侧根较发达。

六、林下经济的地力维护

土壤改良功能与系统中固氮树种、深根性树种及灌木的生长紧密相关，这些树种通过生物固定、深层养分循环（特别是干旱、半干旱地区）来增加氮的获取能力，积累土壤有机质和其他养分。

正式的农林复合系统研究（主要是非洲）最初致力于运用豆科灌木树种保持一年生作物的土壤肥力，如园地式农林复合、间作系统及林木改良休耕系统。篱笆间农林复合系统（沿等高线的生物篱笆）通过沿着等高线带状种植草本和一年生树种，能控制泥沙和养分的流失，较少地表径流，增加土壤通透性和渗透性，美洲中部和亚洲的很多非政府组织已经广泛应用了这种复合模式，但是关于这种复合类型的研究并不多。尽管很多定位及试验性研究结果表明，这种农林复合系统的生产力和土壤肥力方面的效能显著，但是生物篱笆复合系统推行的前景并不乐观，因为它需要较多劳动力和土地资源，生物篱笆品种往往缺乏商用或家用价值，而且其改善环境的功能需要很长时间才能得以显现。

在很多还在进行刀耕火种的偏远地区，林木休耕法能有效缩短休耕期，这是一项解决土壤肥力退化很有潜力的途径。植物获取氮的能力主要取决于0~20cm土层中经矿化的无机氮和好氧态氮的含量，固氮树种和其他树种、草种相比能提高土层中氮含量，经过轮作固氮树种后作物明显增产增收。林木休耕（豆科或非豆科）能在树木生长中积累更多的有机物和营养物质，同时，土壤根系密度的增加以及垂直根系范围的扩大能减少淋溶、增加深层土壤的养分吸收，从而保持了养分的供应。Szott 等（1996）研究认为，与豆科草种休耕法相比，采用豆科林木能显著提高作物中磷、钾、钙、镁的总含量，并能提高凋落物、土壤中阳离子交换量及活性磷的含量。同时，速生豆科树种能加速耕作层氮、磷、钾的积聚，但对钙、镁的积聚作用并不明显。多年生耐阴树种（如咖啡豆和可可），通过枯枝落叶物及修剪后枝条的覆盖减轻了雨滴对土壤的击溅，可以改善土壤结构，增加了土壤氮含量以及对土壤养分的拦蓄。

针对上述各种复合系统的研究，有人进行了经济效益分析（Sullivan et al., 1992），但这些研究没能考虑系统中包括树木在内的如改良和保持土壤肥力的短期与长期效益，也没能就其可能对财政补偿政策的影响做出分析。

七、林下经济的树种配置

农林复合系统的规划设计的内容主要是确定系统的结构。结构决定功能，结构合理与否决定复合系统的稳定性和最佳综合效益能否实现。复合生态系统的结构包括系统的组成成分、组分在系统空间和时间上的配置，以及组分间的联系特点和联系方式（杨京平，2001）。简单地说，就是生物组分在时、空、量、序上的组合。

树种的选择要有利于各组分生态位的优化配置和水土资源的高效利用，有利于能流、物流、信息流的整合和良性循环。合理的复合模式有利于保持系统稳定性，提高物种的多样性，实现农林产业的可持续经营，促进整体功能的发挥。确定系统的物种组成，即选择适宜共生的树种、作物品种及动物品种或其他搭配物种。农林复合田间试验设计趋向于识别和量化林木和作物及（或）动物的互作。应同时考虑竞争和共生作用，这其中往往意味着种内和种间关系的比较。

不同地区的环境资源迥异，因此在各地农林复合系统设计实践中生物组分的选择搭配上有明显的地域性。陈远生等（1996）根据亚热带季风气候自然条件特点，选择桉树、池杉、竹子、木麻黄作为海岸带的农林复合系统中的防护林树种，因地制宜，运用生物种群互利共生的组合配置，将海岸带的农林复合经营划分为：林农、林果、林牧、林渔4种模式。在中美洲的哥斯达黎加等地的咖啡园，刺桐高大的树冠可遮去咖啡冠层上40%~60%的光照，使咖啡园气温和叶温低于或接近25℃，有利于咖啡树生长和结实，并且抑制了杂草的生长和褐斑病的发生，所以在咖啡园的规划设计中常常引入此类树种。在苏丹中部黏土区的橡胶种植带，阿拉伯树胶林间作高粱或芝麻是一项保持土壤肥力很有效的措施。高喜荣等（2004）在太行山低山丘陵区，通过4年乔、灌、草种的选引与生物、生态习性的观察比较，筛选出火炬树、刺槐、元宝槭、臭椿、侧柏5个乔木树种，作为低山石灰岩区水保林适生树种；太子参、半夏、白芨、细辛为石灰岩区林药复合经营的中药材种类；紫花苜蓿为石灰岩地区林草复合首选草种；以及适合于花岗片麻岩区的灌木树种：紫穗槐、刺槐；适应山区干旱瘠薄立地复合经营的小麦、谷子、花生的新品种各两个。

北方平原农区，以毛白杨、钻天柳、侧柏与紫穗槐等组成的林带内，喜光速生用材树种居上层，生长较慢或经济林树种处于中层，灌木处下层，牧草、黄花菜位于最下层。这样的时空配置，就形成了优化的复合群体，多层次的树冠结构，充分利用和挖掘了水土、空间、时间的生产潜力。在幼林郁闭的前几年，行间甚至株间间作农作物、牧草、药材等，可增加短期经济收入，并以耕代抚，促进幼树生长，如刺槐幼林间作小麦、花生、大豆、地瓜，银杏幼林间作药用植物等。此外，在刚郁闭林内仍可间作较耐阴的药材、牧草、蔬菜，在郁闭的林内培养蘑菇等。同时根据当地自然资源的限制性因子，选择间作树种，如在潜水位较低的轻壤、中壤质土地上采用农桐间作；在潜水位较高的中壤质土地上采用农杨间作；在潜水位适中、土壤肥力较好的土地上采用农香（椿）间作、农桑间作、农栗（板栗）间作；在潜水位较低的轻、中盐化土地上采用农枣间作；在河滩及故道的沙壤质土地上采用农杉柳间作；在较干旱瘠薄的沙土地采用农灌（紫穗槐、杞柳）间作等。

针对百年来依赖化石能源的高产农业所带来的诸多不可持续的负面影响，有学者认为模仿自然生态系统的结构和功能有助于设计出可持续的农林复合系统，并通过不同立地条件下的田间试验模拟农林复合系统对病虫害、植物生产力和土壤肥力等方面的响应。在澳大利亚西南部种植采用深根系的非本土树种来消耗当地土壤中多余的水分；在美国中西部种植多年生草本来保护当地的土壤也都属于这方面的实践。在我国西南喀斯特峰丛区，李先琨等（2005）在农林复合系统优化与植被恢复试验中通过模拟当地植物群落演替的不同阶段，选择不同的乔、灌、草配置模式进行相应的人工诱导试验。

八、林下经济的综合效益及其评价

一般关于农林复合经营综合效益的研究分为生态效益、社会效益和经济效益三大类。国内学者大多采用不同的方法评价农林复合经营所产生的综合效益，评价方法主要分为成本—效益分析法和统计学分析法两大类。

1. 成本—效益分析法

20世纪90年代以前，国内研究农林复合经营效益问题的学者大都采用效益成本分析法，其中，黄宝龙（1985）就应用贴现的效益—成本分析方法评价了林渔农复合经营系统的经济效益。何群（1994）也应用此方法评价了农（小麦、大豆和棉花）桐间作系统的经济效益。黄宝龙、黄文丁（1991）以江苏省江淮平原的里下河地区为研究对象，发现复合经营的净生产力、生态效应、经济产量都明显地高于单一经营的。通过总结以上学者的研究内容，我们发现效益成本分析法虽然计算简单、易于使用，但同时它也存在许多不足，如评价目标单一，只考虑了经济财务效益这一方面，忽略了农林复合系统具有时间上的周期性。评价的时候不能只对当年的经济效益做评价，还应该考虑未来几年内有可能影响系统经济效益的其他因素，如价格和市场需求等。而且经济评价的标准至少包括4个经济参数，即净现值、内部收益率、效益成本比率和投资回收期。

2. 统计学分析法

（1）层次分析法

层次分析法的特点是在对复杂的决策问题的本质、影响因素及其内在关系等进行深入分析的基础上，利用较少的定量信息使决策的思维过程数量化，尤其适合于对决策结果难于直接准确计量的场合。如吴钢等(2002)在对三峡库区农林复合生态系统大面调查和定点测试的基础上，根据生态学原理和生态经济学原理，采用层次分析法(AHP)，根据对农林复合生态系统的生物量和生产力、物质流、能量流、价值流、土地利用率等系统研究的结果，对三峡库区分布面积较大的4种农林复合生态系统选择了有关经济效益、生态效益、社会效益的19个指标进行了评价。

通过分析我们发现，运用层次分析法评价农林复合经营系统也存在一些不可避免的弊端，就是在选定指标体系时必然会存在主观因素，所以如何减少主观因素对评价农林复合经营效益问题的干扰，需要我们继续努力寻找新的方法，或者改进的方法，如改进的层次分析法。

(2) 灰色关联度分析法

薛建辉、徐友新等(2001)在《林农复合系统的间作物产量与环境因子关联分析》一文中采用灰色关联分析方法，探讨不同密度林分内间作物产量与林内小气候因子的关联度。温熙胜、何丙辉、张洪江(2007)以三峡库区农林复合种植模式为试材，应用灰色关联度分析法研究了不同农林复合种植模式下养分、持水量、径流量、土壤侵蚀量、经济效益五大指标，结果表明连翘+银花+紫花苜蓿模式的关联度最大，说明该种植模式的生态环境效益和经济效益最好，是三峡库区种植业发展的最佳模式。

(3) 主成分分析法

在用统计方法研究多变量问题时，变量太多会增加计算量和增加分析问题的复杂性，人们希望在进行定量分析的过程中，涉及的变量较少，得到的信息量较多，这就需要用到主成分分析法。陈长青(2005)在《红壤区农林复合系统分析与评价》一文中建立了红壤区农林复合系统和复合类型评价指标体系，根据评价体系分别对样本县市农林复合系统和农林复合类型进行了综合评价；县域层次评价采用了层次分析法，复合类型评价运用了主成分分析法，选取了7个具有代表性的指标，结果得出农牧加类型综合评价值，纯农在各地区评价值均最低。主成分分析法从优化指标和指标的权重上，有层次分析法不可替代的一面，因而在复合类型的评价上可以采用该方法。

(4) 模糊综合评价法

模糊综合评价法是一种基于模糊数学的综合评标方法。该综合评价法根据模糊数学的隶属度理论把定性评价转化为定量评价，即用模糊数学对受到多种因素制约的事物或对象做出一个总体的评价。它具有结果清晰、系统性强的特点，能较好地解决模糊的、难以量化的问题，适合各种非确定性问题的解决。贝军等(1995)在莲花池试验区农林复合生态系统树种选择的研究中应用了此方法，文中通过对多因子综合分析，对莲花池试验区农林复合生态系统的7个主要造林树种进行模糊综合评价并排出优化顺序，结果表明模糊评价的最终结果与专家评议结果是一致的，这说明评价因子的选择和评价方法具有一定的科学价值。

(5) 复合模型分析法

农林复合经营是一项涉及多学科的项目，所以必然要求各学科的专家学者相互合作，才能做出正确的研究结果,这必然就涉及多学科不同方法之间的协同作用,也就是复合模型分析方法。王丽梅、王忠林等(2005)采用混合复权法,即模糊综合评价—灰色关联优势分析复合模型,对渭北旱塬 2 种主要类型农林复合经营生态系统(苹果—农作物,花椒—农作物)的环境效益进行了评价,其中包括 4 项准则层(环境污染状况、农副产品污染状况、社会经济效益、生态环境效益),33 项指标层,结果表明从综合环境效益和生态可持续发展的长远利益来看,花椒—农作物模式明显优于苹果—农作物模式。徐锡增、吕士行(2008)等分析了林农复合人工林的生产力和生态条件的变化规律。通过运用方差分析、数据比较、影响因子分析等方法,结果表明利用低产农田或尚未开垦的荒滩地,营造以林为主的林农复合人工林,明显提高了气候和土地资源的生态利用效率,提高了各种林农复合人工林的光能利用率、生物产量和经济产量。

第二章　林下经济的概念和特征

第一节　林下经济的概念

《汉典》中有如下关于"林下"的引证解释：一是指树林之下、幽静之地，如唐代郑谷《慈恩寺偶题》诗："林下听经秋苑鹿，江边扫叶夕阳僧。"二是指山林田野退隐之处，如唐代灵彻《东林寺酬韦丹刺史》诗："相逢尽道休官好，林下何曾见一人。"宋代文天祥《遣兴》诗："何从林下寻元亮，只向尘中作鲁连。"三是指谓闲雅、超逸，《世说新语·贤媛》："王夫人神情散朗，故有林下风气。"此外，《禅宗大词典》的《祖堂集》卷二中有："林下见有一人，当得于道，亦契菩提。"

本书中的林下是指树林中树冠以下的相对有限的空间。

一、林下经济的概念

"林下经济"一词最早出现在2003年第1期《林业勘察设计》上的《对发展林下经济开发北药种植的探讨》一文中，由仲崇玺提出，但目前国内学术界和官方对于"林下经济"这一概念尚未有统一的定义和解释。在各地的发展和实践中，人们对林下经济的理解也多有不同。有研究者认为，林下经济就是一种充分利用林下自然条件，选择适合林下生长的动物、植物和微生物（菌类）种类，进行合理种植、养殖的循环经济（赵云林，2004）。也有人认为，林下经济就是以林地资源为依托，以市场为导向，以科技为支撑，充分利用林下自然条件，选择林下适生的食用菌和动物、植物种类，进行合理种植、养殖，在构建稳定良性循环生态系统的基础上，达到林木与其他经济生物相互促进，共同提高，充分发挥综合效益的目标（刘美丽，2007）。张良勇（2019）则认为林下经济是依托于林地资源和森林生态环境而逐渐发展起来的养殖、种植和森林旅游业等。也有人将林下经济表述为，以林地资源为基础，充分利用林下特有的环境条件，选择适合林下种植和养殖的植物、动物和微生物物种，构建和谐稳定的复合林农业系统，或开展其他活动，进行科学合理的经营管理，以取得经济效益为主要目的而发展林业生产的一种新型经济模式（翟明普，2011）。比较具权威性的定义是2011年10月10日，国家林业局局长贾治邦在全国林下经济现场会上关于《壮大林下经济实现兴林富民全面推动集体林权制度改革深入发展》的讲话中阐述："林下经济是指以林地资源和森林生态环境为依托，发展起来的林下种植业、养殖业、采集业和森林旅游业，既包括林下产业，也包括林中产业，还包括林上产业。"

综上所述，我们认为，林下经济是以林地资源、林下空间和森林生态环境为依托，以林下种植、养殖、采集及加工、森林景观利用为主要模式,开发利用林地资源和林荫空间的复合生产经营活动,从而使农、林、牧各业实现资源共享、优势互补、循环相生、协调发展的生态林业模式。

二、林下经济的内涵与外延

1. 林下经济的内涵

林下经济是以林地资源和森林资源为依托,以市场为导向,以科技为支撑,充分利用林下土地资源和林荫优势,发展林下种植、养殖、林中采集和森林旅游业等立体复合生产经营的生态林业模式。林下经济的内涵是发展农林复合经营,以生产多种木质和非木质产品为目的的经济形态(翟明普,2011)。林下经济和农林复合经营有很多共同特点,均为混合培育模式,均可兼顾经济效益和生态效益。然而,它又不仅限于农林复合经营,也涉及畜牧业、旅游业等共同发展,具有丰富的生产与科研内涵。主要包括以下几个方面。

(1)资源共享

以林业用地(尤其是山区林业)为主要活动范围,将乔灌草本植物和畜禽等动物进行立体经营。除此以外,在充分保护自然资源和文化资源完整性的前提下,对森林景观及其发挥的多种作用加以整合。对于森林景观利用模式而言,发挥林区山清水秀、空气清新的生态优势,合理利用森林景观、自然文化,依托森林公园、林业观光园区、森林古道、森林驿站,开展观光度假、休闲养生、林下采摘等以"森林体验"为主题的活动,开发富有地方特色的森林食品、森林中草药、森林工艺纪念品等森林旅游商品,打造一批功能完善的森林景观利用基地。

(2)模式结合

将现代种养与传统种养模式有机结合,充分利用林内空间和林下间隙地,为植物、动物和菌类等提供最佳的生长和活动场所。将现代种养技术注入到林下种养中,优势互补,分散风险,互惠互养,实现林上林下双丰收。当然,林下种养有其专门的技术要求,以养鸡为例,林下养鸡更需注意3个技术环节。

① 选择适宜林分 以中龄林,林冠较稀疏、冠层较高,郁闭度为0.7左右的林分为宜。

② 建好鸡舍 避风向阳,地势高燥,排水排污条件好,交通便利。

③ 饲养管理 做好病害和消毒等工作。

(3)综合效益最大化

①林下经济是增加农民(林农)收入和发展地域经济的有机结合 其发展不仅能使林业经济释放出更大潜能,优化传统产业结构,也能提升产业的科技含量和产品附加值,带动与林业相关的运输、物流、信息、服务等产业的发展,形成一批有影响力的龙头企业,为更多人员提供就业岗位,促进区域经济的繁荣。此外,林下互利共生的循环经济网络模式能实现物质能量流的闭合式循环,最终达到"零排放"的可持续发展的目标,有利于提升资源利用率。

②给生产和生活提供生态安全屏障 林下经济的发展转变了林农的致富观念,从依靠

山林和木材变现，转向依靠林下经济谋发展，增加了人们对林地重要性和经济效益的认识，从而提升其育林护林的积极性，森林乱砍滥伐的现象也能得到有效控制。林下复合经营模式具有完整的物质循环和能量流动链条，对外界干扰的调节和抵抗力强，使生态系统的物种结构、营养结构和空间结构更加稳定和丰富。

③为建设社会文明发展与和谐社会提供保障　林下经济的发展能够提升农民的合作意识，促进社会秩序稳定。林农在发展林下经济的过程中，以往一家一户的生产经营模式存在着规模小、生产成本高、资金短缺、市场信息不灵通、产品竞争力低等局限性，从而降低了他们抵御市场风险的能力，这将刺激林农合作经营意识。在参与合作的过程中，能加强彼此的沟通和交流，构建信任关系，从而在农村社区改善干群关系，密切邻里关系，保障了社区秩序的稳定。

2. 林下经济的外延

林下经济的外延包括利用森林的生态功能和社会文化功能，开展诸如生态旅游、休闲度假，观光采摘等多项活动，以满足社会需求而发展的林业经济。

(1) 产业互补

①林业作为木材产品和生态环境建设的主体，理应担负起为社会可持续地提供生态、精神产品这一重任　但是，过去林业的发展模式单一，将经济、社会与生态割裂开来，只顾谋求自身的、局部的、暂时的经济性，为追求自身的经济效益，过量采伐森林资源，重采轻育，结果带来了林区生境破坏、土壤结构失稳、水土流失等结果，对林区生态造成不可挽回的破坏，这种发展模式是不可持续的。对我国而言，很多贫困地区交通闭塞，教育落后，发展林业全靠"政府输血"，传统林区已经日渐显露出森林资源匮乏、经济增长乏力等现象，在技术创新和知识产权方面也有很大瓶颈，导致很多企业只能作为发达国家原料和初级产品的提供者，不能获得更高的附加值。再加上林业经营周期长，抚育成本高，对市场应变力较差，造成林业的停滞甚至减退的局面。而我国农村的集约化程度低、各家各户分散经营的状态也不利于全民参与发展林业。与单纯的农业、林业相比较，发展林下经济具有综合优势。

②发展林下经济，可以实现以短养长，以林护农　利用农业、林业和畜牧业等的各自优势，取长补短，以短养长，以林护农，以耕代抚。利用林下空间，可新增林地的林下产品，提高经济效益，也可促进林分生长，提高林地的木材生产效益。除此以外，还可挖掘土地资源潜力和生物资源潜力，产生"1+1>2"的土地利用效果，提高资源利用效率，增加林地单位产出。林下经济的发展，在一定程度上能促进林分生产，增加非木材产品生产，提高林业产业综合效益。郭宏伟等(2011)的研究结果表明，林下复合经营提高了土壤肥力，林分郁闭时间可提前2年，林木树高提高20%~30%，树木蓄积量增速也很明显。

③发展林下经济，促进了林业产业结构的优化　林下经济所包含的4种模式，将农、林、牧、畜禽、旅游等产业进行复合经营，实现了产业链的延伸，增加产品附加值。2007年的三产结构为10.2∶46.9∶42.9，2017年三产结构为7.9∶40.5∶51.6。第一产业比重明显下降，二、三产业的比重所增加，产业结构呈现出逐年优化的趋势。三产中的林业旅游与休闲服务占第三产业过半，结构调整初显成效。例如，林下经济的发展增加了加工业

原料，拓展了产品种类，促进了加工企业的建设和相关产业链的延续，并在林下经济发展较好的地区形成了企业聚集效应。某些地区依托林花种植基地，形成了很多干花加工厂，对林下种植的花卉进行初加工，制成干花、花茶等产品后再销往市场，延长产业链的同时，提升了产品的附加值，提高了经济收入。另外，目前开展的"林家乐""森林人家"等新型林下旅游模式，是利用林农自家林地、果园、竹林等发展旅游，与林下种植业与养殖业有效结合，让城市居民在享受乡村美景的同时，品尝地道的生态美食和绿色食品。

(2)生态优势

与普通生态系统一样，林下经济的系统由生物和环境构成，环境决定生物的种类结构和生存条件，生物反过来也影响环境，同时生物与生物之间也存在复杂的相互作用，或是有利，或是有害。林下经济在人为干预下，充分发挥林地土地资源和林荫优势，发挥了生物间的互补作用，选择适合林上和林下生长的动植物和微生物(菌类)种类，进行合理种植、养殖，符合当前提倡的可持续发展的环境保护战略。一般认为，林下经济的目的在于持续稳定生产力和保护生态环境，因而将林下经济在农业生产实践中大力推广具有积极的现实意义。

林下经济是一种循环经济，不仅保持了多层次、多用途的森林生态系统结构，也符合生态系统特定的物质循环、能量流动、信息传递，以及节约资源、提高效率、保护环境等生态和环境要求。有研究表明，黄淮海平原营建农田林网、林粮间作系统，可使系统内土壤湿度比对照的无林网农田高1.8%~10.1%，尘埃降低20%~60%，系统形成良好的小气候和自净化功能，具有较高的动力和水文效应(张以山等，2014)。首先，发展林下经济种植业使得现有的林下土地和林内空间得到充分的利用，增加了种植业的土地面积。同时，改良了土壤、湿度以及温度，延长了作物等的种植时间，为其他林下植物创造更优的生长条件，增加产量。例如，河北怀安在采用林粮间作模式后，大豆增产20%，花生增产14%，薯类增产12.5%(赵荣等，2015)。其次，对林下养禽，由于树冠遮阴，林地夏季温度比外界低，更适合禽类生长，加上大量的昆虫(金龟子、金针虫和地老虎等)，林地食物资源十分丰富，提高了森林生态系统的生物多样性。禽类在林地生长，活动范围扩大，肉质好，无污染，品质比圈养和棚养的养殖禽类高。例如，甘肃泾川玉都镇用于发展林下养殖的林地达433.33 hm²，按每公顷养殖3 000只计算，全年养殖量达130万只，可实现纯收入1 950万元，户均收入3 030元，人均收入710元(赵荣等，2015)。对林下养畜，农户既可以利用自家林地种植牧草，然后卖给周边的畜类养殖公司，形成合作模式，又可以将林下种植的牧草部分或全部自留，自己养殖畜类。禽畜粪便可作为有机肥，增加林地养分含量。同时，林下环境更适宜食用菌的生长发育，林下种植的食用菌更接近野生，产品质量明显优于大棚生产的食用菌。

实践中，生产者从自然、经济、社会的某些因子出发，选择生物组分来构建生产系统，如考虑土地缺乏肥力，选用豆科树种与林下植物搭配，可以固氮改善地力，综合考虑林木栽植密度和林下动植物的生长特性，在保证林木正常生长的同时，林下动植物也能有良好的生长空间。同时，通过以耕代抚，也可以促进林木的生长。在北方多风沙地区，配置农田防护林和林网，在很大程度上改良了自然环境，涵养了水源，形成局部保温、保湿的稳定气候，使系统的抗逆性大大加强。

林下经济在发展过程中，始终以生态学理论为基础，即强调实现清洁生产、绿色发展，在充分利用林地资源的同时，实现林下生态系统能量循环利用，以保持森林生态系统良性循环。因此，林下经济的发展给生态环境带来了积极影响。通过集约化管理，林间土壤肥力得到了增加，促使林木生长速度不断加快。而林下经济活动的开展，也为森林提供了有机肥，同时增加了林地的生物多样性，使森林资源得到了更好的保护，为构建稳定生态系统奠定了良好基础，促进林业的短期和长期的可持续发展。

三、林下经济发展的意义

发展林下经济是巩固集体林权制度改革成果，促进绿色增长的迫切需要，是提高林地产出、增加农民收入的有效途径。大力发展林下经济，有利于农村产业结构调整，拓宽农民就业、创业渠道，促进农村经济发展，实现农民增收致富。

（1）拓宽农林收入渠道，促进农民增收

发展林下经济是促进农民就业增收和农村经济发展、加快实现脱贫致富的重要途径。边远山区地方有着山多林多的条件，决定了广大农民致富的潜力在山、希望在林。大力发展林下经济，有利于发挥边远地区山林资源优势，变山为宝，变林为富，促进农民增收、企业增效、财政增源，加快推进兴林富民步伐；有利于促使农村农、林、牧各业相互促进、协调发展，有效带动加工、运输、物流、信息服务等相关产业在农村蓬勃兴起，吸纳农村剩余劳动力就业，促进农林业生产发展和农村经济繁荣。

（2）挖掘林地土壤资源潜力，提高林业综合效益

发展林下经济是调整和优化产业结构、转变经济发展方式的重要举措。以林下种植、林下养殖、林下产品采集加工和森林景观利用为主要模式的林下经济，挖掘了林下土地资源利用潜力，发挥了林荫空间和水热条件等自然优势，是资源环境代价小、能耗低、污染少、效益高的生态产业，既符合走生产发展、生活富裕、生态良好的可持续发展之路的客观要求，又顺应当前发展循环经济、低碳经济、生态文明的时代潮流。大力发展林下经济，有利于把农村部分多种经营项目转移到林下，提高林地复种面积及复种指数，节约土地资源，带动农村产业结构进一步调整和优化，加快经济发展方式转变。

（3）延长产业链，提升产品附加值

林下经济产业涉及面广，产业链长，通过搭建企业与林农的合作平台，大力推广"企业、合作社+基地+农户"模式，有利于发挥企业、合作组织在劳力、资金、技术等方面的优势，形成产—供—销一体化循环产业链，加速优势特色产业集群发展，形成大产业、大基地、大龙头、大品牌发展格局，变产业优势为经济优势。另外，以近自然的生产方式，产出具有绿色、环保、健康等特点且市场前景广阔的林下种养产品，打造林下经济产品品牌，树立品牌意识，引导督促企业开展多种产品认证和精深加工，延长产业链，提高增收能力与市场竞争能力，推动林下经济产业发展。

（4）促进社会主义新农村建设

发展林下经济是建设生态文明示范区、提升生态优美这一核心竞争力的重要支撑。大

力发展林下养殖,把畜禽养殖由村内转移到林间,改变人畜混居的传统生产生活方式,有利于减少病菌传染,改善居住环境,美化村容村貌,促进农民生活质量不断提高和农村生态环境持续优化;大力发展森林旅游,可以促使人们走进森林、陶冶情操、调节身心,同时增强人们崇尚自然、保护生态的意识,提高生态文明素养,强化生态文明观念。总而言之,发展林下经济符合"机制活、产业优、百姓富、生态美"有机统一的总要求,加快林下经济发展,实现"不砍树,也致富"。

(5)巩固和深化集体林权制度改革成果,推进林业创新改革

集体林权制度改革是建设林业强区的强力引擎。随着林改主体改革基本完成、各项配套改革全面铺开并不断深化,迫切需要有抓手、有项目、有载体,引导各类生产要素加速向林业集聚,推动林业从粗放林业向集约林业、从数量林业向质量林业、从平面林业向立体林业转变。

综上所述,大力发展林下经济,实现林地资源综合利用,提高单位面积林地产出率,有利于克服林木收益慢的问题,实现近期得利、长期得林,以短养长、长短协调发展的良性循环,助推林业产业稳定增长,极大地激起社会各界和农民(林农)投身林业建设的热情,增强林业强区建设的内生力、保障力,有利于激励农民群众更加注重学习掌握和应用科技知识、经营管理本领,涌现更多的林农技术员、林农企业家和种养能手。

第二节 林下经济的主要类型与特征

一、林下经济的主要类型

林下经济是在集体林权制度改革后,集体林地承包到户,农民充分利用林地,实现"不砍树、也能致富",科学经营林地,而在农业生产领域涌现的新生事物。目前,林下经济主要有4大模式,即林下种植模式、林下养殖模式、林下采集加工模式和森林景观利用模式(表2-1)。

表2-1 林下经济4种发展模式

类型	模式	森林范畴
林下种植	林药、林花、林草、林菜、林粮、林油、林茶、林果等	各类人工林、低效林改造;退耕还林地以及混农林;以集体林(含农户自留山)为主
林下养殖	林禽(林下放养或圈养鸡、鸭、鹅等)、林畜(林下放养生猪、牛羊等)、林蜂、林蛙(林下养蛙)等	人工林、天然林、疏林地与灌丛;国有林、集体林(含农户自留山)、经济林、生态林(公益林)以及退耕还林地
林下产品采集加工	野生菌类、野生蔬菜、野生药材、野生蜜源等采集活动与加工	以天然林(包括次生林)为主,各类人工林、经济林、生态林等;国有林、集体林
森林景观利用	旅游观光、休闲度假、森林游憩与康养	天然林、人工林;经济林、生态林等;混农林、疏林地、灌丛、沙化石漠化景观等;国有与集体林

1. 林下种植

林下种植，是指利用林下空间资源培育具有经济价值的耐阴作物（如蔬菜、草本药材、花卉、观赏植物等）以获取更多收益的经济活动。主要发展模式为：林药模式、林花模式、林草模式、林菜模式、林粮模式、林油模式、林茶模式、林果模式等。林下种植既能抑制杂草生长又能增加经济收入，是退耕还林早期较为普遍的一种以短养长、以林护农的经济发展模式，其多层次、多用途的结构体系有助于生态系统特定的物质循环、信息传递以及生态修复，本质上是生态保护与高效经济的有机融合（汪磊，2013）。混农林业就是典型的林下种植模式，如在杨树林下套种豆科作物，在果园内栽种饲料作物、套种蔬菜药材等。

（1）林药模式

利用林下特殊的遮蔽环境种植耐阴的药材，如白芍、金银花、蒲公英、铁皮石斛、柴胡等，生产技术含量不高，但收益显著。广东省梅州市梅州绿盛林业科技有限公司大力发展铁皮石斛产业，充分利用自身资源，因地制宜发展铁皮石斛产业链条，带动周边农户共同参与。目前，公司铁皮石斛规范化种植示范基地面积达 $6.67hm^2$，铁皮石斛组培快繁工厂年产种苗 600 万株，由公司引导农户种植，与农户签订种植合同，实行保底收购，力争完成林下经济种植 $66.67hm^2$，年产药用原料 20t。云南省铜厂万保滇重楼种植专业合作社，充分利用特色经济林核桃树下林地资源，从 2000 年开始就野生驯化试种珍贵药材滇重楼，取得成功，经济效益显著。现种植规模 $13.4hm^2$，年产量可达 80 400kg，产值 3 055.2 万元，发展潜力十分广阔。这种种植模式有效盘活了森林资源，提高了林地利用率，既保护好森林资源、改善了生态环境，又取得较好的经济效益。

（2）林花模式

充分利用林下阴湿、腐殖质厚等自然条件，种植各种耐阴性的花卉等观赏植物。例如，在桂花、紫薇和广玉兰等林下种植百合属、水仙类的花卉，经济效益显著。被誉为"植物界大熊猫"的金花茶是广西防城港市的市花。该地区利用其独特的资源优势，遵循金花茶需要侧方适度遮阴的生长特点，大力推进金花茶产业发展。截至 2015 年，全市栽培 $0.39×10^4hm^2$，总产值 16 亿元，带动农户 5 万多，农民人均年收入 5 000 多元。根据加工工艺的不同，金花茶价格相差甚远，特殊工艺干花 200 元一朵，0.5kg（约 60 朵）超万元。银杏林下套种玉簪是北方地区经典的套种组合。按照银杏 3m×5m 的株行距，每亩[①]栽植银杏约 40 株，胸径年生长量可达 2cm，5 年经营期每亩银杏可增值约 8 万~9 万元。

（3）林草模式

林草模式是一种长短期效益相结合的模式，林业上常称为林草混交、林草间作，即在林下种植牧草或香草。在郁闭度 0.7 以下的林地种植紫花、苜蓿、黑麦草、饲大麦等优质牧草，每年可种植 3~5 茬。林农既可出售鲜饲草，也可放养牛、羊、鹅等畜禽，一举多得。例如，北京在樱桃林下种植香草类植物（如西洋甘菊、茴香、薰衣草、百里香等），内蒙古在葡萄和柠条下种植紫花苜蓿。

---

① 1 亩 ≈ $0.067hm^2$。

(4) 林菜模式

根据林间光照的强弱、蔬菜需光特性以及生产季节的差异，选择不同蔬菜品种，如冬春种植蒜苗、圆葱等，在核桃和柿树下种植油菜、辣椒、白菜、金丝瓜等。一般来说，秋末在落叶树开始脱叶时将菜苗载入林地，这时尚未脱落的树叶和树枝可以为菜苗遮光、降温、保湿，提高菜苗成活率。菜苗刚成活，脱落的树叶则成为菜苗的有机肥料。冬季林中的自然温度较空地高 2~3℃，树叶树的树杆和树枝可起遮霜、遮风、防寒的作用，使之安全过冬。这种林菜间作共生互利、相互转化的模式，真正做到了"林菜轮番长、人地两不误"。例如，河南振业园林公司在竹柳基地内种植娃娃菜 $8hm^2$；某些合作社在刘宋镇程官屯村林下间作种植香菜、韭菜等。

(5) 林粮模式

利用株行距较大、郁闭度较小的林下资源，间作各种豆类、小麦、红薯等，可以以短养长，长短结合，增加农民收入。种植豆类、油料作物有利于固氮，增强土壤肥力，改良土壤理化性质，促进林木良好生长。果树与黄豆套种，每亩地可收获干黄豆 150kg，按保守市场价 5 元·kg^{-1}，每亩可获得 750 元收入。而且黄豆的根瘤菌具有固氮作用，桔秆、叶片也是很好的有机肥，套种之后可以改良土壤，为果树生长提供优质的养分。同时，在果树还未成长起来的前几年，套种黄豆可以为种植果树的农民创造一部分额外的收入，弥补果树生长前期没有收益的问题。

(6) 林油模式

林油模式指在林下行间套种油料作物的种植模式。油料作物属于浅根作物，不与林木争肥争水。作物覆盖地表可防止水土流失，改良土壤，桔秆还田又可增加土壤有机质含量，提高土壤肥力，但树冠太大、郁闭度太高时不宜间种此类作物。近年来，河北省灵寿县充分利用全县浅山区和丘陵面积广阔的优越条件和良好的发展基础，大力发展核桃经济林产业，倾力打造核桃产业园区。针对核桃种植前期土地利用率低、种植效益低的局面，打破传统单一化种植模式，积极发展核桃林下旱作花生种植，发展林下经济。花生在灵寿县栽培历史悠久，也是该县重要的经济作物和主要的油料作物。通过 10 余年的试验示范，取得了显著的经济效益和社会效益，花生单产得到显著提升，同时，核桃林下旱作花生栽培技术逐步辐射推广，为林农增收创造了新的模式和途径。

(7) 林茶模式

利用林下遮蔽，间作茶树，有利于提高茶叶的品质与产量。江苏句容在茶行中套种板栗、梨、枣、枇杷等，不仅增加了果树收益，还可使茶叶采摘期延长 8~9d，茶叶质量提高，产量增加 8%，每公顷增收 7 500 元左右(张扬南，2013)。

(8) 林果模式

根据各地气候、土壤等特点，结合水果的生长特性，间作各种果树。如东北红松林下种植车厘子，杨树经济林下种植西瓜。林果模式是北方平原地区林下经济发展模式中的一种，野生坚果类与野生浆果类是林果模式的主要产品类型，如榛子、蓝莓、红豆及蓝靛果等是大兴安岭林地中的常见野生浆果产品，在不破坏林地生态植被的条件下，建立林下野生浆果经营模式，开展野生浆果保护经营，带动区域经济发展，促进林果模式应用价值的最大化发挥。

2. 林下养殖

林下养殖即充分利用林下空间发展立体养殖，是林区极为传统的森林资源利用活动。主要发展模式为：林禽模式、林畜模式、林蜂模式、林蛙模式。森林是家禽家畜和各类野生动物的天然栖息地，林下放牧更是林区林农传统的林下资源利用方式，也是天然林区农户最基本的传统生计活动之一。近年来，林下养殖不仅涵盖了传统的林间放牧活动，更增加了林下饲养、圈养、放养等内容，如林下养鸡、林下养鸭、林下养鹅、林下养兔、林下养猪、林下养牛、林下养蜂、林下养殖蛙类等，畜禽与森林相得益彰，森林提供栖息地，畜禽提供森林养分，共同构建起森林、畜禽的生态循环产业链，实现经济、生态双赢。

（1）林禽模式

利用林地丰富的小昆虫和草类在林下放养鸡、鹅等。北京市顺义区大孙各庄镇利用林地空间发展林下经济养殖 33.33hm^2，养殖鸡、鸭各 1 万只，鹅 2 万只。林下养殖的禽类以林地内的杂草、昆虫为食，排泄的粪便为林木提供肥料。年产值 150 万元，利润 50 万元，解决本村 100 余人就业（李金海，2013）。河南柳江禽业有限公司林下蛋鸡养殖基地是济源林下养殖龙头企业，公司采用"公司+基地+农户"的经营模式，实行产、供、销一条龙服务，一体化经营。在梨林镇建有年孵化能力 5 000 万羽的现代化孵化厂和年加工能力 6×10^{4}t 的饲料加工厂各 1 座。现存栏种鸡 20 万只、蛋鸡 50 万只，年产绿色、有机等虫草蛋 750×10^{4}kg。2014 年公司总资产达 1.57 亿元，完成销售收入 1.32 亿元，实现利润 3 353.2 万元。

（2）林畜模式

利用林下草地放养牛、羊、兔等牲畜，也可以根据条件养殖珍稀动物。在广西灵山的林下养鹿模式蓬勃发展，企业采用免费提供鹿种给农户，免费培训技术，定价回收产品的经营模式，并协助贴息贷款，开创了山区脱贫致富新路子。鹿的全身都是宝，鹿茸、鹿肉、鹿骨等，一头鹿年产鹿茸超过 3kg，按市场价 5 200 元·kg^{-1}，除去养育成本年利润达 1.3 万元。

（3）林蜂模式

利用森林植被良好、蜜源植物丰富的优势，在林荫下放养蜜蜂。广东省梅州市蕉岭县地处东北山区，森林覆盖率达 78.9%，蜜源植物丰富，有利于发展养蜂产业。2007 年，广东桂岭蜂业科技股份公司申请登记成为具有独立法人资格的养蜂专业合作社，自此桂岭蜂蜜专业合作社成为全国林业专业合作社示范社。2011 年，蕉岭县成立了养蜂协会和蕉岭县桂岭蜂蜜专业合作社。合作社采取"公司+专家+基地+协会+合作社+蜂农"的产业化模式，链条式产业经营，共同发展的原则，为社员提供养蜂产前、产中、产后一条龙服务。截至目前，合作社发展社员 118 户，带动周边农户 550 户，2015 年销售收入 2 500 多万元，实现利润 300 多万元，社员人均纯收入 2.2 万元。

（4）林蛙模式

利用林下潮湿、温差小等条件养殖林蛙。辽宁宽甸大力发展林蛙养殖，2010 年产值 5.3 亿元，人均收入年增 4 558 元，林蛙生产、加工销售带动 3 万人就业，成为全县一大支柱产业。

除此之外，还有不少地方探索新的养殖模式，如林下养昆虫、林下养殖蚯蚓等。内蒙古赤峰市西桥镇高营子兴农种植养殖专业合作社利用经济林基地养殖蚯蚓 6.67hm²，年产蚯蚓 160t，销售收入 280 万元，带动就业 200 人。

3. 林下产品采集加工

林下产品采集加工由林下产品采集与加工活动组成，即利用林业产品的产品资源，大力发展林下产品的加工、流通和销售业，拉长林下经济产业链，发挥集群作用，提高经济效益。主要发展模式为：藤芒编织、竹产品编制加工、松脂采集、竹笋采集加工、野菜野菌采集加工等。林下产品采集加工是林下经济由资源培育向林下资源利用开发转变的重要环节，包括林下可利用野生资源的采集（如野生菌类、蔬菜、药材、水果、蜜源、可采野生动物等）和林下种植资源的采集（如水果、干果、种植蔬菜、杂粮）以及加工转化过程，有利于林下资源向资本化和商品化方向发展。

云南省玉溪市易门县的康源、山里香、恒源 3 家龙头企业，从 2013 年起积极探索林下食用菌栽培，华山松林下 66.67hm² 块菌种植科技示范基地和板栗林下试种植 20hm² 鸡油菌、黑鸡枞、北风菌、大球盖菇、榆黄菇等品种，现已取得初步成功，亩产鲜菌 1~3t，收入达 20 000~24 000 元，最大限度提高了森林林地资源的循环利用。河北省香河县，蒋辛屯镇六百户、挠子庄两村，在杨树林下种植香菇、木耳和平菇，面积达 33.34hm²。磴口县王爷地苁蓉生物有限公司从 2003 年开始至今建成 5 万可肉苁蓉有机原料基地，人工接种肉苁蓉 2 000hm²，其中药饮片加工厂、生产车间、仓储、化验室均通过国家 GWP 认证，推出了以"王谷地""北国荣"品牌为王的御品苁蓉茶、中药饮片、苁蓉纳米粉、苁蓉饮料、苁蓉礼品五大系列 20 多个产品，形成从梭梭栽培、肉苁蓉人工接种和采挖，到产品生产研发、销售的较为完整产业链，成为当地肉苁蓉产业发展的龙头，被评为首批国家林下经济示范基地。

4. 森林景观利用

森林景观利用，充分发挥广大农村地区山清水秀、空气清新、生态良好的优势，结合自然环境和林下产品资源发展农家乐等旅游观光、休闲度假、康复养生、森林探险、科普教育等产业。主要发展模式为："林家乐"、林区"森林人家"、生态休闲旅游、森林休闲游、风景名胜区生态旅游等。作为近年来不断发展的旅游产业形态，森林景观利用具有综合性、敏感性、涉外性、垄断性与竞争性并存的特点。目前，森林以其独有的魅力，正吸引着越来越多的人到林区，森林旅游产业快速发展，旅游收入不断增加，已成为林区农户极为重要的收入来源。

四川省都江堰市铜马沟笋用竹基地是林旅结合、林上林下结合、"合作社+公司+基地+农户"经营模式的典范。国家退耕还林政策发布后，都江堰市凯达绿色开发有限公司在蒲阳镇租用耕地或荒山荒地超过 333.34hm²，实施退耕还林地 87.14hm²。在巩固退耕还林成果后续产业发展项目的支持下，大力发展笋用竹基地建设，实施后续产业发展项目 74.31hm²。其中，2010 年实施品种改良 52.98hm²，2013 年实施特色经果林 21.34hm²，进一步拓展了产业基地,开发生态产品、发展农家旅游接待、林下种植药材、林下养殖生态鸡和竹鼠等复合经济。目前,已发展雷竹标准化种植基地200hm²,被认定为四川省森林食品基地。除研发加工包装笋用竹系列产品外,该公司还依托基地兴办了笋用竹为食料的竹鼠养殖场,现存栏竹鼠3 000余只;开办了体现竹文化、竹菜肴为特色的旅游餐厅,打造了观园赏竹、登山游步道、茶廊、客房、科普展览室、书画室、小型会议室等配套的生态旅游设施。

宁夏隆德县首家国家级林下经济示范基地西吉心雨合作社,2013年成立了全区第一个林下经济合作社,发展林下经济。经过短短3年的发展,从最初的6户社员,发展到现在的156户,经营林地面积从10hm²发展到280hm²,林下产品也从单一的林下养鸡发展到现在的集林下药材种植、林下生态鸡养殖、生态旅游、林产品深加工销售为一体的复合经济实体,年产值达到1 200万元,村民年均收入达7 800元,带领群众摘掉了贫困村的帽子,走上脱贫致富的道路。心雨合作社也被评为国家级示范合作社,合作社所在基地被评为全国首批林下经济示范基地,合作社所在村被农业部评为"2014年中国最美休闲乡村"。

可见,林下经济是由林下种植、林下养殖、林下产品采集与加工、森林旅游等共同组成的一个产业链,林下资源是林下经济发展的平台和支撑,森林资源存量与增量是林下资源的基本保障,林下种植、林下养殖以及林下产品采集加工等是森林非木材林产品及其开发形态,森林旅游不仅将森林资源的美学观赏和康养价值等转化为生态资本,还能带动非木材林产品的产业化开发与市场价值实现,是林区不错的一种营销手段。

二、林下经济的特征

与单纯的农、林业相比,林下经济具有经济和生态的综合优势。林下种植可有效提高资源利用效率,增强森林生态系统稳定性。发展林下经济,形成上层是乔木层,中间是灌木层,下边是草本和动物,地下是微生物的复合结构,能进一步提高生态系统生物多样性指数和稳定性。林下经济可以延伸"生产者—消费者—分解者"产业经济链条,形成"资源—产品—再生资源—再生产品"互利共生的循环经济网络模式,实现物质能量流的闭合式循环,最终达到"零排放"的理想目标,促进资源的循环使用(另青艳,2013)。

林下经济投入少、见效快、易操作、潜力大。发展林下经济,对缩短林业经济周期,增加林业附加值,促进林业可持续发展,开辟农民增收渠道,发展循环经济,巩固生态建设成果,都具有重要意义。相对漫长的林木生产周期,充分林内空间,让林地早日发挥其经济、社会和生态效益,才能更好地促进林业生态建设及产业发展,才能更好地以良好的经济效益巩固林改成果,在兴林中富民,在富民中兴林,实现生态和民生双赢。林下经济的特征包括生态特征、生产特征、经济特征等几个方面。

1. 生态特征

林下经济是以生态系统的形式而存在的,但同时也是我们生产经营的对象,具有经济系统特征。因此,良好的林下经济发展模式必须充分考虑一个地区的气象、水文、土壤、地形地貌、人口规模、经济状况等生态经济因素,遵循生态经济学的规律和原理,才能达到生态与经济协调发展,实现可持续发展(张东升,2011)。发展林下经济有以下3个生态意义：

①增强生态系统的稳定性，保护生态平衡　发展林下经济有利于增加区域内生态系统生物多样性，增加自身调节能力，使生态系统结构更稳定，是对我国生态建设的有力支撑。

②提高林地资源利用效率，实现良性循环　在我国传统林业的基础上，林下经济作为一种人工生态经济复合系统，构建了更为复杂的森林生态系统，通过在时间、空间、功能三维角度上的科学设置和合理配置，大大提高林下土地资源的利用效率，同时提高林下生态系统中能量循环和转化利用效率，极大增强了我国森林系统中能量循环和转化利用效率。

③实现自然和谐共处，实现生态文明　在传统林业阶段，大面积采伐导致我国森林资源锐减，环境恶化，之后人们逐渐意识到了森林在维护生态平衡的重要作用。发展林下经济要选择适宜的林下种养品种，使其能够自然融入林下生态体系，减少人为干预产生的消极影响。也要在科学论证和反复试验的基础上，探索不同林下种养模式的最佳发展规模，不能为了追求经济效益盲目扩大生产规模，从而实现人类和自然和谐共处，共同进步，进一步实现生态文明的发展目标。

2. 生产特征

林下经济作为一种发展形态多样的劳动密集型产业，有以下几种生产特征：

①以林业资源为依托来发展其他产业　如农业、旅游业、餐饮业等。林下经济充分合理利用林地、植物资源，通过对林业资源的利用和改造，开展农林生产，利用良好的生态环境，发展生态旅游、餐饮服务，实现了生态、经济、社会效益的增长，丰富了林业和农业生产的内容。

②以市场为导向，实现产品与市场之间的紧密对接　依据市场需求来生产产品或提供服务。林下经济所生产的产品和提供的服务紧跟市场，以市场的需求定位产品。迎合人们崇尚绿色、崇尚健康、崇尚自然的消费观念，以市场为导向，充分利用生态环境条件，生产绿色、无污染、原汁原味的土特产品，形成生产商品和市场完全对接，为市场提供了所需的产品和服务。

③以商品专业化为发展目标　如生态旅游、专业养殖、绿色食品餐饮等，增强林下经济主导产品的专业化，提高市场竞争力。

④劳动密集型　林下经济的发展覆盖面广，遍布各大山林和原野，发展形态丰富多样，经营主体多元化，因此，大力发展符合我国国情，有助于促进农村就业率的提高及增加农民收入。

⑤技术密集型　林下经济是一种新兴产业，在农林复合经营的过程中需要依靠新技术，引进新品种，以提高农林业的经济效益（陈启明，2015）。林下经济将劳动者、生产工具和劳动对象有机结合起来，运用相应的科学理论和科技知识及智慧进行科学管理，以达到降低生产成本，提高农业、林业的产出量或降低单位产品的生产要素使用量，即能达到提高农业、林业效益的目的。林下经济使农业、林业的技术创新成果能以最快的速度进入林下经济生产过程并实现产业化，实现高新技术的应用，使得现代林下经济具有很高的生

产率、土地生产率和商品率。

3. 经济特征

(1) 生态—循环—立体型经济

循环经济即物质闭环流动型经济，是指在人、自然资源和科学技术的大系统内，在资源投入、企业生产、产品消费及其废弃的全过程中，把传统的依赖资源消耗的线性增长的经济，转变为依靠生态型资源循环来发展的经济。它是以资源的高效利用和循环利用为目标，以"减量化、再利用、资源化"为原则，以物质闭路循环和能量梯次使用为特征，按照自然生态系统物质循环和能量流动方式运行的经济模式。循环经济是追求更大经济效益、更少资源消耗、更低环境污染和更多劳动就业的先进经济模式，它是保护环境的经济。在进行林下经济模式选择时，要深入了解当地气候、水文、土壤、主要动植物种类等基本自然情况，要选择适合林下生长的动植物和微生物(菌类)种类，进行合理种植和养殖，切忌为了单纯追求经济利益而盲目种养不符合实际情况或与生态系统结构相抵触的动植物，这样会造成经济损失及生态系统的破坏，如在桑葚林下养鸡，桑葚每年采摘，桑叶被加工成饲料喂养禽类，鸡粪给林追肥，施用有机肥后的饲料桑蛋白显著增加，以此喂养家禽，其蛋肉的品质和产量明显提高，生态链在这一系列过程中紧密连接。

(2) 以林为主的农、林、牧复合共赢经济

林下经济系统是一个包括种、养、加系统的庞大体系，其整体功能和效益的发挥依赖于各种专门技术的投入。先进的技术能使系统的物种组成、结构更趋优化，循环转化率更高，系统的效益最佳。保持经济的持续增长，生态环境也得以改善。市场的需求和市场的价格对农、林、牧生产结构的影响也是很大的。林下经济系统通过发展多元化的复合经济，实行了产业多样化、产品多样化、结构系列化，并且积极发展加工工业，分散市场风险，只有这样才能在市场竞争中立于不败之地。

(3) 以短补长的可持续富民经济

林下经济是指在同一土地经营单位上，把林业、农业、牧业、副业等有机结合在一起而形成的具有多种群、多层次、多效益、高产出特点的复合生产系统。从经济上看，相对于林业生产来讲，这种生产系统收益高、见效快、投资回收期短，可以起到以短养长、以耕代抚的作用，提高劳力、财力和肥力的利用率，如林下经济中的林草模式，其经济效益远远高于普通农作物。林草间作中草的收益可有效解决林木采伐前期的幼林抚育费用，克服了纯林种植过程中周期长、投入大、见效慢的局限性，体现了以草养林、以林护草、林草互补、长短结合的优越性。

(4) 资源利用率高的产业结构模式

由于自然资源在数量上和可利用量上都是有限的，对自然资源的浪费和不合理利用，都将导致或加深某些资源的紧缺，而优化的生态系统应满足资源节约利用的原则。林下经济提高了林下时空、能量、生物的资源利用率，利用林上、林下不同生态位，避免了林分资源竞争，达到互利共存、可持续发展的目的。为了实现林下资源可持续利用，在林业经济发展中，必须要彻底转变过去固定、单一的思维模式，构建一种促进林业经济可持续发展的思路，保护林业资源，积极进行林下产业发展。

(5) 外部性较强的林业经济形态

农业是人们利用太阳能、依靠生物的生长发育来获取农产品。农业除了具有提供食物、工业原料等功能外，还具有其他经济、社会和环境等方面的非商品产出功能，具有联合生产、外部和公共产品等特征。随着社会经济的发展，农业的食物安全功能、环境功能等更加突显其重要性。农业的非商品产出功能并不直接反映在市场中的生产和消费的效应，即农业生产的外部性特征。林业作为大农业的一种生产方式，同样具有较强的外部性。林业生态系统是人类赖以生存的环境基础，为人类提供着巨大的经济、环境与社会效益。

(6) 环境友好型经济

林下种植是一种仿野生的方式种植植物，林下养殖是放养式地养殖禽畜，对比工业化生产的农业，林下经济使用更经济、更绿色、更环保的方式开展，林下产品具有较高的绿色、环保、自然、无公害指数，已成为生态产业的重要组成部分。以林下自然环境开展的森林景观利用提供人类所需的休闲环境、清新空气、氧负离子、植物精气、林副产品等，进一步开展森林游憩、度假、疗养、保健、养老等经济产业，有别于传统林业生产，是采取保护生态环境为基本原则的绿色可持续循环经济模式。

第三节 林下经济的作用

一、林下经济与林业产业结构转型

林下经济是充分利用林下土地资源和林荫优势，在保持林分正常生长的基础上，以从事林下种植、养殖和相关产品采集加工等为主要内容的立体复合经营，从而实现资源共享、优势互补、循环相生、协调发展的生态经济型林业模式。作为林业先进生产力的代表，林下经济在推进林业产业结构转型升级、促进林农增产增收的过程中发挥着重要的作用。国内现有研究多从宏观和微观两个方面探讨林下经济的发展，而忽视了新型林业经济主体视角下林下经济的发展策略。新型林业经营主体是作为高效的林业组织形式，有力地推动林业产业的发展(林慧琦，2018)。

新型林下经济主体视角下的林下经济发展模式是将传统分散的林业经济各组成部分，互相整合，取其精华，去其糟粕，推陈出新，从而形成一个时间上循环衔接、空间上相对稳定，功能上相互促进的发展模式。实践结果表明，一个成功的发展模式不仅能够有效地带动农户发展林下经济的热情，促进农户增产增收，而且能够为新的林下经济发展模式的产生提供宝贵的经验，对林下经济产业的发展具有前瞻性、科学性和战略性的指导作用。因此，以新型林业经营体系为指导，融合其集约化、专业化、社会化、组织化的核心理念，优化林下经济经营主体，将涉及林下经济产业的不同的经营主体进行合理组合，统一进行产业规划和生产布局，构建以市场为导向，宏观调控的林下经济发展模式。

福建省作为全国的林业大省，森林覆盖率居全国第一，约有 $333.34 \times 10^4 hm^2$ 的林地适合发展林下经济。自 2003 年福建省进行林权制度改革后，林下经济进入快速发展阶段，引起社会各界的重视。近年来，随着集体林权制度改革的深入发展，林下经济也得到了较快的发展。2011—2015年福建省林下经济产值持续增长，从2011年的15.59亿元到2015年的38.81亿元，年平均增长率119.91%，实现了林下经济产值增长22倍，使林下经济产业成为福建省林业产业主要的经济增长点。

湖南省道县加快推进林业改革，引领林业转型升级，推动林下经济高效化、油茶产业规模化发展。全县林下经济规模产值超过1.8亿元，新型林业经营主体不断壮大，县内较大林业企业3个，林业专业合作社160余个，入社农户1.86万户，林业种养大户290余个，新型林业经营主体经营林地超过$2.67×10^4 hm^2$，占全县林地15.8%。

二、林下经济与农民增收

据初步统计，截至2018年年底，全国林下经济产值约为8 155亿元，占全国林业总产值的10.7%。林下经济产值过百亿的省份有13个，浙江、江西、广西名列前茅，产值均超过千亿元。林下经济受到各级政府的高度重视，发展规模稳步增长，发展模式类型多样，产品种类更加丰富，为地方经济增长做出了重要贡献。

在发展过程中，林下经济示范基地发挥了重要的带头作用和示范效应。截至2018年年底，全国各类林下经济示范基地总数已超过7 000个，国家林业局2013年以来遴选国家林下经济示范基地550个，其中贫困地区基地371个。2019年3月，国家林业和草原局公布第四批国家林下经济示范基地175个，其中以县为单位7家、以经营主体为单位168家。在基地的示范带动下，全国林下经济参与农户达7 000多万户，极大带动了农民就业，增加了农民收入。

发展林下经济是促进农民增收的重要途径。发展林下经济，投资少、产出高、见效快，操作简便，广大农民群众易于接受。林下种养是一种贴近自然的生产经营方式，所产出的林下产品具有绿色、环保、健康的特点，具有广阔的市场前景。充分利用我国林地资源丰富、区位优势明显、水热条件优越、生态环境良好的有利条件，大力发展林下经济，有利于农村产业结构调整，拓宽农民就业、创业渠道，促进农村经济发展，实现农民增收。以海口市美兰区农户林淑英为例，家庭拥有橡胶林9亩多，已经开割两年。2008年在橡胶林间种7亩散尾葵，从2011年开始收获，每年每亩可以收入5 000~6 000元（李伟，2013）。

截至2019年，甘肃省岷县已经发展林下种植面积$626.6hm^2$。其中，林下种草$333.3hm^2$（紫花苜蓿、红豆草、红三叶、猫尾草等），林下种药$220hm^2$（淫羊藿、当归、黄芪、党参等），种苗花卉种植$73.3hm^2$，共涉及农户2 875户，年产值5 520万元；发展林下家禽养殖5.86万只，林下牲畜养殖0.613 5万头，林下中蜂养殖0.53万箱，共涉及农户1 285户，年产值3 479万元；林产品采集加工企业6个，以采摘加工野草莓为主，带动农户682户，企业年产值570万元；兴办森林人家、农家乐22处，带动农户112户，年收入76万元。同时，近年来林下经济的发展带动群众申报家庭林场6个，林权流转面积$2 213.3hm^2$。岷县林下经济的深入发展，有效解决了岷县5 000多人的就业问题（周明亮，2019）。

截至2019年，河南省林下经济发展势头良好。随着集体林权制度改革的不断深入，以及人们对优质生态产品的旺盛需求，以林下种植、养殖、产品采集加工和森林景观利用等为主要内容的林下经济，已成为农民增收新的增长点。数据显示，5年来，全省利用林下经济发展专项补助资金2 900余万元，扶持建设林下经济示范基地201个，林下经济面积发展到$170.27\times10^4 hm^2$，年产值432.2亿元。

截至2019年年底，宁夏林下种植、养殖、林产品采集加工、森林景观利用等林下经济面积达$26.74\times10^4 hm^2$，涉及41.5万农户，实现产值近23亿元。仅隆德县就发展林下药材种植$1.34\times10^4 hm^2$，农户林下药材收入达到了1 050元，成为精准脱贫的重要途径。

三、林下经济与区域经济发展

发展林下经济是转变地区林业经济增长方式。促进林业可持续发展的重要保证。充分利用林地资源和林荫空间发展林下经济，建立以林为主，林下种植、林下养殖和森林景观利用相结合的立体林业经营模式，提高林地利用率、产出率和复种指数，把单一林业引向复合林业，可以大大提高林业的综合经济效益，转变林业经济增长方式，提高林地综合利用效率和经营效益，推动林业产业快速发展。合理利用林下资源，科学发展林下经济，使农民通过发展林下种植、养殖，在相对较短的时间内获得收益，避免林木收益慢的问题，延伸林业产业链，实现近期得利，长期得林，以短养长，长短协调发展的良性循环，将极大地提高农民造林、护林积极性，加快国土造林绿化，增加森林资源总量，对维护生态安全，增强林业自身持续发展能力具有重要意义。

大力发展林下经济是调整地区农业产业结构、提高农业综合效益、实现农民增收致富的重要举措，是维护生态安全、保持经济与生态协调发展的重要保证，建设成"富裕、秀美、宜居"的主要路径。

广西通过采取加强规划引导、打造示范典型、壮大龙头企业、加强合作组织建设、努力保证种苗供应、加大财政投入力度、加强金融科技服务等措施，全区林下经济蓬勃发展。广西玉林市容县建立了5个林下养殖示范区和9个林下养殖规模示范镇，2010年该县林下养鸡出栏2 500多万只（羽），产值达7.5亿元，产品畅销广西各地以及粤港澳地区。合浦县利用名贵树种下适合栽培金花茶的特点，在印度紫檀、黄花梨等珍贵树林下种植金花茶，成为世界上最大的林下栽培人工无性繁殖金花茶基地。发展广西陆川名猪、环江香猪等一批享有盛誉的本地传统拳头产品，使其规模更大、品牌更响，优质三黄鸡、忻城金银花、金秀绞股蓝、大瑶山甜茶、永福罗汉果、田林八渡笋、马山黑山羊、南丹瑶鸡、容县霞烟鸡等一大批区域性知名品牌也在迅速成长，大大提高了林下经济产品的市场竞争力。

陕西宁陕县2010年猪苓保存量102万窝，实现产值18.3亿元；林下药材产量1 932t，收入8 200万元。猪苓被群众形象地称为"黑色乌金"，可观的经济效益使外出务工的农民纷纷回家种植猪苓，解决了"空心村"的问题。宁陕县旬宝猪苓专业合作社还注册了陕南第一家地理性药材商标"旬宝猪苓"，在网上开通了销售商铺，吸了许多购买猪苓的客商。

由以上地区的实践，我们可以总结发现，林下经济发展使林业在地区经济中占有更重要的地位，也使区域经济更好、更快地发展。

四、林下经济与社会发展

1. 林下经济与"新农村"建设

社会主义新农村建设是指在社会主义制度下，按照新时代的要求，对农村进行经济、政治、文化和社会等方面的建设，最终实现把农村建设成为经济繁荣、设施完善、环境优美、文明和谐的社会主义新农村的目标。此处的经济繁荣主要是指农村经济活力强，农民能通过活动获得较高的报酬，地方形成自身品牌；设施完善侧重的是农村公共品供给，如道路建设、休闲娱乐设施等；其他方面还有包括精神文明建设、环境保护等。接下来通过案例分析可以看到林下经济对于加快新农村建设的促进作用和效果。

辽宁省坚持"一县一业"的指导方针、突出特色、发挥优势、打造品牌。2011年，辽宁省已有61个市(县、区)确立了本地区的"一县一业"，10个市(县)政府确定了种植板栗、红松、榛子、优质核桃、山野菜、森林中药材以及养殖鹿等作为举全县之力发展的林业产业。目前，铁岭榛子、西丰梅花鹿、建昌优质核桃、丹东板栗、本溪红松仁和林下参、宽甸林蛙、开原苗木花卉等产业已发展成为享誉全国的名牌产业。铁岭获得"中国榛子之都"称号。辽宁省先后培育并完成了省级以上品牌和各种认证7项，通过一系列品牌的打造，提升了辽宁林产品的社会影响力和市场竞争力。

辽宁省以彰武北方家具、台安木产业、灯塔佟二堡毛皮等十大林产品加工园区建设相继建成投产，牵动了全省林地经济开发产业向规模化、集群式方向发展。2011年年初，全省首次评选出60家省级林业产业龙头企业。在扶持和壮大龙头企业的进程中，注重推广"龙头+基地+农户"的发展模式。建平县森林中药材基地，依托中药材种植有限公司作为龙头发展起来，涉及26个乡镇共2万多农户，使农民年人均增收4 600元。

浙江省共有8 600多家非公有制单位投资林业，累计投资逾500亿元，有力地促进了林下经济基地化、规模化、集约化、现代化发展，很好地带动农村经济的发展。

安徽省黄山区森林旅游带动了吃、住、行、游、购、娱等发展，形成了一个庞大的服务体系，带动社会就业近万人。当地农民从外地打工回来创办了旅游公司，直接吸收周边农民就业，带动吸纳一大批当地农民开展林下养殖、种植和农家乐，也创造了间接就业岗位。

据统计，安徽省黄山区一些森林旅游景点共修建维修旅游道路40km，极大地改善了林区交通条件，为旅游发展也为农民生产、生活提供了便利。一些以乡村旅游为主发展农家乐的特色村，大力实施改水、改路、改厨、改厕工程，推广使用沼气池，村容村貌极大改善，森林旅游有力地推动了社会主义新农村建设。芙蓉谷景区投资30万元，新建了1.5km的柏油路；投资20万元，对长达3km的河道进行了全面清理整治，促进了景区和当地经济的发展。由于开展森林旅游，富了农民，农村面貌也因此大变样。以森林旅游为主的汤口镇三岔村获得"社会主义新农村建设市级示范村""安徽省百佳生态村""安徽省旅游第一村"等荣誉称号。

2. 林下经济与美丽中国建设

发展林下经济是构建节约型、环境友好型社会的客观要求。充分利用林地资源，大力发展林业多目标复合经营，提高复种指数，为国家节约土地资源，符合当前我国发展循环经济、建设节约型社会的客观要求，发展林下种植，可以增加森林生态系统的生物多样性，增强水土保持和涵养水源的能力。发展林下养殖业，把畜禽养殖从村内转移到林间，改变人畜混居的传统生产、生活方式，可有效减少病菌传染，改善居住环境，美化村容村貌，促进构建环境友好型社会和社会主义新农村建设。

林下经济已成为巩固林改成果的重要措施。林下经济被作为深化林权改革的"有机凝聚"（齐联，2012），相关部门高度重视林下经济发展，将发展林下经济作为巩固和发展集体林权制度改革成果的重要措施，构建环境友好型社会的有效途径，转变林业经济发展方式的必然要求和最终促进农民增收，实现"不砍树、也致富"的重要手段。

辽宁省2000年自费实施天然林禁伐政策以后，由于木材采伐址的锐减，给山区地方财政和林农收入带来了较大压力。为了解决林、农"不砍树也能富"的问题，省委、省政府明确提出要大力发展林下经济，林业部门迅速进入新的工作角色，开拓林业经济的新局面。

广西林地面积大，林木生长快。充分利用该区发展林下经济的资源优势和条件，加快林下经济发展，可为植树造林、保护生态持续注入投资，促进农民就业增收，使农民"不砍树、也致富"，促进资源优势转化为产业优势和经济优势，加快建设林业强区的步伐，更好地统筹城乡发展，永葆该区域"山清水秀生态美"的环境优势。发展林下经济顺应了广西的林情。

浙江把具有优势和特色的竹产业、木本粮油、花卉苗木、特色经济林、野生动植物驯养繁殖、森林旅游等作为园区建设的重点，着力实施兴林富民示范工程，加快林下经济产业带建设，基本形成了浙北、浙东和浙西南竹产业，会稽山和天目山珍稀水果产业，衢丽油茶产业，杭嘉湖、宁波、绍兴、金华的花卉苗木产业等一批特色鲜明的园区产业板块和种子种苗中心。

安徽省黄山区森林旅游良好的经济效益也让越来越多的农民放下砍伐的斧头，选择了生态致富的康庄大道，真正达到了"不砍树、也致富"的理想效果。该区汤口镇森林面积达$1.14\times10^4 hm^2$，但年林木采伐量不到$500m^3$，不需采伐林木，全镇农民靠生态旅游人均年收入就达到8 900元。耿城镇的芙蓉谷景区为了保护生态，促进林木和竹子生产，景区每年支付给农户5万元，用于每年少砍伐林木和毛竹的补贴。对于景区内或周边可视山场，景区还在稀疏林分中补栽毛竹，以维护生态和营造景观效果，受到当地农民的欢迎和游客的赞赏。

综上所述，林下经济发展状况对地区经济发展、农村社会发展、生态建设的重要性，不仅活跃了农村经济、增加了农民收入，还进一步保障农村公共品供给，减缓了林农对生态的破坏性影响。目前，各级政府都充分重视发展林下经济，从税收、信贷、财政项目等方式和渠道加大对林下经济发展的支持力度，鼓励企业参与发展林下经济。有关科研机构也在加快种植模式、技术等方面的研发，研究各种发展模型存在问题，探索林下经济发展的新途径。

3. 林下经济与生态文明建设

党的十九大报告将"坚持人与自然和谐共生"作为新时代坚持和发展中国特色社会主义的14条基本方略之一，充分体现了社会主义生态文明观的新境界。报告提出了构成新时代坚持和发展中国特色社会主义的基本方略，坚持人与自然和谐共生是其中之一，要求推动形成人与自然和谐发展现代化建设新格局。人与自然是不可分割的共同体。古今中外的历史都证明了，人类必须尊重自然、顺应自然、保护自然。人类对大自然的伤害和破坏，最终必然会伤及人类自身。这是无法抗拒的客观规律。人类只有遵循自然规律才能有效防止在开发利用自然上走弯路。报告中强调，必须树立和践行"绿水青山就是金山银山"的理念，像对待生命一样对待生态环境。发展林下经济能做到"不砍树、也致富"，体现生态文明建设和可持续发展的理念，同时能为边远的山区提供一条健康、绿色、低耗、创新的脱贫致富道路。

与传统的林产业不同的是，林下经济是一种绿色产业，坚持以保护自然环境为前提，全面实施可持续发展，是森林保护与发展经济相辅相成的一种非常有效的循环经济模式。林下经济作为林业产业的重要组成部分，能有机关联生态文明建设和林业生产只有保护好生态才能更好地发展林产业，同时大力发展林业产业才能更好地保护生态。林下经济作为林业产业的重要组成部分和新的发展方向，能在发展林业和开展生态文明建设的同时，又能保障经济发展，促进林农增收，是生态林业和民生林业的最佳结合点，是生态文明建设框架下林业发展的新方向，在生态文明建设中具有举足轻重的作用。

四川省盐亭县在林龄为25年的柏木纯林林下放养三黄鸡。投入鸡苗、养鸡设备、饲料等总成本约为2.17万元，即约为3.42万元·hm^{-2}，林下种植牧草共计投入0.50万元·hm^{-2}，总计投入3.92万元·hm^{-2}。鸡出栏平均质量约为2.5kg，林下生态养殖的鸡单价平均为36元·kg^{-1}（2010年当地价），按600只·hm^{-2}来计算，1年出两栏，共计收入36×2.5×600×2＝108 000元·hm^{-2}。净收益为每年6.88万元·hm^{-2}。回收成本时间短，经济效益显著。林中撒播的牧草还可以用来饲养牛、羊等牲畜，鸡粪可促进林木生长，木材也可带来经济效益。同时，林下养殖能促进林木的生长和林地土壤肥力的提高，控制水土流失量（陈俊华，2013）。

生态文明的提出确定了生存环境要素在经济社会发展中的基础地位，为解决发展中的环境问题提供了理论指导。生态文明建设是社会主义事业长盛不衰的基础，林业是生态文明建设的主体，而林下经济是林业可持续发展的重要保障，是生态林业和民生林业的最佳结合点，是生态文明建设框架下林业发展的新方向。

4. 林下经济与山水林田湖草生命共同体

"绿水青山就是金山银山"的科学论断（以下简称"两山论"）是我国在生态文明建设的实践中总结形成的，引领着我国的绿色发展之路。坚持"两山论"的根本目的在于正确处理人与自然的关系，实现人与自然和谐共生（刘海霞，2019）。"两山论"的核心是在保护生态资源的前提下，实现资源向资本和财富的有效的转化。林下经济与森林资源是共生共存关系。在新一轮林业改革与加强生态建设的大背景下,面对林木生长周期长、林农短期无法获益的现实,如何从过去靠采伐山林和木材变现转向"不砍树、也致富"的绿色发展新路子,如何在"两山论"指导下,合理利用森林资源,促进林下经济发展,将森林资源优势转变成经济优势,成为当前我国林业改革的重要课题。在此背景下,林下经济应运而生。"绿水青山"是指质量和稳定性优良的森林资源,即"生态美";"金山银山"是指经营主体获得的财富,即"百姓富"。如果以破坏环境为代价来发展社会经济,那么这样的发展无疑是不可取的,最终只能做出宁可不要的抉择。生态美不可能也不应该孤立地存在,而应以科学合理的方式将其转化为百姓富,这个转变是通过林下经济发展,从森林资源中挖掘财富资源,达到百姓富的目标(张毅,2018)。

党的十八大以来,习近平总书记多次从生态文明建设的宏阔视野提出"山水林是一个生命共同体"的论断,强调"人的命脉在田,田的命脉在水,水的命脉在山,山的命脉在土,土的命脉在树。用途管制和生态修复必须遵循自然规律""对山水林田湖进行统一保护、统一修复是十分必要的"。山水林田湖草生命共同体是由山、水、林、田、湖、草等多种要素构成的有机整体,是具有复杂结构和多重功能的生态系统(成金华,2019)。这一重要论述,唤醒了人类尊重自然、关爱生命的意识和情感,喻示了人与自然关系的伦理考量对人类社会发展的深远影响,开启了新一轮在环境伦理的自然价值观、理想人格、美德伦理、公平正义的探讨,为推进绿色发展和美丽中国建设提供了行动指南。而林下经济正是围绕着可持续发展理念,进行森林资源和林荫空间的运用,山水林是森林景观的主体,林下经济促进了山水林的修复与保护,两者共同促进、相互发展。在"山水林是一个生命共同体"的指导发展林下经济,既能保护森林资源和建设生态文明,又能保证绿色产业的发展(任暟,2017)。

在"两山论"和"山水林是一个生命共同体"的科学指引下,将生态文明建设的理念融入林下经济,发展林下经济在做好山水林田湖等自然资源的保护的基础上,完成养殖业、种植业、采集业、森林旅游业的各种生产,实现森林生态环境受到保护,林下经济得到发展,从而实现使森林资源和林下经济共同促进、相互发展。

第三章 林下经济发展的理论基础

第一节 林下经济的生态学原理

林下经济是以林地资源、林下空间和森林生态环境为基础,以集约化经营为手段,以市场为导向,以提高林地生产率、劳动生产率、资金利用率、产品商品率为宗旨,综合开发利用立地资源和林下空间,使农、林、牧等各业实现资源共享、优势互补、循环相生、协调发展。因此,为了更加有效、科学地开展、经营林下经济,必须遵循生态学原理。生态学原理应贯穿林下经济经营活动的整个过程,是实现林下经济健康、可持续发展的理论基础。

一、生态系统理论

生态系统是指在自然界一定的空间内,生物与环境构成的统一整体,在这个统一整体中,生物与环境之间相互影响、相互制约,并在一定时期内处于相对稳定的动态平衡状态。生态系统是生态学研究的基本单位,也是林下经济经营与研究的重要单元。

林下经济系统是以森林生态系统为基础,是按照技术经济原则而建立的由多种植物或由植物与动物以及林地环境组成的复合生态系统。林下经济系统的功能和效益根本上依赖于生态系统特定的物种组成及其配制结构,因此,在林下经济系统的模式构建与经营管理过程中,应充分把握林下复合生态系统的层级性、整体性和系统性特征。

在林下种植、养殖等林下经济模式经营时,应遵循生态系多营养级原理构建林下生态系统,注重林地空间物质与能量的多层次利用,合理配制、科学优化林下系统结构,如珠江三角洲的桑基鱼塘生态系统,通过在池埂上或池塘附近种植桑树,以桑叶养蚕,以蚕沙、蚕蛹等作鱼饵料,以塘泥作为桑树肥料,形成池埂种桑,桑叶养蚕,蚕蛹喂鱼,塘泥肥桑的生产结构或生产链条,二者互相利用,互相促进,达到鱼蚕兼取的效果。这种多层级的林下种养模式不仅有利于提升生态系统的稳定性,而且有助于形成长短结合、以短养长的生产局面,保障林业经营效益。

此外,在林下经济模式的构建、采收加工等经营过程中,人为引入、除去或收获某一系统组分时,也必须要全面了解其对整个林下复合生态系统的影响,同时注重林下复合经营的系统性特征,尤其是对林分结构、林地环境等有着重要影响的优势种或关键种。

二、种间关系理论

林下复合系统属于人工构建的多级、复合生态系统。多种生物聚生在同一单位林地空间,各物种之间必然产生对空间与资源(光、水、养、气、热等)的竞争,从而形成复杂的种间关系。

物种间相互作用的方式总体可分为直接作用和间接作用。直接作用是指物种间通过直接接触实现相互影响的方式,如林下种植模式中上层林木的冠、干、根系等器官对林下种植植物的接触性压迫、挤压等,反过来林下种植植物也可能通过缠绕、寄生等形式形成对上层林木的直接作用。间接作用是指物种间通过对生活环境的影响而产生的相互作用方式,如林下种植、养殖模式中,植物可通过分泌生物活性物质对邻体植物、动物等产生促进作用或毒害影响。高等植物分泌的生物活性物质以挥发性萜类化合物和酚类化合物为主,可以在植株的任何部位产生,但以叶、根和果实中的浓度最大,它以渗透、挥发和淋洗的方式释放出来,从而影响邻体植物、林下空间动物等。

物种间相互作用的模式具体表现为竞争和互补,主要有以下4种情况:

① 双方受益型 林下复合系统中物种之间互相适应,表现为双方受益或群体受益,如林下种植模式中喜光乔木与林下耐阴草本、花卉植物共存,浅根性农作物与深根性乔木树种共存,豆科植物、桤木属植物与固氮菌共生。我国在桐农间作、胶茶间作等林下种植方面创立了十分有效的双方受益的典型。

② 双方受损型 生态习性相近的生物相互竞争,对有限的资源(光照、水分、养分等)产生竞争,造成两败俱伤,如树木与作物之间或树木与灌木、草本之间的异株克生作用,树木或其他植物分泌的有毒物质使双方生长均不良等。

③ 一方受益或受损型 一方从中受益或受损属于一种不对等的关系,如林茶种植模式中,通过林茶间作改善了茶园的光、温和湿度等条件,有利于提高茶叶产量和品质。

④ 损益互存型 损益互存型表现为群体增益的平衡关系。在林下复合经营中,各主要物种之间的关系不是固定的,而是常因结构不同而变化,也随着林木年龄的增长而变化,如林下种植模式中的桐农间作,不同行距的泡桐对农作物的生长有不同的影响;幼龄杉木林,林下种植粮食有一定的效果,但杉木长大后对粮食有损害作用。为了增加林下复合经营的效益,需要减少物种之间的竞争而增加互补性,并不断地调整结构和物种之间的组合。

正确把握上层林木与林下种植植物、林下养殖动物等的种间关系,是营造和培育林下复合系统的理论基础,对于科学开展林下经济经营活动具有重要意义。

三、生态位理论

生态位是指每个个体或种群在种群或群落中的时空位置及功能关系。根据生态位理论,在同一生境中的群落或人工复合群体中,不存在两个生态位完全相同的物种。在同一生境中,能够生存的相似的物种,其相似性是有限的,它们必须要有空间、时间、营养或年龄生态位的分离。为了减少竞争,在同一生境中同时存在两个或两个以上物种时,应尽量选择在生态位上有差异的类型。林下种植或者养殖等模式就是利用了生态位这一原理,开拓潜在生态位,合理配置不同生物物种,使之占据和利用合适的生态位,使生态系统内的物流和能流朝着有利于"三大效益"的方向发展。

林下种植模式实际上就是将不同植物种群在林下空间分层布局，充分利用多层空间生态位，使有限的光、热、水、气、肥等资源得以合理利用，最大限度地避免资源浪费，增加生物产量和发挥防护效益。采取人为措施开拓潜在的生态位，可使生态元（从基因到生物圈所有的生物组织层次均是具有一定生态学结构和功能的单元）的潜在生态位变为实际生态位，以增加生态元的数量。这虽然会造成各物种间空间和资源的竞争，但是一般只有生态位关系比较相似的物种共存时，才会出现较大的矛盾，如林下种植模式中不同物种对光资源的利用往往处于重叠中，但每一种植物都有其自身的光饱和点，超过饱和点的光实际上是无意义的。生态位重叠不一定导致竞争，除非资源供应不足。因此，林下种植模式通过增加生态位重叠，增加了对于光能的利用，提升了总生产力。例如，在用材林幼林的行间隙地、次生林的林中空地、稀植果园的林地上等，都存在大量不饱和生态位（光能、空间和地力等远未被充分利用），可以通过人为引进与生态位相对应的植物，如粮食、蔬菜、油料、牧草等作物，因地制宜地开展林粮、林菜、林油、林草等模式种植。

根据生物物种对生态位也有一定的反作用原理，在设计林下复合系统时应全面考虑植物的多层次布局，丰富生态位，从而形成完整、稳定的复合生态系统，如在定植乔木树种后，树冠中荫蔽的条件及食叶昆虫等给鸟类提供了适宜的生态位，林冠下的弱光、高湿等环境条件给喜阴生物创造了适宜的生态位，枯落物归还又给小动物提供了适宜的生态位。又如沙棘是三北地区的适生树种，沙棘为主的林分形成后，给雉类动物构成适宜生态位，雉粪的积累又提高了土壤肥力，给植物增加了适宜的生态位，从而形成了高效、稳定的群落。林下养殖模式充分借鉴、利用了这种思想。

四、生物多样性与稳定性理论

生物多样性是指在一定空间范围内，动物、植物和微生物以及从属生态过程的多度和频度。多样性的物种本身就是一种资源，自然界高度的生物多样性维持着生态平衡，为人类带来巨大的财富。森林生态系统稳定、高效，繁多和均衡的生物种类和各类生物之间形成一个繁杂的食物网。保持物种多样性是自然生态系统维持自我稳定、持续发展的条件之一。因此，尽管某单产品是人类建造人工生态系统的主要目的，但可以根据地的土壤、气候、水文等环境条件，立体布局安排生产，因地制宜选择植物，借地理优势经营，不仅可以获得更大收益，而且可以使人工生态系统保持续平衡，在长时期内获得较高收益。

林下复合系统能流和物流的动态稳定，关键在于注重生物能的再生利用，尽量减少系统对外部的依赖，通过系统内部的综合利用和物质循环利用，使其投入产出尽可能维持在一个较高的动态平衡状态。同时系统改善了生态环境，也有利于相邻的生态系统提高生物多样性，如我国东北地区野生人参濒临绝迹，通过林下复合系统进行人参的人工栽培，有助于保存人参的基因，维持生物多样性。

五、生态场理论

生态场理论主要研究生态学中场的行为及特点，目前对尚无统一的定义。生态场是生物的客观属性之一。生态场的强度有空间和时间变化。

生态因子可分为直接因子和间接因子。直接因子主要是指光、热、水、气等，间接因子通过对直接因子的影响而影响生物。生态场讨论的是直接因子。生物生命过程必然会引起物质、能量分布的不均性，并由此产生综合生态效益。如植物生命过程中光合作用和呼吸作用可形成一定的二氧化碳浓度、氧气浓度和温度梯度，从而形成相应的空间分布。植物根系影响水分和土壤矿质元素浓度，根、叶分泌物及植物茎、枝、叶对光因子影响都会形成一定的时空分布，产生特殊的生态效应。

但同一种因子场的生态效益依生态条件的变化而变化。有时生态效应为正效应，有利于周围生物生存，如在干旱地区增加湿度对同一生态位植物的生长发育是有利的。在有些条件下生态效应是负效应，即不利于周围生物的生长发育。不同物种或同一物种的不同生长发育时期对同一因子场的反应不一样。如植物冠层遮光形成的荫蔽场，这种弱光条件对喜光植物的其他个体往往产生负效应，而对耐阴植物十分有利。

植物生态场的研究证明，在立地地点附近，它对同生态位的其他个体有强烈的抑制作用。随着立地距离增加，其抑制作用迅速减弱，并在一定的相对立地距离内转为互惠效应，这种互惠效应在无穷远处收敛为0。在人工群落中随着植物个体长大，邻体冠幅距离缩小，个体生态场之间彼此干扰和重叠程度加大。位于群落中心的个体受四周邻体的影响，受干扰的程度大于边行的植株。因此，有时虽然在群落内部的个体之间的总生态场效应呈明显的干扰作用，但在群落之外，在一定距离外生态场效应由干扰向互惠转变。在生产实践中，为了在一定的资源环境下获得较高的目标产量（或称经济产量），选择合适的种植密度是关键。密度过低会使种群在生长期内不能充分利用环境资源，密度过高则可能由于种内竞争加剧而使部分个体不能形成经济产量，浪费环境资源，增加生产成本。生态场理论在林下复合系统中的应用，对确定种群密度、优化林地空间植物群落、研究生物对环境资源的需求状况和特点、揭示生物与环境相互作用的规律与机理、提高系统生产力和生态效益等方面有重要的意义。

六、物质循环和能量流动理论

物质循环和能量流动是生态系统的两大基本功能。生物有机体和生态系统为了自身的生存和发展，不仅要不断地输入能量，而且还要不断地输入物质。物质在生物有机体和生态系统中，既是维持生命活动的物质基础，又是能量的载体。物质流和能量流密切相关，同时各有特点。生态系统是一个物质实体，包含着许多生命活动所必需的无机和有机物质，这些物质在生态系统中周而复始地被利用，而生态系统中由植物固定的光能沿着食物链被逐级消耗，并最终脱离生态系统。林下复合系统作为一种人工生态系统，其物质循环和能量流动同样遵循自然生态系统中物流和能流原理。

相比自然生态系统，林下复合系统的物质循环具有多样性、开放性和人工干预性，比单一的经营更有效地进行物质的多层次、多途径利用，不仅能提高资源的利用率，改善环境质量，而且能获得良好的经济效益。根据生态系统的熵增现象和耗散结构的特点，用增加负熵、减少正熵的原理促进林下复合系统整体优化，在调节复合系统的能量输出、输入和转化过程时，应把握输入的强度和质量，控制能量向不利于系统稳定的方向转化，从而确定适宜的林下经济经营模式与调控策略，使生态、经济和社会效应各要素达到协调。

七、生态平衡理论

生态平衡是指在一定时间内生态系统中的生物和环境之间、生物各个种群之间，通过能量流动、物质循环和信息传递，使它们相互之间达到高度适应、协调和统一的状态。当生态系统处于平衡状态时，系统内各组成成分之间保持一定的比例关系，能量、物质的输入与输出在较长时间内趋于相等，结构和功能处于相对稳定状态，在受到外来干扰时，能通过自我调节恢复到初始的稳定状态。

林下经济的经营要建立在充分认识生态平衡的相对性、动态性的基础之上。首先，生态平衡是一种相对平衡而不是绝对平衡，因为任何生态系统都不是孤立的，都会与外界发生直接或间接的联系，会经常遭到外界的干扰。其次，生态平衡是一种动态平衡，即它的各项指标，如生产量、生物的种类和数量，都不是固定在某一水平。生态系统会因系统中某一部分先发生改变，引起不平衡，然后依靠生态系统的自我调节能力使其又进入新的平衡状态。此外，又要认识到生态系统虽然对外界的干扰和压力具有一定的弹性，但其自我调节能力也是有限度的。如果外界干扰或压力在其所能忍受的范围之内，当这种干扰或压力去除后，它可以通过自我调节能力而恢复；如果外界干扰或压力超过了它所能承受的极限，其自我调节能力也就遭到了破坏，生态系统就会衰退，甚至崩溃。

生态平衡理论要求在构建林下经济经营的具体模式与实践过程中遵循因地制宜、适度规模、合理经营、适度利用、循环发展的原则。林下复合系统的生态平衡是关系林下经济经营成败以及可持续与否的关键所在，应建立在科学的林下生态学理论认知基础之上。

第二节　林下经济的经济学原理

一、风险最小化原理

1. 风险最小化原理的概念

风险存在于一切生产经营活动中。风险最小化原理是指经营主体在现有自然、市场、政策条件下，通过对存在的风险进行预测估计，找到期望风险最小的临界点，调整各种生产要素资源，达到控制和管理风险的要求，实现损失最小化和利润最大化的最优组合。投资经济学强调，"不要把所有鸡蛋都放在同一个篮子里"，正是指出生产经营的多样化能够帮助降低投资的风险，但是，投资的多样与盈利最大化也存在矛盾。追求高利润往往同时面临着高风险，为了规避风险往往不得不放弃部分利润。这就要求经营主体在生产过程中，首先要明确目标，确定自身所能承受的最高风险和最低利润的组合，适时调整资源要素，合理配置资金、劳动力并确定是否采纳新技术。风险最小化原理是经营主体经济理性的体现。

2. 林下经济与风险最小化原理

对于不同类型的经营主体来说，其风险管理策略与期望效用目标是具有差异性的。林下经济的发展本身就是经营主体风险管理的现实选择。林业生产经营周期长，各种自然灾害、市场波动和政策调整均可能对预期收益产生显著影响。林下经济通过"以短养长、长短结合"的组合式经营策略，能够有效化解长期的、潜在的风险，提高林地综合利用效率和经营效益。尽管如此，发展林下经济对林木种植间距、树种选择等提出更高要求，也意味着木材产品收益的减少和林下产品收益的增加。合理计算两者的报酬组合是经营主体面临的重要问题。与此同时，林下经济自身发展同样存在着各种风险。与工业经济不同，林下经济不仅面临市场经济风险，同时也面临自然风险，这使得林下经济的风险更具多样性，更难以把握控制。

成本—效益分析和边际分析法是经济学最根本、最核心的分析方法。运用两种分析法，林下经济的生产经营应遵循边际效益原则，即：a 边际效益；b 边际成本。当发展林下经济的 a>b，可以增加产量；如果林下经济系统 a<b，就要减少产量；当林下经济系统的 a=b，意味着经营主体利润达到最大化。

从成本—效益分析和边际分析法来看，经营主体按照上述方法进行生产经营就能较好地满足市场需求。当 a>b，即边际效益大于边际成本，产量需求增加。而由于资源的稀缺性，目前林下经济开发程度较低，较多林下资源没有得到充分利用，林下经济产量难以满足社会需求。稀缺价值论认为，物质只要稀缺并且有用就具有价值，林下经济的发展受到不断增加的市场需求的推动。尤其是林下经济产品的绿色、环保特性备受消费市场青睐，需求日益增加。因此，在大力发展林下经济的同时，如何进行风险防御成为生产经营者需要协调的问题。

从自然生长条件来说，林下经济种植结构复杂，包括垂直结构、水平结构、时间结构、群落结构等。由于种植结构的多样性，林下经济开发潜力巨大的同时也面临巨大的生态风险，如果开发不当，将会对林下生态系统产生破坏，导致生产发展的不可持续性，产生巨大的自然生态风险。因此，生产经营者在发展林下经济过程中，要充分考虑林下经济种植结构的多样性，做好可行性规划，通过有序科学开发，减轻开发对生态的影响，将生态风险可能性降到最低。

当 a<b，即边际效益小于边际成本，这时生产经营者需要防范风险是如何减少产量，以减少不必要的经济损失，达到经济效益的最大化。同时恢复林下生态环境，保持林下生态得到良好恢复发展。

当 a=b，即边际效益等于边际成本，这时生产经营者利润达到最大化。那么生产经营者需要防御的风险是避免林下经济生态系统的不稳定性，稳定生产和林下生态系统，达到经济需求与生态系统和谐共生。

二、市场供求原理

1. 市场供求的基本原理

供求关系是商品经济的基本关系。商品经济的许多范畴都可以统一到供求关系之中，如生产与消费、价值与使用价值、商品与货币等相互对立的概念。一旦把它们与市场相联系，实质上表示的都是供给与需求的关系。市场供求理论主要包括市场需求理论、市场供给理论与供求均衡理论。

(1) 市场需求理论

市场需求是指人们对市场上客观事物的渴望与需求。在市场经济下，当人们对某一物品在某一时期内有一定程度的购买欲望，产生购买力时，需求的一方随之产生。由于市场需求是从个人需求推导出来的，所以，市场需求量取决于决定个别买者需求量的因素。西方经济学将"需求"置于经济关系的首位，认为决定需求的因素主要有5个：第一，市场价格；第二，平均收入水平；第三，市场规模；第四，该商品的替代品情况，包括数量、品种和价格；第五，消费者的选择偏好。一般假定除价格外的其他因素在一定时期和地方是相对稳定不变的。所以需求被简化成商品数量与价格的函数关系，即需求量随价格的变动而变动。正常商品(非吉芬商品)的需求量与价格呈反比变化。

(2) 市场供给理论

市场供给是生产者在一定的成本控制下，将产品提供给需求方的做法，目的是从当前的供求关系中获取利润。市场供给分析还可以分为实际的供给量和潜在的供给量，前者是指在预测时市场上的实际供给能力，后者是指在预测期可能增加的供给能力，实际的供给量和潜在的供给量之和近似为市场供给量。决定供给的因素有：第一，市场价格。第二，生产成本。生产者之所以供给商品是为了赚取利润。利润是收益与成本的差额。在价格一定时，成本越低，利润率越高，生产者愿意供给的商品量也越大；反之则越小。第三，生产要素的价格。它与生产者愿意供给的商品量呈反向变化。第四，其他商品价格的变化其他商品价格高些会促使生产者转产其他。其他商品价格低会促使其他向本领域转产。此外，自然灾害、战争等突发事件往往使供给减少。与需求类似，一般假设其他因素相对不变，只有市场价格随供给变动。正常商品价格与供给量呈正比例变化，价格越高供给量越大，价格越低供给量越少。

(3) 供求均衡理论

市场均衡是供给与需求平衡的市场状态。在影响需求和供给的其他因素都给定不变的条件下，市场均衡由需求曲线与供给曲线的交点所决定。此时商品价格达到这样一种水平，使得消费者愿意购买的数量等于生产者愿意供给的数量。在这种状态下，买者与卖者都不再希望改变当时的价格与买卖的数量。市场处于均衡状态时的价格称为均衡价格，与均衡价格相对应的成交数量称为均衡交易量(或均衡产量、均衡销量)。均衡价格对应的产量是均衡产量，即需求等于供给的产量。如果生产在非均衡点进行，则价格会高于或低于均衡价格。古典经济学家亚当·斯密将这一市场过程称为"看不见的手"，价格的作用使得市场运作达到最佳的状态——供给均衡。市场均衡又分为一般均衡和局部均衡。一般均衡是指一个经济社会所有市场的供给和需求相等的一种状态；局部均衡则是指单个市场或部分市场的供给和需求相等的一种状态。

2. 林下经济的市场供求原理

(1) 林下经济需求基本理论

市场对某一特定商品存在需求，林下经济通过生产完成市场需求，可称为林下经济需求量。林下经济需求必须是指有效需求，即具有市场对林下经济购买欲望的同时市场对林下经济产品又具备购买的能力。林下经济产品的需求表现出至少两个方面的特征：一是林下经济产品需求既有来自消费者的直接需求，即消费者为了满足自身吃穿住行需要而购买商品，又有来自要素市场的派生需求。派生需求是指对生产要素的需求，意味着它是由对该要素参与生产的产品的需求派生出来的，又称"引致需求"。例如，对林下经济产品中大量药用植物等产品的需求是为满足制药产业的原料需要派生出来的需求。二是林下经济的产品需求弹性是多样的。需求的价格弹性是指在一定时期内商品需求量的相对变动对于该商品价格的相对变动的反映程度。直接需求的价格弹性相对较大，派生需求的价格弹性则相对较小。同时，需求的收入弹性是需求的相对变动与收入的相对变动的比值，用来表示一种商品的需求对消费者收入变动的反映程度或敏感程度。同理，林下经济产品直接需求的收入弹性相对派生需求更大。可见，林下产品的需求量受到商品价格、消费者收入水平、林下经济商品品质、消费者预期等诸多因素影响。

（2）林下经济供给基本理论

林下经济供给是指生产经营者进行商品生产并提供出售给需求方的行为。供给包括生产、向市场提供出售、售出3个环节，一般简化为生产与销售两个环节。在一定价格的基础上，生产者可以提供的商品数量就称为供给量。在市场经济中，商品供求量受到价格和成本因素的显著影响。供给价格弹性是指供给量相对价格变化做出的反应程度，即某种商品价格上升或下降1%时，对该商品供给量增加或减少的百分比。供给量变化率是对商品自身价格变化率反应程度的一种度量，等于供给变化率除以价格变化率。不同类型的林下经济产品的供给弹性各有不同，资产专用性投资较高的产品，如需要对种子、土壤、灌溉、交通等进行专用性投资的林下经济产品，供给弹性相对较低；不需要专用性投资的产品，如林下散养土鸡、土鸭等，供给弹性相对较高。

总体上，影响林下经济产品生产量的因素包括：

①商品价格　如前所述，在一定条件下，价格高增加生产量，价格低减少生产量。

②生产能力　指生产者进行固定资产投资后得到的最大生产量。生产量与生产能力正相关。

③生产技术　指生产者生产商品的工艺方法。生产量与生产技术正相关。

④人力资源　指生产者生产商品的劳动者，理论上认为边际生产量先递增之后递减，但实践上生产者单位常见的是边际生产量在一个生产量范围基本不变。

⑤生产要素价格　生产量与生产要素价格负相关。

⑥其他因素　相关商品价格、预期价格、政府政策、自然因素等都会对生产量产生影响。

三、效益最大化原理

1. 成本最小化与效益最大化的基本原理

（1）成本最小化原理

成本是生产和销售一定种类与数量产品以耗费资源用货币计量的经济价值。生产经营者进行产品生产需要消耗生产资料和劳动力，这些消耗在成本中用货币计量，表现为材料费用、折旧费用、工资费用等。生产经营活动不仅包括生产，也包括销售活动，因此，在销售活动中所发生的费用，也应计入成本。同时，为了管理生产经营活动所发生的费用也具有成本的性质。成本最小化强调在生产经营过程中对成本的控制，通常指平均总成本（因为只要在生产，总成本永远是一直增加的，所以总成本的最小值为没有售卖时的成本）等于平均变动成本加上平均固定成本，但成本最小化不一定是利润最大化的点，甚至有可能亏损。成本最小化原理是指利用规模经济和制造技术的优势，大力降低成本以取得价格竞争优势。其技术上的体现是优化产品设计，在生产系统采用优势制造技术，实现专业化，并降低管理费用。

(2) 利润最大化原理

生产经营者从事生产或出售商品的目的是为了赚取利润，利润最大化就是生产经营者使用各种销售手段将利润达到最大的一种方式。如果总收益大于总成本，就会有剩余，这个剩余就是利润。值得注意的是，这里所指的利润是指超额利润。如果总收益等于总成本，厂商不亏不赚，只能获得正常利润，如果总收益小于总成本，厂商便要发生亏损。

生产经营者从事生产或出售商品不仅要求获取利润，而且要求获取最大利润，生产经营者利润最大化原则就是产量的边际收益等于边际成本的原则，即 MR=MC。如果生产经营者的边际收益大于边际成本，意味着生产经营者每多生产一单位的产品用于销售所增加的收益大于因多生产这一单位产品所增加的成本，厂商仍有利可图，因而会增加产量。如果生产经营者的边际收益小于边际成本，意味着生产经营者每多生产一单位的产品用于销售所增加的收益小于因多生产这一单位产品所增加的成本，厂商会亏损，因而会减少产量。无论是边际收益大于还是小于边际成本，厂商都会改变产量，以使利润增加，只有在边际收益等于边际成本时，厂商才不会调整产量。

边际收益是最后增加一单位销售量所增加的收益，边际成本是最后增加一单位产量所增加的成本。如果最后增加一单位产量的边际收益大于边际成本，就意味着增加产量可以增加总利润，于是厂商会继续增加产量，以实现最大利润目标。如果最后增加一单位产量的边际收益小于边际成本，那就意味着增加产量不仅不能增加利润，反而会发生亏损，这时厂商为了实现最大利润目标，就不会增加产量而会减少产量。只有在边际收益等于边际成本时，厂商的总利润才能达到极大值。所以 MR=MC 成为利润极大化的条件，这一利润极大化条件适用于所有类型的市场结构。

(3) 利益最大化和成本最小化的关系

成本最小化是生产经营者的内部活动，经营者可以主动采取多种优化成本的措施，包括扩大规模、减少故障率、减少员工等。而利润是外生的，取决于是否被市场认可以及认可的程度，例如，（在同一个成本下）提高产品性能（创新、效率、功能多样化等）以及其他的回报渠道（投资）等，都可以尽可能地实现利润最大化。利润最大化为拥有利润，并且利润处于最高点，成本最小化则不一定会有利润。利润最大化的点用图像表示通常处在边际成本和边际收入的交点，成本最小点通常处在边际成本线和平均总成本线的交点。

2. 林下经济的效益最大化原理

林下经济的生产经营涉及资本劳动力、技术、物力等基本要素资源。为了获得一定数量的某种产品，投入的各种要素之间的比例有许多组合，但在一定的经济实力或经济环境下，必然存在某种最佳组合，使生产达到成本最低和效益最高。

各种生产要素的价格有着独立的规律，取决于各自的生产和供需状况。各种生产要素的价格以及生产要素所带来的效益，在不同国家、不同地区、不同环境下有着很大的差别。由于林木、林下产品价格的差别和同样价格下所带来的效益的差别，以及生产要素之间能互相替代的性质，使得林下经济生产经营者具备了选择最低成本以获取最大效益的可能，从而产生了生产要素的最佳组合。最佳组合是一个动态概念，是随客观条件的变化而变化的，它能指导人们在生产的规模和产品的结构变化时，不断地调整各种要素的组合比例，以边际产量的高低来确定某种要素的投入量，以期获得最低成本或最高利润。

林下经济效益最大化要求以最小的成本获取最高的利润。如果采用边际成本法，就需要在诸多生产要素保持不变情形下，增加其中一种要素的同时，观察产出水平的增长。如果产出增加，意味着边际产量为正，但此时生产要素组合还没有达到最优，应该继续增加该种生产要素的投入，以达到最优组合，即帕累托最优。在林下经济中，我们要使林下经济效益最大化，使其达到最优组合，即在一定成本的情况下，各种生产要素的组合达到这样的结构，使得每一单位货币无论购买哪一种生产要素都能获得相等的产量（产值），从而实现林下经济的效益最大化。

效益最大化和成本最小化原则具有非常重要的实用意义。第一，明确了生产的目的是追求效益，而不是追求用何种生产形式。应在一定条件下以创造的效益和所花费的成本作为衡量标准来确定生产经营形式。第二，生产要素的最佳组合是一个动态概念，是随客观条件的变化而变化的，能够指导人们在生产的规模和产品的结构变化时，不断调整各种要素的组合比例，以边际产量的高低来确定某种要素的投入量，以期获得最低成本或最高利润。第三，指导生产经营者选择适用技术以适应外部市场环境和自身生产水平。选择在既有经济条件下能够获得最高边际效益的技术，该技术并不一定是公认的先进技术。选择技术应以效益为出发点，效益高的就是"高水平技术"，而不能从技术本身的新颖性、复杂性、难易程度来区分技术水平的高低。例如，在林下经济品种选育、产品开发过程中，乡土品种和传统产品的成效并不一定弱于新品种、新产品，不能一味求新求变而脱离了生产经营的效益—成本目标。

四、资产组合优化原理

1. 资产组合优化的基本原理

资产组合理论源于 J·托宾的资产选择理论。现代资产组合理论（modern portfolio theory，MPT）的提出主要是针对化解投资风险的可能性，是关于在特定风险水平下，投资者（假定为风险厌恶者）如何构建组合来最大化期望收益的理论。该理论认为，投资者应该在尽量多样化的前提下，根据其收益与风险等因素的不同，决定其资产持有形式，做最适宜的资产组合。分散投资对象有助于减少个别风险。个别风险属于市场风险，是指围绕着个别公司的风险，是对单个公司投资回报的不确定性。市场风险指整个经济所产生的风险无法由分散投资来减轻。

任何资产组合都可被看作是一组由可能得到的收益组成的集合，其中每一收益都与未来的某种状态相对应，任何资产结构都能表示为一个由其中的各种资产在不同状态下所得到的收益组成的矩阵。进行资产选择决策，必须把那些具有决定影响的变量筛选出来，通过预测和估算，估算出某一资产结构组合的结果。

这一理论最基本的原则是投资者可以构建投资组合的有效集合，即有效前沿。有效前沿可以在特定风险水平下使期望收益最大化。投资者对风险的容忍度将决定他所选择的有效前沿。低容忍度的投资者会选在最低风险下可以提供最大收益的组合，高容忍度的会选择高风险下的可以提供最大收益的组合。有效资产组合是使风险相同但预期收益率最高的资产组合，资产组合优化就是寻找最优资产组合的过程。最优资产组合是一个投资者选择的一个有效资产组合，并且具有最大的效用。

2. 资产组合优化原理在林下经济发展中的运用

林下经济的资产组合依托于森林资源资产。森林资源资产作为资产中的一个特殊类型，有着极为鲜明的特点：

①森林资源资产既是天然林资产又是人工林资产　森林资源资产是自然力和人类的结晶，无论在天然林还是人工林中，都凝结了自然力和人类劳动，只是两者的比例有所不同而已。

②森林资源资产是条件性可再生资产　森林资源资产具有一定的可再生性，但又不具有完全可再生性，如果实施超强度采伐，将会破坏森林生态系统服务功能，造成森林的逆行演替，那么森林资源资产就难以再生。

③森林资源资产是不动产　不动产是指不能移动或移动后引起性质、形态变化，损失经济价值的财产。森林资源资产中的林地无疑是不能移动的，其生物资产经移动后将会引起性质和形态变化，如活立木采伐后就变成了木材和枝叶，失去了生命力，林木移植后也会对生长产生影响。森林资源资产尤其是林地属于不动产。

④森林资源资产具有长周期性、动态性和连续性　从拥有林地、造林形成森林资源资产，到采伐利用回收是一个漫长的经营过程。一般工业产品完成一个生产过程仅需几个月、几天、几小时或更短的时间，而林木从培育到成熟可供利用至少需几年、几十年或上百年，而且林木价值有可变性，一般工业产品一旦完成生产过程，产品价值就被确定下来，不再变动，而林木则不然，它在生产过程中，林地上林木蓄积量不断增加，林木质量不断提高，林木的价值量即资产也在变动，而且具有一定规律。

林下经济要实现森林资源资产组合优化的必然手段，是根据森林资源的特点充分利用林地的地理空间和森林生态服务系统，通过优化生产、改进管理技术，使森林资源资产组合达到最优。在有限的森林资源背景下，达到多样化林产品产出最优的结果。林下经济实现森林资源资产组合优化的关键点在于：第一，森林资源资产的宏观调控和布局，宏观调控和布局是有效配置森林资源资产进而开展林下经济的总抓手。第二，森林资源资产的经营。良好的经营模式能够有效提升开发产品的销量。第三，森林资源资产的界定与评估。界定与评估可以确定资源的质量等级，是林木和林下经济产品区别于其他同类产品的重要凭据。第四、森林资源资产的统计与核算。正确的统计及核算能准确测量资源数量的多少，为森林资源及林下经济开发提供数量预测。

五、短期效益与长期效益相结合原理

1. 长短结合原理

经济学理论认为，生产经营的短期效益是指从经营战术策略的角度在较短时间取得的经济效益，是长远效益的对称，又称"近期效益"。近期效益主要是经济效益，是一般企业通常追求实现的目标。长期效益则是指建设项目在长时期内产生的效益，不局限于经济效益，一般两层含义：一是指项目建成后在相当长时期（如10年以上）内持续发挥的效益；二是指经过一定时期之后才开始发挥的效益，也称长期效益。

长期效益与短期效益是对立统一关系。第一，二者具有统一性，短期效益是长期效益的基础和实现方式。没有短期效益的提高，就不可能积累资金用于长远目标的投资长期效益的实现，终究要通过若干个短期效益来完成。长期效益又为短期效益明确了方向，并创造了条件。例如，对资源的合理开发与利用，由于长期效益的范畴，日常的经济活动中某些决策原则应与此相符合；长远经济效益好，当前经济效益才有可能好。第二，二者又有矛盾的一面。表现在：一定数量的资金或人力，如果投入到长远目标上的更多，那么投到近期项目上的就相对较少；某些急功近利、竭泽而渔的做法只可得到一时的高效益，却损害了长远效益，从而使今后的效益降低。

因此，正确处理长期效益与短期效益的原则是：把二者恰当地结合起来，既重视当前效益的提高，又要为今后长期发展备足后劲。当二者发生矛盾时，短期效益应该服从长期效益。

2. 林下经济与长短效益结合

由于林下经济发展的复杂性，更应遵循长短期结合的发展规律。短期效益实现近期目标，能够较快地回笼资金。长期效益统筹短期效益的发展，使短期效益为长期效益积累更多的资本和资源。林下经济项目的选择是影响投资效益的重要因素。选择最优建设项目，既符合产业发展方向和生产布局方向，又具有质量高、造价低特征的项目，就能保证投资取得较好的经济效益；建设项目选择不当，质量达不到要求或造价高的项目，易于使投资效益不高。在短期效益中，要注意谨慎投资过高而回报不足的项目，避免大量的资金流失。在长期效益中，要坚持可持续发展的原则，目前林业的发展目标是建立"生态型"林业，因此，财政投入的项目必须符合"生态型"的特征，使项目的生态效益、社会效益和经济效益最大化。

发展林下经济，必须坚持科学发展观，遵循林业发展规律和市场经济规律，选择最为适宜的发展模式，最大限度地提高林地利用率和生产力。短期投资中，要做好可行性预测，通过对林下经济项目的分析，能够清晰了解当前经济效益，从而决定投资数量及规模；长期建设者要考虑长远的发展，一方面要加强基建建设，基建建设是进一步改进生产发展的基础；另一方面要增加科技研发的投入，在经济转型时期，单靠传统工业式发展不仅对生态环境产生破坏性影响，而且也没能给生产经营者带来较为可观的利润；加大科技研发提升产品质量，生产高质量、个性化产品才符合现代消费者的需求，从而创造良好的业绩。

六、可持续发展原理

1. 可持续发展理论

可持续发展理论(sustainable development theory)是指既满足当代人的需要，又不对后代人满足其需要的能力构成危害的发展，以公平性、持续性、共同性为三大基本原则。可持续发展理论的形成经历了相当长的历史过程。20世纪五六十年代，人们在经济增长、城市化、人口、资源等所形成的环境压力下，对"增长=发展"的模式产生怀疑并展开批评。1992年6月，在巴西里约热内卢举行的联合国环境与发展大会，来自世界178个国家和地区的领导人通过了《21世纪议程》《气候变化框架公约》等一系列文件，明确把发展与环境密切联系在一起，使可持续发展走出了理论层面的探索，提出了可持续发展的战略并将之付诸为全球的行动。

可持续发展涉及可持续经济、可持续生态和可持续社会3个方面的协调统一，要求人类在发展中讲究经济效率、关注生态和谐和追求社会公平，最终达到人的全面发展。这表明，可持续发展虽然缘起于环境保护问题，但作为一个指导人类走向21世纪的发展理论，它已经超越了单纯的环境保护。它将环境问题与发展问题有机地结合起来，已经成为一个有关社会经济发展的全面性战略。具体地说：

①在经济可持续发展方面　可持续发展鼓励经济增长而不是以环境保护为名取消经济增长，因为经济发展是国家实力和社会财富的基础。但可持续发展不仅重视经济增长的数量，更追求经济发展的质量。可持续发展要求改变传统的以"高投入、高消耗、高污染"为特征的生产模式和消费模式，实施清洁生产和文明消费，以提高经济活动中的效益、节约资源和减少废物。从某种角度上，可以说集约型的经济增长方式就是可持续发展在经济方面的体现。

②在生态可持续发展方面　可持续发展要求经济建设和社会发展要与自然承载能力相协调。发展的同时必须保护和改善地球生态环境，保证以可持续的方式使用自然资源和环境成本，使人类的发展控制在地球承载能力之内。因此，可持续发展强调了发展是有限制的，没有限制就没有发展的持续。生态可持续发展同样强调环境保护，但不同于以往将环境保护与社会发展对立的做法，可持续发展要求通过转变发展模式，从人类发展的源头、从根本上解决环境问题。

③在社会可持续发展方面　可持续发展强调社会公平是环境保护得以实现的机制和目标。可持续发展指出世界各国的发展阶段可以不同，发展的具体目标也各不相同，但发展的本质应包括改善人类生活质量，提高人类健康水平，创造一个保障人们平等、自由、教育、人权和免受暴力的社会环境。这就是说，在人类可持续发展系统中，生态可持续是基础，经济可持续是条件，社会可持续才是目的。进入21世纪以来，人类共同追求的目标已变成以人为本位的自然—经济—社会复合系统的持续、稳定、健康发展。

2. 林下经济与可持续发展理论

林下资源的可持续发展利用林下经济的发展形式多样、发展内容复杂，要具体推进林下资源的可持续发展利用，关键在于寻找切实的突破口，整合发展思路。

以可持续发展的战略思想为指导，林下经济的经济可持续发展需要注意科学、合理、高效地利用森林资源。经营方式方面，可以采取多种形式并存的模式，如统一经营、承包经营、租赁经营等；推广"龙头企业+专业合作组织+基地+农户"的运作模式，走规模化、集约化路子，形成培育—采摘—加工标准化管理体系。技术指导方面，引进林下经济专业人才，对于承包经营的管理者要进行必要的技术支持和科学引导，避免一些承包散户盲目跟风式地栽培作物，或是选择的作物与当地的自然及生态条件不相符合，造成不必要的损失。产业布局方面，要采取生产、加工、销售一体化的商业模式，延伸产品的生产线及生产广度，延伸林下经济产业链条，提供更多的就业岗位，有效提高产品的附加值，同时带动相关产业的发展。

以可持续发展的战略思想为指导，林下经济的生态可持续发展需要建立健全管理制度，保证林下产业和林下产品的绿色环保及品质优良。注意林区内野生资源的抚育和保护。技术部门要了解现有的林业资源，在此基础上做好野生资源的建档归类工作，合理规划其种植或养殖的面积。在通过人工施肥、抚育等操作为区内的野生资源营造适宜的生长环境，增加种群数量，提高物种质量，进而增加产量，提高收入。当今社会，人们越来越关注食品的安全问题，绿色食品受到大众的欢迎。而林下资源原生态的生长环境及绿色无污染的特色势必受到消费者的欢迎。依托强大的市场基础，健全的管理制度加上品牌的推广必将有利于林下经济的可持续发展。

以可持续发展的战略思想为指导，林下经济的可持续发展需要政策的合理引导。随着林下产业的不断发展，经营者对林下经济效益的追求，相关的生产经营者和企业会越来越多。利益驱使下，容易引发生产经营者和企业对森林、林地和林下资源的不合理开发利用，导致资源的供需失衡。出于对生态环境的保护以及林下资源的可持续利用发展，必须采取相应的措施，如通过退耕还林等扩大原料的种植面积。在保持林下资源可持续发展的前提下，可以兼种多种植物，以扩大产业结构，保持原料供应的稳定性，形成企业、农户、基地为一体的产业化发展格局。

第四章　林下种植

第一节　林下种植概述

一、林下种植的概念

林下种植是以林地资源为依托，充分利用林下空间及其独特林内生境条件，选择适合林下生长的植物种类，以立体复合模式种植理念为导向，基于合理的种间关系构建稳定的林地生态系统，最终达到经济效益、生态效益与社会效益等多效益性的、多目标性的、可持续性的经营。

林下种植作为一种复合种植模式，有效提高了林地复种面积及复种指数，充分利用了林荫空间和水热条件等天然优势，充分挖掘了林下土地资源利用潜力。在科学实用的基础上，将林业资源的优势共享，围绕林业的长、中、短期发展有针对性地进行规划，既满足了短期效益，又促进了长远发展，真正实现了林业的可持续经营。林下种植模式是资源环境代价小、能量利用率高、污染少、效益高的生态产业。与单纯的农、林业相比，林下种植模式具有以短补长、以林护农以及可持续发展等综合优势，其多层次、多用途的结构体系有助于生态系统特定的物质循环、信息传递以及生态修复，本质上是生态保护与高效经济的有机融合。

相对于林下养殖、林下观光旅游等林下经济模式，林下种植是当前应用最广泛、发展最成熟的一种林下经济模式。

二、林下种植的效益

（1）经济效益

现阶段，在林下经济种植模式中，人们首先关注的仍然是经济效益。经济效益依然是现阶段林下经济种植模式发展的根本性推动力，也是林下经济的理念提出以及实践推广的基本要义与目标追求。特定的林下种植模式的经济效益如何，直接决定了其发展空间与发展潜力。

林下种植模式经济效益的宏观方面体现在：

①培育新的经济增长点　林下种植模式改观了林区经济"独木支撑"的窘迫局面，改变了过去仅靠大量砍伐木材、以牺牲资源为代价的经济发展模式。

②带动经济发展的多元性　农林牧各业相互促进将有效带动加工、运输、物流、信息

服务等相关产业发展,拓宽了就业渠道,分流了富余劳动力,增加了农村人口的经济收入。

林下种植模式经济效益的微观方面体现在4个方面:第一,如果没有林下种植活动,林下土地要么撂荒、要么任凭杂草生长。林下种植依托的是林下空余的土地资源,节约了传统作物种植的土地占用及其生产性成本。第二,在林地空间开展林下种植,林下产品销售到市场,将直接产生额外的经济效益,这部分效益是林下种植经济效益的最直接体现,也是权重最大的部分。第三,在林地空间开展林下种植,尤其是合理的林下植物种植模式,可以有效地抑制林下杂草的生长,也在一定程度上节约了林下控草、除草的费用,这部分的效益通常被人们忽略。第四,在林地空间林木木材、果品等市场行情不理想的情况下,林下种植可以弥补或者抵消部分损失;此外,林下种植产品的经济效益也可能远高于林木自身的经济价值,因此,林下种植模式的整体经济效益及其抗风险能力远高于单一的林木经营模式。

(2)生态效益

林地空间光照强度低、空气湿度大、年际与昼夜温差小,是林下植物、动物和微生物的生长繁殖以及发展林下种植经济生产的理想空间。合理的林下种植模式能够有效改善林地土壤水、肥、热等状况,改善林内生境的同时又能有效巩固林区生态环境,促进林木生长,维持林内较高生物多样性,提高林地生产力和综合效益,使森林资源得到有效保护和培育;林农开展林下经济种植活动使得他们在林地的劳作时间大大延长,对林地与林木的松土、浇灌以及病虫害防治等经营管护更加及时,从而促进林木的生长;林下经济活动加速了森林的新陈代谢,提高了林分的质量,从而构建稳定的森林生态系统,保护和培育森林资源,增加林地的生物多样性。

此外,林农间作或套种模式在空间上的多层次立体结构,在时间上的农林作物品种合理搭配和有效衔接,能够更充分地提高光能和土地资源利用。林农复合经营增加了植物种类,减少了病虫害,比单一经营能够更有效地改善生态环境,从而实现了生态系统的良性循环。通过林间集约化的精耕细作,有利于改良土壤理化性状,减少杂草滋生,增加土壤肥力,促进林木速生。另外,树木根系深,能吸收农作物无法吸收利用而渗到土壤深层的化肥,从而达到减少化肥对地下水污染的效果。

一些地区选用豆科树种与农作物混种,豆科树种良好的固氮作用,有效地提高了地力。北方多风沙地区在农田周围种植防护林,防护林有效地起到了涵养水源和为局部农田保温保湿的作用。南方地区单独种植益智,不但需要土地而且需要搭阴棚,如果利用一定荫蔽度的橡胶林进行间种,则不但可以利用空余的土地,也无需搭遮阴棚,而且林下的益智对保持水土、保持湿度及抑制杂草生长等也起到较大的作用,并且每年割下的老植株也可以作为橡胶树压青肥的良好来源,发挥了立体复合种植模式生态效益。

当然,林下经济种植模式中林木及其林下间作物之间也可能存在一定的竞争关系,这要求在规划林下种植模式、选择林木与林下种植植物时,客观遵循适林适林下的标准,充分考量林木、林下种植植物的各方面特性及其种间关系,尽量减少群落内资源竞争关系,以期达到生态效益的最大化。

目前，林下种植模式在改善小气候环境、提高光能利用率、改善立地质量、增加林地生物多样性、促进林木生长、提升生态系统的生产与服务功能等方面的生态效益已被大量研究所证实。

(3) 社会效益

发展林下种植经济优化了农业结构，推进了农村产业结构的调整，调动了农民参与植树造林的积极性，保障了林业生态安全，推动了农业产业化发展和林业可持续发展。

林下种植着眼于林下闲置土地的高效利用，有效地缓解了林农矛盾，为农村产业发展供给了大量的土地资源，符合当前我国发展循环经济、建立节约型社会的客观要求。

林下种植模式作为一种劳动密集型产业，复合经营、长短结合的经营模式为林农再就业提供了广阔的空间，充分利用了农村的富余劳动力，不仅解决了林农自身增加收入的问题，而且还通过雇工等形式促进了其他农民再就业，拓宽了林区林农的就业门路，增加了林农的收入，促进了林区的社会稳定与可持续发展。

三、林下种植的意义

(1) 充分利用林下空间，挖掘林地资源潜力，提高林地产出

在林下空间进行间种、套种，充分利用立体空间，高矮搭配，增加单位面积土地上林地的光、温、水、热等资源利用率，实现林木与林下种植植物的双赢，提高林地利用率与产出率。此外，林下空间立体复合模式的形成，也有利于形成稳定的林内小气候环境，提升林地生产力。整体上，这种由单一林业向复合林业的模式转型，有效提高了林业的综合经济效益、林地综合利用效率和经营效益。

(2) 合理构建林下空间植物种间关系，提升生态系统稳定性

林下种植模式能够充分发挥复合林业的生态优势。科学配置林下空间种植植物，有利于形成互利共生的良性种间关系，实现双赢。此外，林内空间植物的间种、套种，提高了林地空间生物多样性，有利于合理食物链结构的搭建，有效控制生态系统内部病虫害的发生，提升与维持生态系统的稳定性与持续生产力。

(3) 科学规划长中短期经营，以短养长，分散风险

林业的周期一般较长，如果仅仅种植树木，则单一的林木经营前期基本上是净投入状态，待到林木采伐期，林木产品的价格也隐藏着较大的风险。相对于传统的林木生产经营模式而言，林下种植模式能够通过定向性的统筹规划，协调林地的长中短期经营，让林地早日发挥其经济效益，更好地促进林业生态建设及产业发展。因此，林下种植模式对增加林业附加值、促进林业可持续发展、开辟林农增收渠道等具有重要的现实意义。

(4) 合理配置闲置劳动力，延长产业链，促进林区高效发展

林下种植模式充分利用了林下闲置的大量土地资源，依托林下空间，发展林下产业，能够有效解决山区、林区富余劳动力就业问题，拓宽农村就业、创业渠道，提高林业产值，提高农民收入，促进林区的经济社会发展。

第二节 林下种植的指导原则

一、林木树种选择

我国树种资源极其丰富，有木本植物 8 000 余种，其中仅乔木植物就有 2 000 余种，而乔木树种中的优良用材和特用经济树种就达 1 000 余种，还有引种成功的国外优良树种约 100 种。充分认识林下种植模式中地上林木树种的生物学特性等对发展综合效益高、可持续性强的林下种植经济至关重要。然而，长期以来，我国在生物基础科学的研究和资料积累还不够。林下种植模式中林木树种的选择原则主要包括：经济学原则、生物学原则和生态学原则。

（1）经济学原则

对于特定林地经营者而言，林木的经营与经济原则密不可分。尤其对于用材林的经营，木材产量和价值是树种选择的最客观的指标。由于用材林的许多收益在育林投入多年以后才能收到的特殊性，所以对于经营者而言应结合培育过程中投入与产出比并综合考虑各项收益时间，尤其是林木与林下种植植物的长、短期经营的合理统筹，获取经济效益的最大化。

（2）生物学原则

林木树种的生物学特性主要包括树种的形态学特性与生长发育节律等。树体高大的乔木树种，需要较大的营养空间，木材和枝叶的产量比较高，美化和改善环境的效果也较好。树体高大的乔木能够提供的林下植物种植及其生产活动的林下立体空间相对也较大，发达的冠层结构亦能够为林下种植植物提供良好的庇荫条件，但同时也要考虑高大乔木的特殊根系形态与分布对林地的养分需求以及与林下种植植物间的资源竞争关系。此外，林木树种生长以及冠层结构的季节动态也会直接影响林下生境条件，进而影响林下植物生长状况。

（3）生态学原则

生态学原则不仅是林下经济活动中涉及林木树种选择的重要方面，也是林木培育、森林经营等全过程必须坚持的重要原则。林下种植模式是一个完整的、立体的复合生态系统，林木群落对林地空间林下植物生长营造了独特的生境条件，对保障林地空间复合生态系统的稳定起到了决定性作用。因此，立地的温度、湿度、光照、肥沃等状况应满足所选择林木树种的生态需要；另外，树种选择应考虑林木、林下复合生态系统中生物多样性以及植物种间关系，这对林下种植模式经济、生态、社会三大效益的提升以及稳定、可持续的林下种植经营十分重要。

二、林下种植植物的选择

（1）根据林地立体条件与林木特性选择适宜的林下种植植物

林下植物的引种栽植应遵循"适地适树""适林适林下"及"适地适规模"的原则，充分考量林地布局、地形、地势以及立地质量等林地条件,同时科学把握林木的生物学、生态学等特性及其与林下植物的互作关系。

(2) 根据树种特性以及林相结构选择适宜的林下种植模式

林下空间具有不同于林外的独特自然条件,一般通风、透光性较差,在林下种植模式的选择时,应综合考虑林相结构及其树种林学、生物学与生态学特征以及林下种植植物的相关生物学、生态学特性。不能盲目进行引种栽培,尤其是林下植物不同生长发育阶段所需的光、水、热等生态因子状况能够得到合理配给,这就要求林下植物的引种栽植前应经过充分的科学论证,以避免造成损失。

(3) 根据生态环境评价确定适度的林下种植植物开发利用程度

林下层灌、草等植被对于森林生态系统的水源涵养、水土保持、生物多样性以及立地生产力维持等生态与生产功能至关重要,因此,在对于林下种植植物的开发利用获取短期、直接经济效益的同时,应着重兼顾林地生态环境质量与生态系统稳定性,统筹安排林下植物开发利用模式与程度,实现林下空间生产功能与生态服务功能的均衡以及林下经营的可持续发展。

三、适林适林下原则

(1) 适林适林下的含义

从林下种植模式最终追求来看,林下种植不应是对于林下空间资源的盲目利用,而是在客观、科学地认知林地立地特征、林木与林下植物生物学与生态学特性以及林木—林下植物互作关系等的基础上继而开展的生产实践活动。因此,以理论与技术为支撑是开展林下种植经营的应有之意,"适林适林下"是林下种植模式的基本指导原则。

适林适林下是指在使得林木树种的特性(主要是指生态学特性)和造林地的立地条件相适应的基础上,进一步寻求林下种植植物与林木、林地间的合理关系,以充分发挥林地生产潜力,达到该立地在当前经济技术条件下可能取得的高产水平。适地适林下是因地制宜原则在林木树种、林下种植植物选择上的体现,也是林下种植模式对传统意义上适地适树的造林指导原则的理念深化。

适林适林下是相对的、变化的。林下植物、林木和林地三者之间既不可能有绝对的匹配和适应,也不可能达到永久的平衡。这里所说的林和地的适应,是指它们之间的基本矛盾方面在林下种植模式的实践过程中是比较协调的,能够产生人们期望的经济要求,可以达到经营目的。在这一前提下,并不排除在林下经营的某个阶段或某些方面会产生矛盾,这些矛盾需要通过人为的控制与管理措施加以调整。当然这些人为的措施又受到一定的社会经济条件和理论认知水平的制约。

(2) 适林适林下的标准

虽然适林适林下是个相对的概念,但衡量是否达到适林适林下应该有个客观的标准。不同于传统形式上单一目标的林地经营,林下种植模式追求林地空间上林木、林下植物的综合经济、生态和社会效益,探索长短结合、以短养长的可持续经营模式。因此,适林适林下的标准,也应着眼于特定经营周期内林木、林下植物的三大效益产出,短期效益最大化的同时，又不损害森林立地的长期生产潜力以及林地生态系统的长期稳定。目前，从国内已开展的相关研究来看，基于林下种植模式综合效益评价的林地期望值法不失为一种简便、科学的评价方法。林地期望值实际上相对于在一定的使用期内林地的价值。

根据生态学和生态经济学原理，国靖等（2017）构建了图 4-1 所示林下种植模式综合效益评价指标体系，其中，经济效益指标分为静态和动态分析指标，静态分析指标包括年均成本和成本利润率，动态分析指标包括内部收益率和净现值；生态效益指标分别为土壤理化性质、小气候效益、防风效益和系统稳定性；社会效益指标分别为环境满意度、产品商品率和劳动力容纳量。结合层次分析法（analytic hierarchy process）对银杏林下不同种养模式进行了综合效益评价。结果表明：经济效益较好的是银杏—草鸡模式，生态效益较好的是银杏—玉米模式，社会效益较好的是银杏—杭白菊模式，综合效益较高的是银杏—杭白菊模式；银杏—杭白菊、银杏—玉米、银杏—草鸡 3 种模式的综合效益显著优于银杏—柿树、银杏—大叶黄杨模式。

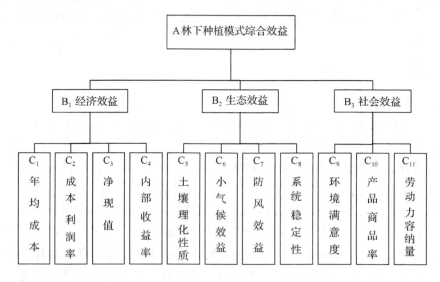

图 4-1　林下经济模式效益评价指标体系（国靖等，2017）

（3）适林适林下的途径

适林适林下的途径是多种多样的，但也可以参照林业实践中适地适树的途径和方法大致归纳为两条：一是选择，包括选林适林下和选林下适林；二是改造，包括改林适林下和改林下适林。

所谓选林适林下，就是根据当地的气候土壤条件以及经营规划确定林下种植植物及其模式后选择合适的林分类型；而选林下适林是指确定了特定区域、特定立地条件、特定林分类型后，选择合适的林下种植植物。

所谓改林适林下，就是在林分的林木组成、结构等进行有针对性地人为改造，使之能够满足拟发展林下种植植物的经营需要；而改林下适林主要是指通过选种、引种、育种或其他混交等培育手段改变林下拟发展植物的某些特性或改良物种间部分有害种间关系，使之与林地生境或林木特性相适应。

适林适林下的选择与改造两条基本途径互相补充、相辅相成。改造的途径会随着经济发展和技术进步逐步扩大和深入，但是当前的经济、技术条件下，改造的程度是有限的，仅是在某些情况下使用，而选林适林下与选林下适林，达到林地、林木、林下种植植物三者间协调关系，仍是最基本的途径。

要达到适林适林下要深刻认识到林木与林下种植植物二者种间关系的复杂性、综合性及其时空变异性。选择不应是盲目的，目前而言，林下种植模式中种间关系的理论性、基础性研究相对缺乏，对人们寻求与发展高产、高效、高质的林下种植模式起到了严重的阻碍。

第三节 林下主要种植模式

林下种植作为一种立地复合种植模式，统筹规划林分与林下种植植物合理配置与结构，充分利用林下空间和林地资源，从林木与林下种植植物的生物学、生态学、林学等特性出发，实现林地经营和收益的长短结合、以短养长，维持林地的长期可持续性生产力、保障林农的长期经营热情以及提升林区的社会、经济与生态综合效益。

林下种植主要模式包括林药模式、林花模式、林草模式、林菜模式、林粮模式、林油模式、林茶模式和林果模式等。

一、林药模式

林药模式是指利用林冠下特殊的郁闭条件，种植各种适生药用植物，特别是忌高温、忌强光的药用植物。相较于传统药用植物的生产经营，既节约了成产性成本，又能获取复合经营效益，林地的生态效益也得到极大提升。在林木见效前，每年可收一茬中药材，树木成熟后，又增加了喜阴药材的收入，解除了种林见效慢的后顾之忧，如图4-2所示，利用林下空间种植草珊瑚。

(1) 造林树种

人工林范围内，常见用材林树种有桉树、杨树、杉木、木荷、落叶松、湿地松、华山松、樟子松等，经济林树种有板栗、核桃、油茶等。

(2) 林下药材

林下种植药材的选择应综合考虑药材品种的经济效益、商品形状以及当地气候条件、林地土壤水热状况和林木树种的生物学、林学特征。一般可在2~3年生未郁闭用材林、经济林、竹林等林间套种板蓝根、金银花、平贝母等喜阳性药用植物。对于林木郁闭度高，林内遮阴条件较好的林地空间，可选择种植黄连、人参、元胡等喜阴药用植物或选择种植贝母、白术等耐阴中药材。

(3) 常见配置模式

杉木—草珊瑚、桉树—草珊瑚、厚朴—草珊瑚、木荷—草珊瑚、板栗—桔梗、板栗—白术、板栗—党参、核桃—桔梗、核桃—白芷、杨树—益母草、杨树—百合、油茶—瓜蒌、油茶—苍术、湿地松—夏枯草、华山松—茯苓、日本柳杉—黄连、银杏—丹参、银杏—杭白菊、银杏—鸢尾等。

(4) 典型案例

草珊瑚是一种多年生长绿亚灌木，从根茎到果实全身可入药，有清热解毒、抗炎消菌、活血止痛的作用。用途广泛，是药品草珊瑚含片、肿节风注射液、痛必安酊的主要原料。除药用外，草珊瑚还具有很高的食用价值和观赏价值。

林下空间套种草珊瑚，不仅能有效防止水土流失，还能改善土壤的水土结构，避免农药对生态环境的污染，而且经济效益良好。

从2009年起，广西横县马岭镇八宝山成立草珊瑚种植专业合作社，以"公司+农户"的方式扩大种植规模。采取先给社员提供苗木，再按市场价、保底价回收的方式，吸引农户入社。合作社与白云药业集团、江中制药集团等全国多家知名制药企业签订了供货协议，并与国内高校、林业部门等机构开展林下种植草珊瑚复合经营模式相关课题的合作研究。

草珊瑚喜阴凉环境，种植在郁闭度60%的树林下最好。草珊瑚在桉树林下郁蔽的空间里长势良好。第一年种植草珊瑚，到第二年才可以采收，亩产750~800kg，从第三年开始逐年增产，最高可达1 500kg。鲜品3元·kg^{-1}，干品则高达8元·kg^{-1}。种植草珊瑚投入成本相对较低，以草珊瑚每亩收鲜品1 500kg来算，每年每亩林地净收入3 000~4 000元，实现"不砍树、也致富"的发展模式。

图4-2　林下种植草珊瑚

二、林花模式

利用林下空地，发展具有一定经济价值、观赏价值的功能性花卉，在增加植被覆盖度、改善景观效果的同时产出经济效益，提高林地产出率。对于稀疏林，可以培育木本花卉，间距大时可以培养喜光的观花花木，而对于种植密度较大的林地或者果园，多以种植草本花卉为主(图4-3)。

(1) 造林树种

杨树、樟树、板栗、白楠、紫薇、广玉兰、悬铃木、泡桐等。

(2) 林下花卉

石蒜类、百合属、水仙类、秋海棠、醉蝶花、鼠尾草、彩叶草、马鞭草、白头翁、萱草、侧金盏、毛地黄、榆叶梅、玉簪、兰草、杜鹃、报春花、紫斑牡丹、荷包牡丹、三叶草、孔雀草、地被菊、红旱莲、垂盆草、麦冬、吉祥草、孔雀草、地锦、美人蕉、紫花地丁等。

(3) 常见配置模式

杨树—二月蓝、樟树—吉祥草、板栗—百合、白楠—秋海棠、白楠—彩叶草、悬铃木—萱草、泡桐—垂盆草等。

(4) 典型案例

百万亩平原造林工程是北京市重点绿化美化工程。为科学利用平原造林林下土地和空间，增强平原造林生态效益、经济效益，提升造林工程效果，自2012年以来，北京市园林绿化局科学制定发展林下经济的种类与规模，确定了林下种植花卉等模式为发展林下经济的主要方向，目前林花模式已呈现出预期景观效果。

密云县2013年在平原造林林下种植万寿菊逾333.34hm^2，进入7月后，万寿菊陆续开花，预计实现经济收入约1 000万元。

怀柔区选择在平原造林林下种植逾14hm^{2}花卉组合，生态景观效果明显。林下花卉种植，主要分为红、粉、黄3个色系，红色系以百日草为主，粉色系以矮秆波斯菊为主，黄色系以龙眼金鸡菊和黑心菊为主。

在平谷区东高村、夏各庄等乡镇，平原造林林下播种的33.34hm^{2}菊花盛开，主要品种为波斯菊、黑心菊、天人菊等。

结合生态改造与景观提升，平原造林工程不仅改善地区生态环境、阻止风沙，又为北京市旅游发展增添了一道亮丽的风景线。

图4-3 林下种植花卉

三、林草模式

草本植物可增加地表覆盖率，更有利于保水、保肥，增加林地土壤的有机质含量，提高林木的成活率。在现有林下种植苜蓿、白车轴草、鼠毛草等植物的林下种植模式，已在我国诸多地区的沙地治理、复合农林业高效生态经济体系建设等方面广泛应用。特别是在退耕还林的速生林下种植牧草或保留自然生长的杂草，树木的生长对牧草的影响不大，饲草收割后，饲喂畜禽（图4-4）。

（1）造林树种

杨树、柳树、刺槐、樟子松、泡桐、板栗、核桃、厚朴等。

（2）林下植物

紫花苜蓿、红豆草、黑麦草、白车轴草、鼠毛草、甜菜、白三叶、早熟禾、鸭茅、箭舌豌豆、金荞麦、箬竹等。

（3）常见配置模式

杨树—紫花苜蓿、板栗—金荞麦、核桃—白三叶、厚朴—箬竹等。

（4）典型案例

2012年，甘肃省人民政府办公厅为贯彻落实国务院办公厅《关于加快林下经济发展的意见》精神，不断提高林地综合经营效益，促进农民持续增收，出台了《关于大力推进林下经济发展的意见》。重点发展林下种植、林下养殖、林下产品采集加工和森林景观利用四大类林下经济。

林草种植模式主要为在林下种植紫花苜蓿、黑麦草、白三叶、金荞麦、箬竹等牧草。以集体林权制度主体改革为契机，甘肃省会宁县着力推动林下经济发展，在实践中走出了一条干旱贫困地区县域经济增长的新路子。依托林地种植紫花苜蓿 $2\times10^4 \, hm^2$，年产干饲草 $7\,500\times10^4 \, kg$。同时还可延伸产业链条，兴建饲草加工点。

因地制宜，科学规划，同时兼顾制度创新。充分发挥森林和林荫空间资源优势，加快山区经济发展，实现兴林富民。

图4-4　林下种植牧草

四、林菜模式

林木与蔬菜间作种植，是一种经济效益较高的模式。根据林间光照程度和各种蔬菜的不同需光特性，科学地选择种植不同种类、品种的蔬菜。林菜模式可以发展耐阴蔬菜种植，也可根据二者的生长季节差异选择品种。林下可种植菠菜、辣椒、甘蓝、洋葱、大蒜等蔬菜，但不宜种植萝卜、白菜等生长期较长且后期需水量大的蔬菜品种（图4-5）。

(1) 造林树种

杨树、湿地松、落叶松、桑树、核桃、桑树等。

(2) 林下作物

平原地区可间作大蒜、青椒、冬瓜、菠菜、甘蓝、圆葱、茄类、西瓜等瓜果蔬菜；丘陵地区可间作蕨菜、薇菜、黄花菜、马齿苋、山芹菜等；高山地区可间作天葱、天蒜等。

(3) 常见配置模式

湿地松—南瓜、杨树—西瓜、杨树—大蒜、杨树—雪菜、核桃—辣椒、日本落叶松—天葱、桑树—莴笋等。

(4) 典型案例

"一村一策、一户一法"，2016 年精准摸底后，四川省遂宁市林业局制定了"唐家乡花果村三年脱贫发展规划"，用 29 万元资金在花果村栽下了 23.34hm² 薄壳核桃树。加上去年新栽的核桃树，花果村的核桃种植面积达 46.67hm²，该村以种核桃树为脱贫主攻方向的路径已初现端倪。

核桃树 3 年后才结果，村民们两年的收入"空白期"怎么度过？一些村民的生产积极性受到了打击。为了解决林业生产周期长、见效慢、短期脱贫效果不显著的问题，在市林业局的指导下，花果村今年新成立的遂宁市船山区花牌林产种植专业合作社的社员们开动脑筋，决定从林下经济入手。一边等待着核桃树的成熟，一边在林下种菜，"空白期"也有得赚。经常翻土、施肥，核桃树也会长得更壮。

图 4-5 林下种植蔬菜

据村民们大致估算，核桃投产见效后，预期年人均核桃种植收入可达 3 500 元。林下种上辣椒，每 500g 1.5~2.5 元的价格，亩产 1 500kg 左右，1 亩能卖 4 500~6 000 元，除去成本，净收入 3 000 元左右。二荆条收获后，正是种植早榨菜的时节，榨菜不愁卖，每 500g 0.4 元，1 亩能产 2 500kg，除去整地、种子、肥料以及人工等成本，保守估计亩收入 1 200 元。

以林下经济为突破口，将林农利益与合作社发展紧密结合，让林农土地入股、产值分成、二次分利、产业发展带动村民增收。

五、林粮模式

林粮模式即在用材林、经济林等林下行间进行林粮间作。林粮间作模式可为林木及林下空间农作物创造一个稳定的生长环境，对于提高农作物产量，改善农业生产环境，增加林农收入，实现林农业可持续发展意义重大。林粮模式是林下经济的重要模式，市场前景广阔，经济效益可观(图4-6)。

(1) 造林树种

杨树、泡桐、杉木、湿地松、银杏、白蜡树、梧桐、板栗、柿树、柑橘、梨树、李树、桃树、枣树等。

(2) 林下作物

小麦、棉花、绿豆、豌豆、红小豆、马铃薯、甘薯、山芋等。

(3) 常见配置模式

杨树—小麦、杨树—棉花、泡桐—棉花、杉木—玉米、杉木—魔芋、柿树—小麦、李树—马铃薯等。

(4) 典型案例

2016年9月，浙江省温州市瓯海首次引进的林下经济新模式——泽雅镇包岙村"油茶+山稻"林粮套种推广示范基地的山稻喜获丰收，第一批山稻已收割完毕，初步估计平均亩产150kg以上，折合约100kg大米，每千克可卖100元，亩产有望达万元，成功实现瓯海首个"一亩山万元钱"林技推广目标。

油茶种植前景虽好，但前期成本投入过大，种植周期长，基本上5年后才有产出。而且山稻本身具有耐旱性强、抗逆性强、适生性广等特点，十分适合在贫瘠山区种植，在油茶行间套种山稻不仅可以起到遮阴、固土、保肥的作用，还可以在油茶生长前期提前收到经济效益，实现以"粮"养"油"，以短养长的目的。

"油茶+山稻"林粮立体栽培模式不仅实现了荒山荒地的有效利用，提高了单位林地利用率，而且极大增加了林地产出率，实现效益双收，具有很高的推广价值。

图 4-6　林下套种山稻

六、林油模式

林油模式即在林下行间套种油料作物的种植模式。油料作物属于浅根作物,不与林木争肥争水。作物覆盖地表可防止水土流失,改良土壤,秸秆还田又可增加土壤有机质含量,提高土壤肥力。但树冠太大、郁闭度太高时不宜间种此类作物(图4-7)。

(1)造林树种

杨树、泡桐、杉木、板栗、油茶、板栗、柑橘等。

(2)林下作物

大豆、花生、芝麻、油菜、薏苡等。

(3)常见配置模式

杨树—花生、杨树—大豆、杨树—油菜、油茶—油菜、板栗—花生等。

(4)典型案例

浙江苍南县高度重视油茶产业发展,把油茶产业作为兴林富民的基础产业来抓。

从2010年开始,苍南县已发展油茶基地2 333.34hm^2,年产值达1 500万元。截至2017年,苍南县约有新建油茶良种推广基地1 850.07hm^2,油茶低产林改造116.67hm^2。2018年新建油茶良种推广基地200hm^2。如何更好地利用油茶基地现有的山地,在不影响油茶生长的前提下,套种其他经济植物在林下进行复合种植模式,成为该地区一种新的增效出路。

此种植模式从上年10月底开始套种冬种植物油菜,当年3~4月油菜花开,5月收割油菜籽,之后套种旱稻,当年10月底收割旱稻,形成油茶—油菜—油菜花观光—山稻的种植模式,利用作物的生长季节充分使用了林地,最大限度提高林地生产力。采用这一模式,每亩油茶、油菜、旱稻可分别产出3 000、2 000和5 000元的产值。

黄灿灿的油菜花梯田,也吸引大量游人前来游玩,带动油菜花观光休闲游,形成"三油一稻"林下复合经营的创新模式,助推山区农户致富。

图4-7 林下种植油菜花

七、林茶模式

茶树耐阴性较强,可充分利用林下遮阴、郁闭环境,形成互补。相对于纯茶园种植模式,林茶间作模式能有效改善林下光照、温度、湿度等条件以及土壤水分和养分状况,从而提高茶叶产量和品质(图4-8)。

(1)造林树种

香榧、板栗、香樟、桂花、湿地松、泡桐、柿、无患子、山核桃等。

(2)林下植物

茶树。

(3)常见配置模式

香榧—茶树、柿—茶树、无患子—茶树、山核桃—茶树等。

(4)典型案例

茶叶属于喜阴植物,林下茶叶种植,既适合茶叶生长,提升茶叶品质,又不占用农村耕地,既能够产生良好的生态效益,又能够产生很好的经济效益。

图4-8 林下种植茶叶

在20世纪70年代初,贵州威宁自治县云贵乡曾是全县茶叶种植大乡。如今,留下来的云贵野化茶叶就有2 000余亩。为了把云贵乡茶叶产业做强做大,该乡成立了威宁县云贵林下茶叶专业合作社,集发展种植、加工带动农业发展为龙头的农民专业合作社。

老茶园通过改造后,年产优质茶青$5×10^4$kg,成品茶$1×10^4$kg,年产值200万元以上;新茶园建成后,到2016年开始采收,到2018年达到盛产期,预计年产优质茶青$25×10^4$kg以上,年产值达500万元以上。经过加工销售升值后,年产值可达1 500万元以上,可使1 000人脱贫致富。

云贵林下茶叶种植专业合作社采取"合作社+基地+农户"的运作模式,生产的茶青统一由合作社加工和销售,其中,农户种植的茶种和提苗肥由合作社无偿提供,生产的茶青合作社按市场价格收购。在整个生产过程中严格按有机食品的相关要求进行生产,确保茶产品绿色、环保、无公害。合作社与茶农签订购销合同,确保茶农在不承担风险的情况下增收致富。此外,定期举办茶叶种植、采收、加工培训班,常年聘请专家进村入社开设技术培训班,提高广大茶农的种植、加工水平。

合作社以"发展林下经济、全面建小康"的思路,增加林农收入,大力实施"绿色、环保、无公害"的高山有机茶叶品牌工程,在促进农业结构调整,建立农民稳定增收主导产业,帮助农民增收致富做出了显著贡献。

八、林菌模式

林菌模式即林下种植食用菌或药用菌的立体栽培模式,利用林下荫蔽、湿度较高的环境栽培食用菌或药用菌,采用人工接种,菌丝体成熟后放在林下培养、出菇,是一项短、平、快的种植模式(图4-9)。

(1)造林树种

杨树、杉木、松树、竹林、橡胶林以及沿海防护林等。

(2)林下菌种

林间空地适合种植平菇、香菇、姬菇、木耳、竹荪、鸡腿菇、金福菇、褐蘑菇、大球盖菇、羊肚菌、滑子蘑、榆黄蘑、双孢蘑菇等食用菌,灵芝、鹿角灵芝等药用菌。

(3)林下菌种主要栽培模式

①林间地表地栽 即将菌袋投放在林地空间土壤表面让其生长子实体的方法,适合林间地表地载的菌种有香菇、黑木耳、黑背木耳等。

②林间覆土畦栽 是指在林间空地开挖一定规格的畦坑进行菌种栽植的方法,适合林间覆土畦栽的菌种有平菇、鸡腿菇、姬松茸、灵芝等。

③林间立体栽培 主要是依托林地空间挂袋出菇出耳的栽培方法,适合立体栽培的菌种有黑木耳、黄背木耳、猴头菇等。

(4)典型案例

随着森林资源总量的快速增长,为充分利用林下土地资源和空间环境,开发林业多种功能,贵州省六枝特区鼓励返乡农民工自主创业,发展林下种植经济,为当地农村剩余劳动力提供更多就业岗位。大力推广"企业+专业合作社+农户"的市场化运作方式,在$8×10^4 hm^2$森林中以林下种植仿野生食用菌,兼营林下中药材的企业发展思路,积极发展林下经济,推进农村经济发展生态文明建设。

成片的树林繁茂的枝叶能起到遮阳、挡风、涵养水分等作用,满足食用菌生长需求。食用菌收获后余下的菌棒是林木生长需要的有机肥料,两者可以互补,林下种植形成了循环经济。普通树木8~9年才可成材,发展林下经济的树木的生长速度会提高15%左右,可提前1~2年成材。林下试种菌种主要有北风菌、榆黄菇、灰树花、黑皮鸡枞菌、平菇香菇和竹荪,其出菇量是大棚的1.2~1.5倍,口感非常好,不易变色,保鲜期及保质期相比大棚里培育的要长得多。

运用科技与自然资源的有机结合,充分利用互联网资源,树立生态健康理念,走品牌农业路线,严把质量关,做到从田间到餐桌,让消费者吃到安全、生态、绿色环保的产品。通过发展"林下经济"致富,为林农开辟了一条林下经济发展的好"钱途"。

图 4-9 林下种植木耳

第四节 林下种植配套技术

林下种植模式要达到理想的、符合预期的效益产出,除了要遵循特定气候条件下林地、林木与林下种植植物三者间协调关系,尤其是适林适林下的指导原则外,还要统筹做好林下生产经营活动的前期准备(整地、植前处理、种植等)、中期管理(间苗补苗、水分管理、科学施肥、中耕除草、病虫害管理等)与后期收获利用(包括产品收获、贮藏、加工等)等环节工作。本节着重介绍在林地、林分与林下拟种植植物及其具体配置模式确定以后,有关林下植物种植、林下植物管理和林下植物收获3个主要方面的林下植物种植模式配套技术。

一、林下植物种植

(1)整地

整地即林下植物种植之前,清除林地原有杂乱滋生的、有碍于林下种植经营活动开展以及拟种植植物生长的灌、草等植被,并以翻垦土壤为主要内容的一项生产技术措施。林下整地对立地空间林木、林下植物的生长发育均具有重要作用,是林下植物栽培过程中的主要技术措施之一。

林下种植整地与农业整地、林业造林地整地的性质基本相似,都是通过清理、翻土和松土来改善林地空间的生产便利性、改良土壤的理化性质、提高立地质量、减少杂草危害与竞争、提高种植成活率以及促进林木与林下植物生长等,但由于栽培对象以及经营目的不同,林下种植整地又具有不同于农业、林业整地的特点。具体表现为:

①林下种植整地聚焦于林下空间,林下空间与农地、造林地的属性不同,林下空间实施整地难度大、劳动力投入大、整地成本高。整地既要有利于林下经营与生产,又要尽量减少对于林木根际土壤的破坏。

②林下种植整地以改善林下植物种植与生长环境为目标,不同的林下种植植物及其模式配置对整地的深浅、程度、方式以及时间等的要求不同。因此,林下种植整地应严格依照拟种植植物特异性的整地要求,科学整地。

(2)种植技术

林下植物种植模式涉及林下植物门类多,繁殖与栽种方法多样,常见的林下植物繁殖方法主要有种子繁殖、无性繁殖(扦插繁殖、分株繁殖、分根繁殖)等,具体繁殖方法的确定应充分考虑植物生物学特性、立地条件好坏、种植季节、种植材料来源及其品质优劣、施工便利性以及成本等多方面因素。

①种子繁殖 种子是承载遗传基因、促进植物生长与繁衍的载体,其质量的优劣直接关系到林下种植植物生长状况以及林下植物产品产量与质量的多少与高低。因此,良种的选择对开展林下种植模式的生产实践而言起着关键性作用。种子直播繁殖方法在林下植物栽培中广泛应用,尤其是林粮、林油、林菜、林花等种植模式。种子来源应选择与当地生产条件相适宜的优质、高产、抗逆性的品种。在良种确定后,需要对种子进行播种前处理。所谓播种前处理是指播种前对种子进行的消毒、浸种、催芽、拌种以及包衣等技术措施,目的在于缩短种子在土壤里停留的时间,保证幼苗出土整齐和抗性,预防鸟兽和病虫危害等。种子播前处理应结合林地立地条件、播种季节等决定。在鸟兽和病虫害发生严重的林地进行林下播种种植,应进行消毒浸种和拌种处理;干旱的林地条件不宜进行浸种前处理,而林地土壤水分状况良好的条件下浸种催芽的效果很好。雨季进行林下播种种植一般播干种子,干季尤其是北方地区为防止当年出土的幼苗遭受冻害,一般播未经催芽的种子。

在良种选择、植前处理完成以后,要根据种植区气候条件、立地特征、种子生物学特性以及经营安排等,适期适量适法的进行播种。播种时期的划分,通常按季节分为春播、夏播、秋播和冬播。南方一般四季均有适播林下种植植物,而北方多以春播、秋播为主。

春季是我国主要的播种季节。在多数地区,大多数植物都可以在春季播种。春季适当早播的幼苗抗性强,生长期长,病虫害少。春播具有从播种到出苗时间短,减少管理用工,减轻鸟、兽、虫等对种子的伤害等优点。夏播适用于易丧失发芽力、不易贮藏的夏熟种子。随采随播,种子发芽率高。秋播是次于春播的重要播种季节。一些大中粒种子和中皮坚硬的,有生理休眠特性的种子都可以在秋季播种。一般种粒很小或含水量大而易受冻害、易受鸟兽危害的种子不易秋播。冬播实际上是春播的提早,也是秋播的延续。我国南方气候温暖,冬天土壤不冻结,而且雨水充沛,可以进行冬播。

林粮、林油种植模式中,小麦、大豆、花生、玉米等作物在考量气候区、积温、土壤、品种等条件,不同地区播种时间生产上已有成熟的经验积累。如杨树—大豆、泡桐—大豆等林油种植模式,春播大豆适宜播种期为4月25日左右,夏播大豆适宜播种期为6月5~20日。林下药用植物蒲公英从初春至盛夏皆可播种,连翘可春季或冬季栽培,益母草春播、夏播、秋播均可。林花种植模式中,豆科植物三叶草既可春播,也可秋播,在南方秋播的效果较好。堇菜科三色堇一年四季均可播种,春季播种6~9月开花,夏季播种9~10月开花,秋季播种12月开花,11月播种翌年2~3月开花。

播种量是指单位面积上播种的数量。播种量确定的原则是用最少的种子达到最大的产苗量。播种量应综合考虑种植区气候、土壤、种子品质、播种方式以及经营管理水平等多方面条件,量要适中。播种量过大造成种子浪费,而且致使出苗过密、间苗费工、育苗成本增加。播种量太少，产苗量低，土地利用率低，影响育苗效益。

播种方式在林下植物的栽培实践中常见有3种：撒播、条播和点播。撒播是把种子均匀地播撒；撒播优点是覆土均匀，苗木容易出土，种子分布均匀，产苗量高；缺点是抚育管理不便，苗木密集通风透光差，生长不良，用种量也较大。条播是按一定距离开沟播种，把种子均匀撒在沟内；条播克服了撒播的缺点，但缺点是播种沟内苗木密集，个体竞争激烈，大小分化明显，生长发育不均匀，影响苗木产量。点播是指在苗床或林地上按一定株行距挖小穴进行播种，一般适用于大粒种子。例如，林下药用植物益母草生产上多以点播或条播方式进行。点播具体为在整好的畦面上按行距25cm、穴距23cm开穴，穴深3~5cm，将拌种后的种子灰播入穴内，不另覆土。条播具体为在在整好的畦面上按行距25cm、深5cm的播种沟，播幅10cm，将拌种后的种子灰均匀地播入沟内，不另覆土。

②无性繁殖　扦插繁殖、分株繁殖、分根繁殖等无性繁殖方法广泛应用于林药、林花等林下种植模式，方法简便，遗传性状稳定，且生产上缓苗期短、成活率高、成苗快。

扦插繁殖是利用离体的植物营养器官，如根、茎（枝）、叶等的一部分，在一定的条件下插入土、沙和其他基质中，利用植物的再生能力，经过人工培育，使之发育成一个完整新植株的繁殖方法。插条生物学特性、插穗年龄、枝条着生部位、插穗形态规格以及外界环境和基质条件是决定插条生根、扦插成功的重要基础。因此，林药、林花等林下种植模式中，在应用扦插繁殖方法时，应注意插穗来源、插穗规格、扦插时间、扦插方式、扦插深度等技术环节，以充分发挥扦插繁殖方法在相关种植模式中的优势最大化。

林下种植观赏百合、紫露草、紫叶鸭趾草、百里香等林花模式，林下种植药用植物药菊、何首乌等林药模式常用扦插繁殖方法，不仅成活率高，而且产量大、品质好。如林下药菊的扦插繁殖，首先根据形态学特征选择健壮、无病虫害、根茎白色母株栽植于保护地中。当母株上长出约10cm芽时，基部留2~3片叶采下，并整理成长约6cm带有两叶一心的插穗进行扦插育苗。苗床最好用无菌基质（蛭石、珍珠岩等）。扦插时注意保护上切口的芽，下切口与基质密接。扦插后定期给苗床喷水，生根最适温度为15~18℃。一般扦插15d后生根，根长超过2cm时即可定植林下。

分株繁殖多用于丛生性强的花灌木和萌蘖力强的宿根花卉。林下种植生产上，芍药、大苞萱草、玉簪、鸢尾、珍珠梅、紫叶酢浆草等林花种植模式，丹参、黄芩等林药种植模式常采用分株繁殖方法，极易成活、生长快，可缩短生产周期。以黄芩的林下种植为例，在采收时选取高产优质植株，切取主根留作药用，根头部分供繁殖用。冬季采收的可将根头埋在窖内，第二年春天再分根栽种。若春季采挖，可随挖随栽。为了提高繁殖数量，可根据根头的自然形状，用刀劈成若干个单株，每个单株留3~4个芽眼，按株行距5cm×35cm栽于林地上。

分根就是将植物的根、茎基部长出的小分枝与母株相连的地方切断，然后分别栽植，使之长成独立的新植株的繁殖方法。知母、锦灯笼、北乌头等林药种植模式常用分根繁殖方法。以北乌头的林下种植为例，于每年秋季或早春挖取老根旁所生子根栽种。开浅沟，行距30~45cm，株距9~15cm，将子根均匀排在沟内，栽后覆土压实。春种约20d出苗，晚秋栽种第二年春萌芽。

二、林下植物管理

(1) 间苗和补苗

间苗和补苗是控制苗木合理密度的两项重要措施。

①间苗 又叫疏苗，即将部分苗木除掉。苗木过密会造成每株苗木的营养面积过小，使苗木生长过弱，降低苗木质量。通过间苗，使苗木密度趋于合理，生长良好，以提高苗木质量。林下完成植物栽植以后，是否需要间苗以及间苗时间、次数和强度应充分考虑幼苗生长速度、幼苗的密度等决定。间苗时，主要间除有病虫害、受机械损伤、发育不正常的苗或生长弱小的劣苗，以及并株苗、过密苗等。间苗前，应先灌水，使土壤松软，提高间苗效率。

②补苗 补苗工作是补救缺苗断垄的一项措施。当种子发芽出土不齐，或栽植苗木成活率不高，或种苗遇到严重的病虫害，造成缺株断垄，影响林下后续生产时，可采取补苗。补苗时间宜早不宜迟，以减少大量伤根，早补苗不仅成活率高，而且后期生长与原生苗无显著差异。补苗时由于幼苗主根不长，同时尚未长出侧根，故可以带土或不带土，在补苗前将苗床灌足水，然后用小铲或手将密集的幼苗轻轻掘出，立即栽于缺苗处。如幼苗较大，主根较长，补苗时最好选择阴雨天或傍晚进行，避开高温强日照时段，以提高成活率。有条件的地方，补苗后进行 2~3d 遮阴，可提供苗木成活率。

(2) 中耕除草

中耕除草是有效改良林地土壤水肥热条件，减少杂草竞争，改善林下空间内植物生长环境，提高林木、林下植物生长以及生产力的重要技术手段。在林下种植模式的实际经营过程中，中耕除草是一项短期成本投入但伴随长期效益产出的一项必要性经营活动。中耕除草的实施与否及其次数，要整合考虑林区气候条件、立地条件、林木与林下植物生长状况、经营精细化程度以及经济状况等要素。松土的作用在于疏松表层土壤以减少水分蒸发，改善土壤的保水性、透水性和通气性，促进土壤微生物的活动，加速有机物的分解；除草的作用主要是清除与幼林竞争的各种杂草和灌木。

松土除草的方法有人工松土除草、机械松土除草、生物松土除草和化学除草等。人工松土除草劳动强度大，工作效率低，但环保；地势平坦的林下种植区，适于机械化作业，以耕代抚，工作效率高。生物松土除草主要是增加土壤有益动物，如蚯蚓等，可以起到松土培肥的作用，但大面积实施有一定的难度。生物除草可利用林下养殖牛、羊、鹅等食草性动物在获得养殖收入的同时，达到除草的目的，并且可以起到培肥土壤的效果，经济效益较高，只要调控得当避免损害苗木，生物除草是最环保经济的方法。化学除草已经在山地造林中得到了广泛的应用，特点是劳动强度小，效率高，但对生态环境有一定的危害作用。

(3) 水分管理

水是植物生长和发育不可缺少的重要物质，是植物光合作用的物质基础，也是形成淀粉、蛋白质和脂肪等重要物质的成分。在水分适宜的条件下吸收根多，水分不足则苗根细长；土壤水分过多，造成土壤通气不良，含气量降低，妨碍其根系生长，常造成苗木生长不良或致死。

①灌溉　宜在早晨或傍晚进行，此时蒸发量较小，水温与地温差异较小。不要在气温最高的中午进行地面灌溉，因为突然降温会影响根的生理活动。停止灌溉时期对苗木的生长、木质化程度和抗性有直接影响。停灌过早不利于苗木生长，过晚会造成苗木徒长，寒流到来之前不能及时木质化，会降低苗木对低温、干旱的抵抗能力。适宜的停灌期应在苗木速生期的生长高峰过后立即停止。灌溉要结合水源条件、灌溉技术以及人力、财力投入等条件适时适量进行。

②排水　是在林地易积水的条件下进行的水分调控措施。林地积水不仅对植根系呼吸等生理活动和生长造成直接性危害，涝灾还会引起病虫害，造成严重生产损失。为了防止林地积水的发生，必须及时排出灌溉的尾水和雨季林地积水。北方雨季降水量大而集中，特别容易造成短时期水涝灾害。在我国南方地区降水量较多，要特别注意排水。林地排水应充分利用林地地形、地势等天然条件或者前期规划排水系统，做到大雨过后地表不存水。

(4) 科学施肥

合理的土壤养分条件供应要通过人工施肥来调节，如何基于林地养分状况、林下植物缺素症状诊断以及林木与林下植物生长需肥规律与特性等进行科学施肥是发挥施肥效益、控制经营成本和获取最大化生产效益的关键。因此，科学施肥应根据气候条件、土壤条件、植物特性和肥料性质有针对性开展。

气候条件直接影响土壤中营养元素状况和苗木吸收营养元素的能力。一般在寒冷、干旱的条件下，由于气温低，降水少，肥料分解缓慢，苗木吸收能力也低，施肥时应选择易于分解的肥料；在高温、多雨的条件下，肥料分解快，吸收强，且养分容易淋失，施肥时应选择分解较慢的肥料。

施肥应根据林木，尤其是林下植物对土壤养分的需要量和林地土壤的养分状况，有针对性地进行。缺什么肥料补什么肥料，需要补充多少就施多少。

不同植物及其不同生长阶段，其对各种营养元素的需要量不同。据分析，在苗木的干物质中，主要营养元素含量的顺序为：氮>钙>钾>磷。豆科树种有根瘤菌固定大气中的氮素，磷能促进根瘤菌的发展，所以豆科树种对磷肥的要求反而比对氮肥高。同一树种的苗木在不同生长发育时期，对营养元素的要求不同。幼苗期对氮、磷敏感；速生期对氮、磷、钾的要求都很高；生长后期，追施钾肥，停止施氮肥，可以促进苗木木质化，增强抗逆性能。随着年龄的增加，需肥数量也逐渐增高，应酌情多施。

合理施肥还必须了解肥料的性质及其在不同土壤条件下对苗木的效应。肥料种类很多，生产上通常将肥料分为有机肥、无机肥和生物肥3类。有机肥是由植物的残体或人的粪尿等有机物质经过微生物的分解腐熟而成的肥料。它不仅含有氮、磷、钾等多种营养元素，而且肥效时间长，在苗木整个生长过程中源源不断地提供苗木所需的营养。更为重要的是，有机肥能改良土壤理化性质，促进土壤微生物活动，提高土壤肥力。但有机肥也有不足之处，所含各种营养成分的数量与比例不能完全保证各种苗木的生长需要，某些养分特别是速效养分少，氮、磷、钾的比例可能不当，尚须补充一定量的无机肥。无机肥主要由矿物质构成,包括氮、磷、钾3种主要元素和微量元素等。无机肥的有效成分高,肥效快,苗木易吸收。但肥分单一,对土壤改良作用远不如有机肥,而且常年单纯施用,会使土壤结构变坏,地力下降。生物肥是用从土壤中分离出来的对苗木生长有益的微生物制成的肥料,如菌根菌、磷细菌和抗生菌等。

(5)病虫害管理

病虫害是病害和虫害的并称,常对林下种植植物的生长和生产造成不良影响。

植物在栽培过程中,受到有害生物的侵染或不良环境条件的影响,正常新陈代谢受到干扰,从生理机能到组织结构上发生一系列的变化和破坏,以至在外部形态上呈现反常的病变现象,如枯萎、腐烂、斑点、霉粉、花叶等,统称病害。引起植物发生病害的原因,包括生物因素和非生物因素。由生物因素如真菌、细菌、病毒等侵入植物体所引起的病害,有传染性,称为侵染性病害或寄生性病害;由非生物因素如旱、涝、严寒、养分失调等影响或损坏生理机能而引起的病害,没有传染性,称为非侵染性病害或生理性病害。

虫害主要是昆虫,另外有螨类、蜗牛、鼠类等。昆虫中虽有很多属于害虫,但也有益虫,对益虫应加以保护和利用。各种昆虫由于食性和取食方式不同,口器也不相同(主要有咀嚼式口器和刺吸式口器),危害后症状表现不同。咀嚼式口器害虫,如甲虫、蝗虫及蛾蝶类幼虫等,通过直接取食固体,危害根、茎、叶、花、果实和种子等,造成机械性损伤,如缺刻、孔洞、折断、钻蛀茎秆、切断根部等。刺吸式口器害虫,如蚜虫、椿象、叶蝉和螨类等。它们是以针状口器刺入植物组织吸食食料,使植物呈现萎缩、皱叶、卷叶、枯死斑、生长点脱落、虫瘿(受唾液刺激而形成)等。此外,还有虹吸式口器(如蛾蝶类)、舐吸式口器(如蝇类)、嚼吸式口器(如蜜蜂)。

林下种植经营过程中病虫害的管治应遵循预防为主、防治为辅的原则。首先,做好林业病虫害的预防工作,可以有效降低病虫害的发病率。预防为主应贯彻到林下种植植物的品种选择、栽植环境、整地除草、水肥调控以及修剪养护等经营的全过程环节,尤其是要规避病虫害发生与蔓延所依赖的外部环境条件,以期达到预防病虫害防治的目的。

在病虫害已经发生情形下,应尽早采取防治措施。当前,在林下种植模式的实际经营中,化学防治措施、生物防治措施依然是现阶段防治病虫害的有效、必要措施。化学防治收效迅速,方法简便,急救性强,且不受地域性和季节性限制,因此,在病虫害综合防治中占有重要地位。如林下种植丹参常见病虫害有根腐病、根结线虫病和棉铃虫等,以根腐病的防治措施为例,丹参根腐病在发病初期主要危害须根、支根,导致其变褐腐烂,然后逐渐蔓延到主根,直至整个根部出现腐烂,这时根部的外皮呈黑色。在发病初期用50%硫菌灵可湿性粉剂800~1 000倍液浇灌。发病后期随根部的继续腐烂,会导致地上的茎叶逐渐枯萎,最终全株枯死。

但长期使用性质稳定的化学农药,不仅会增强某些病虫害的抗药性,降低防治效果,并且会污染农产品、空气、土壤和水体,危害人、畜的健康与安全。生物防治利用生物物种间的相互关系,以一种或一类生物抑制另一种或另一类生物。它的最大优点是不污染环境,是农药等非生物防治病虫害方法所不能比的。例如,生产上常利用寄生性天敌赤眼蜂、寄生蝇防治松毛虫等多种害虫,花角蚜小蜂防治松突圆蚧等。

三、林下植物收获

(1) 采收

由于林下植物种植模式涉及林药、林菌、林花、林草、林粮、林油以及林茶等多种模式,采收产品又涉及不同种植模式下的不同林下植物组织或器官(采集地上部分、采集地下根、采集叶、采集果、采集子实体等),因此,林下植物的采收应充分考虑植物的生物学、生理学特征,结合经营期望、市场行情、贮藏与加工技术以及运输条件等,采用适当的采收方法适时收获。"适时收获"是林下植物种植模式采收环节应遵循的基本原则,提前或延迟采收都会对林下植物产品的产量和品质造成不良影响,最终影响经营收成。

(2) 初加工

林下种植植物产品初加工是指产品采收后为了储运方便、避免产品变质等目的对其进行的捆扎、切制、清洗、去杂、脱皮、晾晒、烘干以及分级等简单处理措施。尤其是林下种植香菇、平菇、木耳、银耳等林—菌模式,采收的产品应及时加工,以免变质,降低品质。以香菇为例,由于菇体采收后易发黑变质、腐烂,应力争当天采摘,当天加工、干燥。日晒干燥法和烘烤干燥法是香菇采收后常用的干制方法,前者应注意均匀晾晒,后者应注意控温与排气。干制后的香菇色泽好、香味浓郁。干制后及时进行分级处理,分级后迅速密封包装,置干燥、阴凉处贮藏。

第五章　林下养殖

第一节　林下养殖概述

林下养殖是将现代养殖技术与传统散养模式相结合,充分利用林下土地资源发展养殖业,实现传统林业与传统养殖业优势互补、资源共享、经济共赢的复合经济模式,是发展林下经济的重要组成部分,该模式能有效地促进地方经济发展。

林下养殖以富民为目标,通过政策保障、技术服务和资金扶持,有效地缓解群众发展林下经济的难题,促进农村精准扶贫工作的深入开展,开辟林农增收渠道。

通过优选林下养殖模式,按照因地制宜、科学规划、合理布局、突出特色、讲求实效原则,可实现林下经济科学化、标准化、基地化和产业化,形成"上中下、短中长"立体经营格局,是实现绿色发展的有效途径。

一、发展林下养殖的意义

1. 林木为畜禽创造良好的环境

林地有树冠遮阴,温度适宜,林下温度在同季节比普通封闭畜禽舍低,更适合畜禽的生长。林木是天然的灭菌能手和滤毒器,除了能增加氧气含量外,还能散发植物灭菌素,有效地杀死结核、伤寒、白喉等多种病菌。林木是天然吸尘器,树木由于枝叶茂密,对粉尘有阻挡、过滤和吸收的作用。综上,林木可以为畜禽生长创造适宜的环境。

2. 充分利用林业资源

从林业方面来说,发展林下养殖可以充分利用林下资源,可以提高林地的产出率,大大提高林业的综合效益,把多年来单一林业引向复合林业、立体林业,推动林业快速发展。从生态安全角度来看,可以更好地保护森林资源,促进森林健康、快速增长。林农增加了收入,能提高造林、护林的积极性,对维护生态安全、增强林业自身持续发展能力具有重大意义。林业生长周期长、经济效益见效慢,发展林下养殖可以在相对较短的时间内得到收益,实现近期得利、长期得林、以短养长、长短协调的良性循环。

3. 畜禽食物资源丰富,活动产地大

首先,林地野草茂盛、营养丰富,使畜禽有了饲料来源。其次,林地里有许多的昆虫,它们是禽类的"美味佳肴"。林地养殖采用的是舍饲与放牧相结合的方式,空气流动性强,氧气充足,畜禽活动空间广阔,因为体质健壮,患病率低,有效地克服了封闭式饲养

畜禽密度大、粪便集中、通风不良、环境污染等影响畜禽生长的弊端。

4. 提高土地利用率,实现绿色发展

利用林下发展经济,提高了土地、林地的利用率,充分利用土地资源、林地资源。林下养殖能减少环境污染与病菌传染,对保护生态环境与建设社会主义新农村有很大的促进作用。发展林下养殖提高林农经营森林的水平,增加森林蓄积量,提高林地利用率和产出率,林下经济所生产的产品是绿色产品,创造的是绿色产值,增加的是绿色GDP,有利于实现绿色增长。发展林下养殖为返乡人员提供了绿色就业平台,实现"不砍树、也致富""不出乡、也致富",为林农提供了"绿色就业"。林下养殖为林农增收致富提供了一个新的选择和突破口,帮助林农实现长期收益和短期收益的结合,以林下经济短期即可收益的优点,弥补了传统林木经营周期长、风险大的缺点,为林农提供了切实收益。

二、林下养殖林地的选择

林下养殖是在森林环境条件下进行的,场地的选择要力求考虑全面,做长远规划,不要急功近利。最重要的是要结合实际,因地制宜。林地最好是林冠层较高且较稀疏,树林郁闭度在0.4~0.7,林地坡度以缓坡为宜(马宁君等,2012;言天久等,2012)。宜选择林下可食性野草资源丰富的成年树林,并满足以下几点:

①交通便利,基础设施齐全(水、电、路等基础设施完备)。离主干道500m以上,远离住宅区、屠宰场、垃圾处理场以及耕地5km以上,并无工业污染,避免环境嘈杂,不影响动物的正常生活和活动,同时不给卫生防疫带来新的问题。

②畜舍、禽舍建造地尽量避免狭长和多边角地形,不能建在地势低洼或风口处,以免汛期排水困难,造成大面积积水,冬季防寒困难而且通风不畅;应选择高处、干燥、背风向阳、地下水位在2m以下具有缓坡、坡度北高南低、总体平坦的地方。

③要有合适的水源。要有符合要求(水质良好,不含毒物、无污染,确保人畜健康安全)的、充足的水源,并且取用方便,保证生产、生活及人畜饮水。

总之,林下养殖一定要结合林地的立地条件及气候因子综合考虑,以选择有利地势。

对于林下养蜂模式,林地周围2.5km^{2}的半径范围内应具有充足的主要蜜源和辅助蜜粉源,主辅蜜粉源应搭配适宜。场地宜选择在南向的近山坡地,阳光充足,背有高山为屏,上有自然遮阴,夏季通南风,冬季阻北风,且土质肥沃,蜜源植物生长旺盛,花期长,水量充足。

对于林下特种经济作物养殖模式来讲,选择的林地要求空气清新,环境安静,野生动植物丰富,有宽阔的活动空间和足够的野生食物。既能增加营养,减少疫病感染,又可降低饲养成本。根据这个要求,林下饲养特禽的场地应建立在地面平整、开阔、有水源、光线适中、土质肥沃(蚯蚓多)的板栗园、苹果园、梨园、桃园、梅园、杨梅园、枣树园、石榴园、葡萄园、柿园等果园内,或者松林、水杉林、竹林、杨树林、刺槐林和其他阔叶林内。以中、幼龄林分和果园为优,1~2年生的新造林地、衰老果园、成熟林一般不适宜作特禽场地,难以取水的林地也不适宜建立特禽场。此外,特禽的天敌黄鼠狼多的林地更不适宜建立特禽场。

三、林下养殖的效益评估

1. 经济效益

林下养殖相对于林下种植具有生产周期短、经济效益高的特点，林下养殖畜禽产品的优势在于绿色、无污染，比同类畜禽产品在市场上具有明显的价格优势，且市场需求量大，受消费者青睐。以养鸡为例，由于肉质纯正、鲜美，活鸡市场售价比棚养鸡高出2元·kg^{-1}，比规模化舍饲经济效益能提高30%以上（陈元生等，2020）。通过林下养鹅，3000只鹅的除草面积基本可以达到400亩，节省各项管护费用8.8万元（杨海滨等，2015）。

2. 社会效益

一是解决农民的就业、增收问题。林下养殖主要由实体带动且呈多样化发展。生产方式灵活多样，比较有特色的林下养殖典型主要表现为以龙头企业为依托发展林下规模养殖场（户）、以专业合作社为依托建设林下规模养殖基地、以农户或家庭农场自主经营建设林下规模养殖场和以企业自主经营建设林下养殖基地，可以提供丰富的就业岗位。二是有效解决林地养护、森林防火等问题。禽类啄食减少了地表植被，起到了很好的生态除草作用，可燃物的减少一定程度上降低了森林火灾隐患，禽类啄食还可有效抑制森林虫害的爆发。三是为社会大众提供健康、安全的肉、蛋食品。

3. 生态效益

林下养殖是现有养殖模式的延伸，将原有的养殖场转移到林下，转变为生态化、专业化经营，突破了圈舍规模化、集约化养殖的局限。陈俊华等（2013）实验结果发现林禽养殖能够提高土壤肥力进而促进林木生长，但进一步设置了不同的养殖密度后发现家禽踩踏林地会造成土壤板结进而引起水土流失，提出养殖应确定合理的养殖密度。邬泉楠等（2013）的实验在此基础上发现林下养鸡的生态效益受林分种类影响，林下养鸡会降低植物多样性，且养殖密度越大对植物多样性的破坏更强。不科学的林下养殖势必会造成一定的环境破坏。不健康的林下养殖业会造成养殖林地地表植被的破坏，植被的破坏会导致昆虫等微生物多样性的减少，进而引发小型动物种群数量的减少，生产者的消减必将造成整个生态系统生物多样性的减少（周会平等，2012）。对调研农户的实地考察也发现，养殖中普遍存在养殖方式不科学、养殖密度和污染物排放量超过森林环境容量的现象，部分实地调查发现部分林下养殖户不控制养殖密度、没有实行跨区轮养，使得养殖区域地面植被基本消失。损害了森林（尤其是生态公益林）保护生物多样性、保持水土、维护生态平衡的功能（王祖力等，2011）。

四、林下养殖的对策与措施

林下养殖具有资源利用率高、节约资源、降低成本、解决就业等优点，但同时面临的林下养殖无序性问题，也可能会导致投资失败。林下养殖的无序性指在林下从事畜禽养殖的现实情况呈现出无计划、无约束、无秩序的一种盲从与机会主义的状态。主要表现为投资主体、投资项目、养殖区域、技术信息获取及畜禽价格竞争无序性。林下养殖涉及畜禽品种、养殖区域、养殖规模、投资多少、环境污染、光热温湿、林下资源、坡度水源等问题，应当科学论证，结合实际，谨慎立项。林下养殖不是投机而来，而是实干而来，在投资中寻求发展机遇。

①脚踏实地，更新技术　首先找专业技术部门和人员多咨询；其次找林下养殖的实践者做比较；再次找专家会诊，以识别技术信息的真伪和技术含量的高低。林下养殖所遇到的天气灾害、野兽攻击、寄生虫疾病、营养性疾病等方面大大增加，特别是营养性疾病常常被误判为其他疾病，增加了畜禽死亡率，增大了养殖成本。

②综合思考，分析市场动态　确立林下养殖切入时机，把握结构调整，增强抗险力，合理安排生产，避免集中出栏压力。林下养殖是一种新型养殖方式，盲目投入和盲目生产带来的风险将大大增加，特别要避免某个品种一次性出栏过多，销售压力过大，增加畜禽产品对市场的适应性，以增强抗风险能力。

③因地制宜，合理林下养殖　应根据林地承载力与生态功能，合理规划禁养区，并控制适宜养殖密度，实行科学轮牧。

④要借力发展　做大做好林下养殖不是孤立的，借政府扶持之力、借市场潜力之力、借专业技术之力、借自我实干之力谋求规模化、标准化、健康化、效益化发展，变林下养殖无序化为有序化。

第二节　林下养殖主要模式与管理技术

林下养殖有很多种模式，包括林下养畜（猪、羊、牛）、林下养禽（鸡、鹅、鸭）、林下养蜂、林下特种经济动物养殖（特种禽类、蛙、野猪、蚯蚓）等。这些养殖模式在有效利用树下空间的同时也为树木生长提供了优质肥料，生产出的绿色环保产品受到市场的欢迎，实现了生态链的良性环境。达到林业经济与绿色经济长期增收、短期收益有效结合，使生态效益与经济效益相得益彰。

①林畜模式　有两种模式：一种是林下放牧，即林下种植牧草可发展奶牛、肉用羊、肉兔等养殖业。树木的叶子、种植的牧草及树下可食入的杂草都可用来喂养牛、羊、猪、兔等牲畜。林地养殖解决了农区养牛、养羊的无运动场地的矛盾，有利于家畜的生长、繁育；同时为畜群提供了优越的生活环境，有利于防疫。另两种是林地舍饲饲养家畜，如林下养殖肉猪。由于林地有树冠遮阴，夏季温度比外界气温低，比普通封闭畜舍平均低 4~8℃，更适宜生长。

②林禽模式　在林下养殖柴鸡、鸭、鹅等家禽类，树木为其遮阴，增加林下氧气含量，是家禽的天然"氧吧"，便于防疫，十分有利于家禽的生长，而放牧的家禽吃草吃虫，粪便肥于林地，与林木形成良性生物循环链。在林地建立禽舍时省料省遮阳网，投资少，远离村庄环境好，人为影响较小；禽粪给树施肥营养多；林地生产的禽产品市场好、价格高，属于绿色无公害禽产品。

③林蜂模式　林业的特点就是周期长、见效慢，而林下养蜂具有投资少、见效快、风险低、易操作、产出高和不占地的优点，从而到达以林养蜂、林蜂协调的良性循环。

④林下特种经济动物养殖模式　特种经济动物以较高的经济效益和营养保健价值受到生产者和消费者的青睐，特种经济动物养殖蕴藏着很好的商机。林下特种养殖是一项极具潜力与竞争力的新兴产业，对于开发利用森林资源，保护生物多样性，优化畜牧业生产结构，发展农村经济，丰富市场供应，满足广大城乡居民不同层次的消费需求，提供了一条行之有效的可持续发展之路。

一、林下主要养殖模式

1. 林禽模式

林下禽类养殖具有良好的经济、生态和社会效益，具有广阔的发展前景。特别是在加快推进农业经济结构调整和落实严格的耕地保护制度政策下，是调大调优种养业、节约节省土地资源、加快林业发展、改善生态环境的一项重要措施，是保持农村稳定，促进农业增效、林农增收，实现农村经济科学发展的重要途径。

根据林地具体的株行间距（4m×7m），林禽模式主要可以分为两种：一种是林下棚舍饲养肉鸡、肉鹅、肉鸭等，肉鹅每年可出栏4茬，肉鸡、肉鸭每年可出栏6茬；另一种是柴鸡、斗鸡类，实行放牧和舍饲饲养相结合，每年可出栏2茬。

（1）林下生态养鸡

林下生态养鸡（图5-1）是一种资源循环利用、绿色、环保、高效生态的养殖模式，其利用传统养鸡法，结合现代科学饲养技术，充分利用林下资源（空间、杂草、昆虫等），以草养鸡、以鸡促林、以林护鸡，适当辅助人工补喂饲料，并获得低成本、环保、绿色鸡产品的一种林鸡互作共生的生态养殖方式（陈志豪等，2016；黄德源，2013）。林地空气清新，鸡活动范围大，采食种类杂，营养全面，鸡的抗病力强（赵云焕等，2012），用药少，鸡健康美观，肉、蛋品质也高。因此，符合现代人对无公害安全食品的要求，也符合鸡的生理需要和福利（李平等；2013）。林下生态养鸡具有良好的经济、生态和社会效益，具有广阔的发展前景。

图5-1　林下生态养鸡

林下生态养鸡的模式分为林地围网养鸡模式、野外简易大棚养鸡模式、林下和灌丛草地养鸡模式、山地放牧养鸡模式、农村庭院适度规模养鸡模式。这5种林下养鸡模式都必须考虑该地区的优势资源与综合效益,选择场地时要尽可能选择动植物较为丰富的区域,保证鸡在生态养殖过程中能充分采食自然界的饲料。这些养鸡模式可以充分推动农业的高效发展,快速推动林业与养殖业的经济增长速度(张开文,2014;饶珠阳,2012)。

根据鸡群对当地放养环境的适应性和消费者的需求确定养殖品种。品种应选择耐粗饲,抗病力强,活泼好动,体形小、肉质细嫩、适应性强,适应市场需求的优质品种(张开文,2014;饶珠阳,2012),三黄鸡,全身羽毛黄色密布,公鸡颈羽呈金黄色,主翼羽红夹杂黑色,尾羽为黑色,母鸡主翼羽半黄半黑,尾羽为黑色,颈羽夹杂斑点状黑灰色羽毛。喙为黄色,单冠,公鸡冠较高,冠齿5~7个。冠与肉垂呈鲜红色,眼睑薄,虹彩呈橘黄色,耳色淡黄。胫、爪呈黄色,无羽毛。体形紧凑,体态匀称,小巧玲珑,背平直,翅紧贴,尾羽高翘,状如"元宝",头大小适中。这类鸡品种很多,分布也很广,主要有广东的三黄胡须鸡、清远麻鸡、杏花鸡、中山沙栏鸡、阳山鸡、文昌鸡、怀乡鸡,上海的浦东鸡、浙江的肖山鸡、北京的油鸡、福建的莆田鸡、山东的寿光鸡等。这些三黄鸡深受国内市场和中国香港、中国澳门、中国台湾以及东南亚地区的消费者欢迎。

(2)林下生态养鸭

林下生态养鸭(图5-2)模式能够充分利用现有片林,进行林下养殖,利用树行空间建棚,既不损害林木,又不新占用耕地,不但节约大量耕地,还能避免大量减少农作物种植现象。利用林木茂密枝叶遮阴,解决了鸭在盛夏强光下引起的生理不适现象;在片林周边建围栏或拉网,只利用行间建少量棚舍,用于鸭躲避雨、雪、烈日等不良自然现象,减少了建棚投资。林下养鸭,减少了林下杂草丛生现象。鸭肥料还可做树肥,能避免树木常年不施肥、不中耕、树下荒草多、虫害繁殖快、树木缺乏营养、生长缓慢现象。鸭粪可用作树肥,被吸收利用后,能避免排污、污染生态环境现象。采取半散养的方法,空气流通良好,鸭也不易生病,肉蛋质量好,根据目前发展趋势看,林下养殖肉鸭将成为林农致富奔小康、持续增加收入、发展农村经济的支柱产业。

图5-2 林下生态养鸭

林下养鸭有2种模式:一是塑料大棚和圈舍饲养全程,即从育雏到出栏,饲养期只有50d,适合于快速生长型肉鸭,如天府肉鸭;二是圈养和放养相结合,如麻鸭,饲养周期6个月左右。品种应该选择抗逆性强、食性广、食量大、肌胃发达、消化能力强的品种,即适于圈养游客在林地放养,如北京鸭、天府肉鸭、麻旺鸭等。

连城白鸭是福建省连城县特产,号称"中国第一鸭""全国唯一药用鸭""鸭中国粹"。《本草纲目》《十药神书》等均有其药用的记载,令人称奇的是煲汤除盐外无需任何佐料,无腥味,不油腻。

湖南的临武鸭是中国的八大名鸭之一,它具有生长发育快、体形大、产蛋多、适应性强、饲料报酬高、肉质细嫩、皮下脂肪沉积良好、味道鲜美等特点,以"滋阴降火,美容健身"而著称,属肉蛋兼优型,有着上千年悠久的养临武鸭加工产品殖历史,深受市场欢迎。到2009年,全县新建成临武鸭养殖农场43座,扩建种鸭场1个,培训林农8 000多人次,临武鸭的养殖成活率也由2006年的87%提高到91%以上,从技术层面为林农增收400多万元。有3 260户养殖户从事临武鸭养殖,养殖户户均年收入4.8万元。

(3)林下生态养鹅

林下生态养鹅(图5-3)就是利用林中隙地养鹅,让鹅在林中自由觅食野草。林下养鹅的食物多为纯生态的,加之林中环境好、活动范围大,养殖出来的鹅是"生态绿色鹅",深受广大消费者喜爱。鹅粪是优质的有机肥料,其含有丰富的氮、磷、钾,林下养鹅能给林地提供优质肥料,增加土壤肥力,且鹅粪能使土壤疏松,肥效持久,而且可以促进林草生长发育,形成能量的多级利用可持续发展循环生态系统。因此,林下养鹅既能增加土地利用效率和林农收入,又能减少水土流失和改善生态环境,是一种能很好兼顾生态、经济和社会效益的优良模式(张新时等,1998;文石林等,2012)。

图5-3 林下生态养鹅

优良品种是养鹅业的生命线,选择好饲养品种是取得经济利益的关键一步。品种选择要适合本地气候条件,同时还应符合市场消费需求,注意选择具有较强的适应性和抗病力的品种。目前,我国南方市场上可选择的优良品种有以下几种。

狮头鹅是最大的肉鹅品种,原产于广东饶平县,体大,因头大如雄狮头状而得名。颌下咽袋发达,眼凹陷,眼圈呈金黄色,喙深灰色,胸深而广,胫与蹼为橘红色,头顶和两颊肉瘤突出,母鹅肉瘤较扁平,显黑色或黑色而带有黄斑,全身羽毛为灰色。成年公鹅体重12~17kg;母鹅9~13kg。56日龄体重可达5kg以上,母鹅开产期6~7月龄,年产蛋20~38枚,产蛋盛期为第二年至第四年。

四川白鹅原产于川西平原,羽毛洁白,喙、胫、蹼橘红色,虹彩为灰蓝色。公鹅头颈较粗,体躯稍长,额部有一呈半圆形肉瘤,母鹅头颈细长,肉瘤不明显。成年公鹅体重4.5~5.0kg,母鹅4.0~4.5kg,220日龄开产,年产蛋80~110枚,蛋重150g。公鹅性成熟期180d,公母鹅配种比例为1:4。

皖西白鹅原产于安徽西部霍丘、六安、寿县。全身白羽毛,喙、足庶呈橘黄色。皖西白鹅产毛量高,羽绒洁白,弹性好,蓬松质佳,尤其以绒毛的绒朵大而著称。一年可活拔毛3~4次。平均每只鹅产毛349g,其中,产绒毛量为40~50g。目前,产区每年出口羽绒占全国出口量的10%,居全国第一位。

养鹅生产设备及用具较其他家禽简单。由于养鹅生产的重要环节在育雏,所以一定要注意育雏设备和用具的科学使用,如加温设备和饲养工具。加温设备按供温方式不同,分为保温伞、红外灯、电热板、电热管及烟道供温,林下养鹅一般采用煤炉供暖,但需要注意的是防止鹅一氧化碳中毒,必须用排烟管将煤气导出室外。饲养工具主要有饲料盘、料槽、引水器等,饲料盘、料槽饮水器的种类和形式很多,可因地制宜,其大小和高度应根据鹅的日龄而定,多采用养鸡用料槽、饮水器。40日龄以后未了和饮水均可使用塑料盆、瓦盆或水泥槽。

2. 林畜模式

(1) 林下养猪

林下养猪(图5-4)是指在林地环境下,以猪为养殖对象,舍饲和林地放养相结合的养殖方式,是近年来掀起的一项低碳环保的新兴养殖方式。该方式能较好地克服养殖污染,缓解用地紧张,生产出天然优质的商品猪,因而深受各级政府的推崇和广大养殖者、消费者的欢迎。

图5-4 林下养猪

一般情况下,所有品种的猪都可以林下养殖,但考虑到品种特性及人们对肉质的要求较高,因而需选择早熟易肥、皮薄肉嫩的优良品种,如陆川猪、巴马香猪等,主要是因为陆川猪、香猪等地方品种耐粗饲,觅食力强,抗逆性好,生长期相对较长(要1年以上)。

陆川猪,背腰宽广凹下,腹大常拖地,毛色呈一致性黑白花。其历史悠久,品质优良,因原产与广西东南部的陆川县而得名,现主要分布于玉林、钦州、梧州等地,是中国八大地方优良猪种之一,具有繁殖力高、母性好、抗逆性强、肉嫩味鲜、体型紧凑、遗传力稳定等优点。

巴马香猪,个体矮、小、短、圆,性早熟,极耐粗饲,适应性和抗病能力强,皮薄肉细、胴体瘦肉多、肌肉鲜红、肌纤维细嫩、脂肪洁白。

大河乌猪是在原大河猪基础上利用现代遗传育种理论和技术,经过多代选育而成。以肌内脂肪含量高为显著特征,具有肉质好、瘦肉率适中、生长快、耐粗饲、抗逆强等优良特性,其肉质特优,适合腌制优质云腿。

(2)林下养牛

林下养殖肉牛和奶牛,就是利用林地给牛创造良好的生活环境,即夏季林地有树冠遮阴,林地温度较低,适宜牛的健康成长,树木可以净化空气、净化污水、消减污染。林地养牛污染少,牛肉、牛奶是绿色的畜产品,对可持续发展具有重大意义。

中国荷斯坦奶牛是纯种荷兰牛与本地母牛的高代杂种,目前中国荷斯坦奶牛已达294.5万头,产奶量为 6 359kg,乳脂率 3.56%,良种牛 305d 产奶量达 7 022kg,乳脂率 3.57%,且有了国家标准,分北方型和南方型两种。

南方黄牛是我国三大类型之一,主要产于南方各省。南方牛中,肉用性能较好的是海南黄牛(高峰黄牛),主要特征是肩峰隆起,头长、额短、耳大、角短小、十字部高、体幅较广、四肢坚细、皮肤柔软而富有弹性、被毛短密、尾长。海南黄牛于 2003 年列入《中国畜禽品种资源保护名录》,具有耐热、耐旱、耐涝、耐粗饲、抗病力强、遗传性能稳定、皮薄、产肉率高、肉质细嫩等优点。

(3)林下生态养羊

随着城乡居民生活日益提高,低脂肪、高蛋白的绿色羊肉越来越受到消费者青睐。发展林下养羊,模拟羊的天然生长环境,实现对动物的福利性饲养,已成为养羊业发展的方向。农牧林资源循环高效利用需要林下生态养羊模式的建立。林下养羊可实现资源循环利用。羊粪可作为有机肥促进树木生长,树木的树叶、修剪的树枝又可作为羊的粗饲料;养殖过程产生的二氧化碳通过树木的光合作用被利用,同时树木生长释放的氧气又为肉羊生长提供了适宜的环境。

优良的品种是提高林下养羊经济效益的关键。选择的品种既要迎合市场需求,又能适应南方地区炎热潮湿的环境放牧饲养、生长快、繁殖率高、抗病力强、耐粗饲的山羊品种。南方山区常用本地山羊为母本,与引进南江黄羊或波尔山羊公羊进行杂交改良,使其后代吸收母本早熟、适应性强、肉质好的优点和父本体型大、生长快、食谱广、产肉性能和屠宰率高的优势,达到改良本地羊个体小、生长慢的目的。

福清山羊主要分布于福建省福清、平潭等地,是南方亚热带高温放牧加补饲型肉用山羊。福清山羊经过肥育的 8 个月龄的羯羊,体重平均可达 23.0kg,1.5 岁的羯羊平均可达 40.5kg。羯羊屠宰率(以带皮胴体重计算)平均为 55.84%,母羊平均为 47.6%。福清山羊肉质细嫩,膻味轻。被毛为黑褐色,肩、膝部有长毛。2 年产 3 胎或 1 年产 2 胎,妊娠期 150d,产羔率为 178%。

雷州山羊主要分布于广东雷州半岛和海南等地,是我国热带地区优良的山羊地方品种。以成熟早、生长发育快、板皮品质好、繁殖率高而著名。肉质好,脂肪分布均匀,无膻味,一般屠宰率为46%~60%。是我国地方山羊中体形较大的品种。公羊体重49.1kg左右,母羊体重43.2kg左右。母羊5~8月龄即可配种。一般1年产2胎,或2年产3胎,平均产羔率150%~200%。

隆林山羊体质结实,结构匀称。头大小适中,母羊鼻梁较平直,公羊稍隆起,公、母羊均有髯,耳大小适中,公、母羊均有角,呈扁形,向上向后外呈半螺旋状弯曲,隆林山羊肌肉丰满,胴体脂肪分布均匀,肌纤维细,肉质鲜嫩,膻味小。成年羯羊宰前重平均为60.46kg,胴体重平均为31.05kg,屠宰率为57.83%。隆林山羊适应性强,在粗放饲养管理条件下生长发育快,产肉性能好,繁殖率高。

都安山羊主要分布于广西都安等地,是大石山区放牧加补饲型肉用山羊。屠宰率44%~49%。体形较小,体高49~58cm,体长63~72cm,体重27~43kg。公、母羊均有角和髯。被毛有纯白、纯黑、麻色等。胸宽,腹围大,后躯发达。4~6月龄性成熟,8月龄可初配,长年发情。每年产1胎,妊娠期为151d,产羔率为129%。

3. 林蜂模式

利用森林资源,开发林下养蜂(图5-5),还需要大力推广养蜂生产的各项先进经验和技术创新措施,加速蜂群的繁殖和提高蜂群的生产率。我国南方广大地区地处亚热带和热带气候区,气候温和,雨热同期,得天独厚的森林资源为蜜蜂繁衍生息构筑生态屏障,形成天然蜂种资源,丰富的蜜粉与蜂种资源是大自然赐予林区人民的宝贵财富,为开发林下养蜂提供了优越的自然条件,是生产有机蜂产品的绝佳环境。为人类提供药用价值高、品质好、纯净、无污染的蜂产品。同时,还能提高林地的综合效益,把单一林业引向复合林业、立体林业,为林业注入活力。从生态角度看,可以更好地保护森林资源,促进林木健康、快速增长。

图5-5 林下养蜂

林下养蜂模式时注意引进的蜂群要健康并严格执行蜂群引进、设备器具采购、安全生产,进蜂群前,一定要充分了解拟购蜂群是否有病史以及发病原因,不要到带病的产品销售、生产记录等管理制度以及相关技术操作规蜂场选购蜂群。

在蜂群繁殖期，挑选比较稳定，且外界环境好，饲养易成功。在巢门口观察，凡是工蜂出入勤奋，采集蜂带花粉比例较多的，一般是有生气的好群。然后开箱检查，如工蜂安静不惊慌，说明性情温顺，可挑选；如蜂王体大、足粗、身高胸宽、腹部长而丰满、全身密披绒毛、产卵灵活迅速而不惊慌，说明蜂王年轻健壮，产卵力强，可挑选。蜂群的排列依场地大小、养蜂多少和季节情况而定。

4. 林下特种经济动物养殖模式

特种经济动物是指具有不同驯化程度的有经济价值的各种野生动物。它们尚未达到"家畜化"，但又是动物饲养业的重要组成部分，因此又被称为"非传统饲养业"。特种养殖业是近十多年来崛起的新兴产业。

全国林下特种经济动物养殖主要品种有鹿、狐狸、海狸、珍珠鸡、火鸡、七彩山鸡、野猪、貂、梅花鹿、蚯蚓、牛蛙、蚂蚁等。发展林下养殖特种经济动物有着良好的优势：一是具有适宜的自然条件，林下气候条件宜牧宜农，植被茂盛，水源良好，为发展特种经济动物养殖业提供了良好的自然环境；二是具有良好的种源基础，林区内森林覆盖率高，植被种类较多，森林动物资源丰富，具有特种经济动物生产具的良好类群和充足的种源资源。这为开发利用森林资源，保护生物多样性，优化畜牧业生产结构，发展农村经济，丰富市场供应，满足广大城乡居民不同层次的消费需求，找到了一条行之有效的可持续发展之路。不仅能有效利用林地发展特种养殖业，而且还具有节能节劳、除虫节约、除草松土、节肥节本（降低劳动强度和节省劳力）、提高生态经济效益等多重作用，是一项生态林业生产技术和特别适合农村养殖户通过养殖致富的实用技术。

（1）林下特种禽类经济动物放牧饲养

特禽类经济动物是指虽已驯化成功但未在生产中广泛应用或未被国家认定为家禽，正在驯化中的或有待驯化的野生动物，其全称是特种禽类经济动物，也可简称为特禽。随着人们对食物安全的深切关注和畜牧业时代的逐步到来，特禽类经济动物以较高的经济效益和营养保健价值而受到生产者和消费者的青睐，特禽类经济动物养殖蕴藏着良好的商机。由于对该类经济动物养殖投资少、产出多、成本低、效益大、风险相对较小，它不仅适于大规模集约化的养殖，也适合一家一户的小规模养殖。因此，大力发展特禽类经济动物养殖乃是一项极具潜力与竞争力的新兴产业，如野鸭、乌骨鸡等一些品种已从广东、上海等沿海城市向内地推广，整个发展趋势稳定，经济效益好，且具有成本低、易操作、一学就会等特点。

我国主要适宜于林下饲养的特禽种类有山鸡、美国七彩山鸡、火鸡、珍珠鸡、贵妇鸡、红腹锦鸡、野鸭、乌骨鸡等。

①山鸡 俗名雉鸡、野鸡。属鸟纲鸡形目雉科，是集肉用、药用和观赏于一身的名贵野味珍禽。山鸡体形略小于家鸡，肉质细嫩鲜美，清香可口，具有补中益肾、平喘祛痰、补脑提神之功效。山鸡锶和钼的含量比普通鸡高10%以上，是一种理想的营养滋补保健品。山鸡羽毛华丽高雅，观赏性强，可制成高雅贵重的工艺品和装饰品。山鸡采食量小、性情活跃、抗病力和集群性强、耐高温、抗严寒，年产量120~150只，出壳养100d可达

15kg。山鸡在上海、广东、江苏十分畅销。

②美国七彩山鸡(雉鸡) 又称野鸡、山鸡、环颈雉。是世界上重要的狩猎禽种之一，共有亚种超过30个。山鸡和美国七彩山鸡的主要区别是颈部白色颈环的完整性，美国七彩山鸡绝大多数在颈腹面有间断或缺口。美国七彩山鸡肉质坚实而细嫩，味道鲜美，营养丰富，是难得的高蛋白、高热量、低脂肪和低胆固醇的野味珍禽。在中医食疗中，雉鸡肉具有抑喘补气、止痰化淤、清肺止咳之功效，特别是对心脑血管疾病的康复有很大的调理作用，它的肌胃角质可作药用，是名副其实的高级滋补保健食品。七彩山鸡尾长、羽毛七彩斑斓，可与孔雀媲美，观赏价值极高。

③火鸡 又名吐绶鸡。是一种羽毛华丽、体格健壮和性情温顺的大型禽种。火鸡体大，肉质芬芳细嫩、多汁鲜美、香辛适口、口感好。火鸡肉蛋白质含量高，脂肪含量低，胆固醇低，维生素含量丰富，对保健美容、防治疾病与长寿有益，特别是火鸡血对呼吸道、肺病人群有特效。火鸡的生长速度超过肉鸡火鸡在我国因食用习惯不同和价格较高，目前尚未形成规模，但在开拓国际市场方面有一定优势。

④珍珠鸡 1985年从法国引进，耐粗饲、适应性广、抗病强、归巢性好。珍珠鸡肉质鲜嫩味美，蛋白质、氨基酸含量比家鸡高，而脂肪和胆固醇含量则比家鸡低，是深受群众喜爱的野味佳肴，被誉为优质保健肉和美容肉。珍珠鸡是驰名世界的观赏珍禽，开办珍珠鸡狩猎场，发展旅游狩猎业，效益将更加显著。

⑤贵妇鸡 又名皇家鸡。是由英国皇家科学院禽类研究所从野生禽类中经20多年百余代的驯养选育而成。其肉细嫩，野味鲜美，有氨基酸17种，微量元素10种以上和多种维生素，具有独特的滋补、抗癌和抗衰老作用，是非常理想的食疗珍品。贵妇鸡小巧玲珑，头戴凤冠，身披黑白花毛，五趾姗姗漫步，具有较高的观赏价值。贵妇鸡从出壳到100d，体重可达1kg，母鸡5月龄开始产蛋，一般年产量180~230枚，若饲养10组(10公30母)贵妇鸡，年可获纯利3万元以上。

(2)林下养殖特种野猪

林下养殖特种野猪是一种生态养殖模式，既可有效化解滥施化肥造成的污染问题，又为林木提供生物有机肥，有利于提供优质、营养的肉食品，有利于把动物、植物、微生物三大生物资源科学结合起来，形成一条良性的生物食物链，以最少的成本投入，创造出最大的经济效益。

特种野猪是野生猪种经驯养后由专家进行杂交改良，克服其原有的野性，使其既有家猪的温驯和优良猪种生长快、饲料报酬高的优点，又保持野猪原有的外形和具有野味、抗病力强、少得病、管理粗放的特点，备受养殖户和消费者的欢迎。要选好野猪品种从近几年各地的养殖情况看，"快大型"野猪不适宜林地养殖，而"缓速型"野猪，因其对环境的要求低、适应性广、抗病力强、肉质风味良好等，深受消费者的喜爱，市场售价较高。

做好防疫工作，林地饲养特种野猪的环境是开放性的，容易滋生寄生虫，因此，要定期有针对性地在饲料中加入驱虫药物，驱除体内外寄生虫。根据本地疫病流行情况，有针对性地对放养特种野猪进行免疫接种，以提高放养特种野猪抵抗力，确保放养成功。平时多加观察和调教，严格按照免疫程序和预防性投药。

二、林下养殖的管理技术

1. 林下养殖的日常管理技术

(1) 放养程序与管理

建立放养驯练场，将准备放养的动物集中到放养林地的一个场地进行循序渐进式的驯练，白天放养，晚上找回，这样反复驯练1~2周，然后放养。培训驯养员，要求驯养员要有耐心、爱心，不允许简单粗暴地鞭打。设计驱赶运动的通道，绕棚圈和运动场建，建立固定的投喂地点、时间、口令，在放养区挑选合适的地点适当放置料槽、水槽，选择固定的时间，统一的口令，使放养动物形成条件反射，适应放养管理。在放牧初期要适当控制放牧时间，一般上下午各放牧1次，中午回舍休息2h。天热时上午要早出早归，下午要晚出晚归，中午在树荫下休息；天冷时在上午晚出晚归，下午早出早归。随着日龄的增长，逐渐延长放牧时间，中间不回舍，就在阴凉处休息、饮水。

南方地区林下养殖虽然一年四季均可进行，但在不同的季节，由于气候和群体体况的不同，应采取科学放牧才能取得理想的效果。冬春期间，气候多变，可采食的牧草少，应选择在饲养场附近、背风向阳的林区，放牧时要晚出早归，顶风放，顺风归，牧前适当补饲干草，放牧中要控制好动物群，气候突变时应及时将其赶回圈舍补饲。夏秋期间，牧草丰茂，且开花结籽，营养价值高，是抓膘的好时机，但天气炎热，林地里蚊蝇等吸血昆虫多，应选择在山顶或地势较高、饮水方便、通风良好的林区，放牧时要早出晚归，充分利用早晚凉爽时间多放牧，中午休息防中暑，尤其在中幼林地或疏林地放牧时，中午应将放养动物赶到通风凉爽的成林下放牧或圈里休息；林区里蚊虫在傍晚时活动猖獗，下午16:00点后应将动物群赶到开阔通风的山林里放牧或赶到草地上放牧，切不可放牧于低洼潮湿的林地里，以减少蚊虫叮咬。放牧时要做到稳走、慢赶，出入圈门时要防止拥挤，严禁鞭打、急赶、惊吓。

林下养猪大部分在山区或深山区，要加强防范，采取必要措施，防止野生动物入侵，避免不必要的损失。

(2) 饲养规模及放养密度

已有研究发现林下养殖对森林资源和环境的负面影响与养殖密度、养殖时间和林地承载力有关，因此，林下养殖的规模必须从林地面积、草质草量以及自身的资金、管理经验等实际出发，不能盲目求规模大。一般猪、牛、羊以每亩6~10头(只)为宜。同时，坚持选优去劣，及时淘汰老、弱、病残和低繁殖力的，使群体保持旺盛的繁殖率。

林下放牧禽类群的大小要根据林地情况及人员的经验丰富程度而定，一般以250~300只一群为宜，由两名人员进行放牧管理，若群体过大，不利于管理。应严格执行全进全出制，饲养期结束后将禽类尽可能在短时间内出栏，场内不留，这样可以有效地中断传染链，减少疾病的传播，降低成本，提高成活率和经济效益。

经过调教的特禽均可放牧，其中珍珠鸡、贵妇鸡、火鸡等特禽放牧管理较易，山鸡、美国七彩山鸡和红腹锦鸡等特禽放牧管理较难。放牧始期的确定因视特禽种类、场地和气温的不同而异，以特禽羽毛开始丰满、食欲旺盛、生长快速为确定放牧始期的原则。以珍珠鸡为例，舍饲6周龄左右即可选择晴天放牧。放牧时应遵循由近及远和不断改变放牧场地的原则。放牧群以100~200只为宜，牧群过小，浪费劳力，增加成本；牧群过大，容易因采食不够而自然分散，造成管理困难。放牧应有专人看管，当牧群过于分散或跑得太远时，必须及时用调教信号和饲料召唤分散的牧群个体，防止逃跑和丢失。特禽觅食力很强，食性极杂，放牧前早上少投食，让其在林地多活动，觅野生食物，如草籽、虫类等，多食天然饲料；中午少喂或不喂；傍晚归巢前喂饱精料，促进生长和加速育肥。

(3) 加强林下饲养管理

林下养殖饲养周期长，需要科学提供饲料。要根据放禽畜的不同阶段，科学地提供饲料，不能一放了之，前期可根据条件加大山野菜等粗饲料的比例，再辅以精饲料，后期采用配合饲料进行催肥。林下养羊除四季放牧外必须补饲，特别是配种季节的公母羊、妊娠及哺乳母羊、羔羊、瘦弱羊以及冬春枯草期限间不能单纯依靠放牧，应给予补充一定数量精料和草料，以满足其生理需要。喂量根据年龄、用途、体况而定，一般公母羊日补精料200~300g，羔羊50~100g。补精料时要让羊饮足水，并做到草在出牧前、料在归牧后料入槽、草上架。

为了充分利用山区资源可采用普及活框箱科学的饲养蜜蜂。活框箱养蜂就是为蜂群提供一个用木料制的规格化蜂箱和巢框。巢框内装上用蜂蜡印制的巢础，让蜜蜂在其上筑造具有整齐巢房的巢脾，并生活在其中，养蜂者可随时打开蜂箱逐脾取出，观察检查蜂群情况。林下养蜂的管理根据季节变化而变化，春季管理要促进蜜蜂飞翔排泄，巢中央温度提高到33~35℃，要有足够的蜜粉源或奖励饲养，及时打开箱盖和保温物，使其出巢飞翔排泄；还要注意蜂巢的保温，排泄后即进入繁殖期，必须采取人工保温。流蜜期管理，初期调整和组织好采蜜群；也保持强群采蜜。秋季管理，要培育新王，更换老劣王；要培育适龄的越冬蜂。适龄越冬蜂系指在越冬前羽化出房，仅进行过二、三次排泄飞翔，没有做过哺育和采集工作，未分泌过王浆的幼蜂。为了使越冬蜂能安全越冬，必须控制流蜜。在晚秋，需要做好保温工作，一般在覆盖上和箱底放置保温物，巢门随着温度和时间变化调节。越冬时期蜜蜂不能出巢活动，整个越冬阶段蜜蜂消化所产生的粪便都贮藏、积累在直肠中，直到第二年春天才能出巢排泄，如果越冬饲料差，蜂群在越冬时蜜蜂产生的粪便多，会造成结团不安定，而提早出巢排泄冻死巢外，因此要选留优质蜜脾做越冬饲料，注意保温状况，最有可能发生的情况是保温过度导致蜂群伤热，所以一般只做箱外包装，箱内只在纱盖上加覆布或吸水性能良好的保温纸，并将覆布折起一角以利于通气，防止蜂群受闷。冬季管理，一是调节巢门，巢门高6~7mm，宽60~70mm为宜；二是防蜂蜜结晶，加强保温，或由巢门向箱内塞一些湿棉花球，以减少逸风；三是在冬季防阳光直射，要做好遮光，从包装之日起直到越冬结束都应给蜂箱遮光，防止低温晴天蜜蜂飞出巢外冻死，无特殊情况不要打开箱检查，在巢门前要做防鼠器。

(4) 加强环境保护，划区轮牧放养

加强环境保护，根据林地自然资源控制放养密度，最好能分区轮牧，以便林地能休养生息，保证放养环境的植被生长和环境干燥。根据林地地势、气候和不同季节中牧草生长情况，利用坑沟、山岭、道路等把林地划分成若干片区，并按照一定的次序分片区进行轮牧，一般每个片区放牧3~5d，然后让其休养20~30d后再重新轮回利用，减少动物群体的游走时间和路程，有利于抓膘和提高载畜量，防止过牧引起践踏树木，同时还可预防寄生虫病的发生，从而减少寄生虫重复感染机会。

（5）重视动物福利

饲养员如果注意观察养殖动物的精神状态能够发现很多问题（如营养状况、发情与否和健康状况等），如有异常应采取相应的措施进行解决。当动物遭受不良刺激时，生长发育会严重受阻，其产品会含有毒素或不宜人类食用、对健康有害的物质，适口性也大打折扣。因此，要让养殖动物群体始终处于安全、舒适的状态，充分发挥牛群的生产繁殖和生长发育性能，创造最大的经济效益。患传染病的动物要坚决隔离观察，经畜牧兽医部门诊断治疗，该扑杀的立即扑杀，一定不要让牛群长时间忍受疫病痛苦。不要虐待动物，消除应激反应。经常通过抚摸和刷拭动物，有条件可以播放音乐，营造舒适环境。

（6）做好清群工作

合理调整林下养殖动物群体结构，做好清理工作，及时淘汰生产性能低下的动物，清群工作的好坏直接影响着养殖的经济效益。第一，合理调整群体结构，使之呈现出可持续发展状态；第二，合理调整公、母比例；第三，及时淘汰老、弱、病、残只，使利益最大化。

每天要勤查养殖动物的健康、活动情况，发现争斗、打架的动物及时制止，发现采食不好、无精打采、离群独处、消瘦等现象时，要及时剔出隔离检查与治疗。

三、林下养殖防疫与疾病控制

随着人们生活水平的提高，对肉、蛋产品的质量要求也越来越高，无论是品种、饲料的优化组合、营养标准，还是饲养的规范化管理等都有待提高。因此，如何正确掌握规范化饲养管理和常见疫病防治技术尤为重要，做好疫病防治工作是畜牧业发展中的重中之重，如果发生疫病，给养殖生产造成严重危害，或者可能给人的健康、生命造成危害。因此，疫病防治是不可忽视的。加快其向市场化、规模化方向发展，才能进一步提高经济效益，提高养殖户的生产积极性，以生产更多的优质产品供应市场。

1. 坚持自繁自养，科学饲养管理

发展林下养殖，应坚持自繁自养，初养或者必须引种时，应从非疫区或规模养殖户中购买，并加强引入后隔离观察与适应管理，防止引种时带入病原，确认无病后方可混群饲养。在隔离期间应对几种主要常见传染病进行接种和用药，同时，严格按标准饲喂根据营养需求确定饲养标准和管理办法，保证动物发育正常，防止营养性疾病发生。

2. 注重林地清理与消毒

切断传染途径本着预防为主、防重于治的方针，定期对圈舍、环境、用具等进行消毒，并适时杀灭蚊蝇等吸血昆虫及其他中间宿主，消灭控制传染媒介，场区大门要有消毒池，对进出场区的人员、车辆进行严格消毒，场区要建立严格的定期消毒制。每批养殖动物在进入饲养区以前，都需要对林地、宿舍、棚架进行全面清理和消毒，在放养区域的四周约5m范围内场地撒石灰或喷洒消毒液进行消毒。消毒一般选用广谱、高效、低毒、残

留低、作用快、性质稳定和使用方便的消毒剂。要将林地内所有可移动的饲养用具与物品全部搬出至林地场外进行空舍消毒,并且要空棚2周后才能重新投入饲养。消毒药品应选择3种以上交替使用。在日常管理中应及时清除场区内杂物、垃圾。猪场员工肉食(猪、牛肉)及其制品,应由本场提供严禁从外面购进,目的是防止病原传入猪场。不从疫区购买草料及家畜家禽,拒绝同疫区的往来,放养动物群体施行小范围封锁,减少人、畜、车辆的流动。

3. 实施定期驱虫

林下养殖以放牧为主,动物长期与地面接触,易感染多种寄生虫病,造成动物的生长缓慢、消瘦、体弱多病甚至死亡,驱虫和杀虫是治疗寄生虫病的重要措施。每年清明节前后和接近霜降时节,分别给羊群进行一次预防性驱虫,对于寄生虫感染严重的羊场或雨水较多的年份,在6月下旬至7月上旬再进行一次驱虫;母羊在分娩前半个月进行产前驱虫,羔羊在断奶前后进行一次保护性驱虫。驱虫药物可选用伊维菌素皮下注射,阿苯哒唑拌精料或混入食盐内服,其对线虫、绦虫、吸虫以及体外寄生虫均有驱杀作用(黄明睿等,2015)。对于禽类,放养20~30d后,进行驱虫1次,以后每隔1个月左右驱虫1次,驱虫药可选用丙硫咪唑、左旋咪唑、伊维菌素等,晚上在鸡群回舍补料时用药物拌料饲喂,驱虫药一定要和饲料搅拌均匀。

消灭传染源检疫是发现传染源的重要手段,要遵照政府及地方颁布的规程进行结核病、布氏杆菌病的检疫及其他检疫,按规定处理阳性反应和可疑反应的牛。定期进行肝片吸虫、焦虫病的普查和驱虫工作。注意观察牛群,如发现疑似群发病,要及时通知兽医并上报上级主管部门,采取紧急封锁、隔离、消毒和治疗的综合性防疫措施,本着早、快、严、小的精神,尽快把传染源消除掉。同时,定期对饲养管理人员进行健康检查,发现患传染性疾病患者,要及时调离畜牧工作岗位。

4. 加强疫病防控

养殖动物发病初期不易被发现,一旦出现临床症状,病情已相当严重,因此,疫病防控尤为重要。首先,要最大限度地设置围栏,用来隔离其他家畜及野生动物,养猪时要避免与野猪接触带来的非洲猪瘟的威胁。其次,根据本地实际情况,定时执行本地免疫程序,在正规生产厂家购置种养殖户,可根据厂家提供的免疫程序进行免疫,场区工作人员要设有固定且封闭条件较好的公共厕所,禁止随地大小便;同时,猪场应禁止外来人员及车辆进入,若有外来人员需到本场参观视察或指导工作,必须经猪场批准后,通过淋浴,并换上本场消毒好的衣服、鞋、袜,由该场有关人员定向带入,待视察完后,全场立即全面进行彻底的消毒(特别是所走过的路线);本场工作人员也要认真遵守猪场的卫生防疫制度,做足必要的消毒措施,方可进入生产区工作。

5. 做好免疫接种工作

各种疫苗的免疫注射是重要的工作之一,做好有关疫苗的免疫接种,提高养殖动物综合免疫力。不同的动物需要根据自身需要制订免疫计划。

林下养猪应根据本场实际情况及冬春季节疾病流行情况,做好猪瘟、猪蓝耳、猪伪狂犬、猪圆环病毒病、猪口蹄疫、猪传染性胃肠炎与流行性腹泻等免疫接种，确保病毒类疾病的疫苗能每头猪接种到位、剂量足够，同时又要注意两种病毒性的疫苗接种间隔不少于7d，从而更好保护猪群的健康。注射过程中，一定要先保定好仔猪，才在准确的部位注射，不同类的疫苗同时注射时要分左右两边注射，不可打飞针；要挂上免疫卡，记录转栏日期、注射疫苗情况，免疫卡随猪群移动而移动。此外，不同日龄的猪群不能随意调换，以防引起免疫工作混乱。

提高牛群机体素质，定期按兽医常规进行炭疽芽孢菌、破伤风类毒素、牛疫等防疫注射菌苗，使牛产生抗体，增强免疫力。饲养者要熟悉牛群的生理习性、各种特点，以及饲料的变化情况，认真观察牛的精神状态、食欲好坏、粪尿变化、乳量和增重的增减、站卧和行走有无异常，有条件的可测体温、脉搏和呼吸次数，以便掌握情况，及时发现病牛，早诊治。

羊易患口蹄疫、痘病、梭菌性疾病、传染性胸膜肺炎、大肠杆菌病等疾病，每年春季（2~3月）和秋季（9~10月），应及时按免疫程序对羊群进行免疫接种（甘善化等，2007，2013）。对新购入的羊只，要进行隔离检疫，确保健康后方可混群饲养，而对病死羊进行焚烧或深埋无害化处理。

任何家禽养殖都不能忽略重点疫病的免疫接种，引进后就应主动制订程序免疫计划。林下养鸡，马立克氏病（MD）、高致病性禽流感（H5N1）必须进行疫苗接种，国家对H5N1亚型高致病性AI实行强制免疫，林下养鸡应按照当地兽医主管部门组织实施的强制免疫计划进行免疫。H9亚型AI近些年感染率一直都高，免疫预防不可放松。新城疫在没有免疫或受到强毒感染时，发病率和致死率都很高，国家要求对所有鸡全面免疫新城疫。林下放养鹅必免疫高致病性禽流感、小鹅瘟（采用弱毒疫苗或小鹅瘟高免血清）；其他高危病种应结合当地流行病学追踪，合理选择免疫，如禽霍乱、副伤寒等。

6. 药物防治

疫苗接种不是防病的万能"钥匙"，也不是所有的疫病都有疫苗可防，适当应用药物也很重要。为了减少耐药性和药物残留，推广绿色无公害食品，可使用中药代替抗生素等药物。蜜蜂病害主要有囊状幼虫病、欧洲幼虫病等。寄生虫有大小寄生螨、枇杷虱、寄生蝇等。饲养管理上可采取以下措施：一是及时抽出多余巢脾，常年保持群势密集；二是选用抗病害品种；三是每年更换巢脾、蜂王，做到脾新、王新，确保蜂群强健；四是勤清巢，保持巢内相对干燥与洁净，每年至少换箱大清扫2次，并用开水冲洗消毒；五是如果发现个别蜂群有囊状幼虫病时，可抽出病脾更换新王。此外，在非生产期可用少量中草药调糖浆喂饲治疗：半枝莲、杠板归各30g，加水煮沸过滤。取滤液，按1:1比例加入白糖，配成药液糖浆（可喂10框蜂），每天1次，连喂3次。

7. 完善质量标准、检测、评价体系

结合产业发展实际和产品质量安全管理，完善相关技术标准。加强检测和评价技术研究，完善产品检测体系和质量评价体系。建立产品追溯制度，推广林下养殖产品质量安全标准，提高产品质量安全水平。

第六章 林下产品采集加工

第一节 林下产品采集加工概述

一、林下产品采集加工的概念与内涵

在中国林学会团体标准《林下经济术语》(T/CSF 001—2018)中，对林下产品相关术语进行了明确定义。林下经济产品是指由林下经济活动生产的植物性、动物性与微生物等相关产品；林下采集是指对森林中可利用的非木质资源进行的采集活动；林下经济产品原产地加工是指对林下经济产品在原产地进行初加工。目前，对林下产品采集加工的概念尚无明确表述。综合以上几个术语的定义，林下产品采集加工是指对林下经济活动生产的相关产品进行采集（采摘、采挖、收集等）、加工（初加工、深加工等）与综合利用（食用、药用、家用、工业用等）。目前，生产上主要发展松脂、竹笋、山野菜、食用香精香料、野生菌、藤芒等采集加工模式。对于林下产品采集加工的内涵的认识，要注意与林下种植产品采集加工区分开，以免混淆。林下产品采集加工强调天然或野生森林产品，林下种植产品通常为人工栽培所得，显然不在其列。

二、林下产品采集加工的意义

①充分利用林下经济产品资源，丰富森林产品供给　发展林下产品采集加工，有利于高效利用土地资源，有助于充分挖掘野生森林产品。例如，在林下采集的野菜、野生菌等野生森林产品，既促进了森林资源的高效利用，又满足了野生森林产品的市场需求。

②拉长林下经济产业链，提升综合效益　发展林下产品采集加工，有利于大力发展林下产品的加工、流通和销售业，拉长林下经济产业链。以竹笋采集加工为例，鲜笋采挖后，既可售卖鲜笋，也可通过干制、腌制和罐藏等加工方法，生产出笋干、酸笋、笋罐头等产品。竹笋采集加工涵盖了采集、初加工、深加工、销售等产业，经济产业链长，利于林农增收，扩大就业，创造出更大的经济效益。

三、林下产品采集加工的理论基础

1. 采集地的选择原则

①天然野生　要尽量选择人烟稀少的天然林地，确保林下产品天然、原生态、无污染，保持产品的优良品质和独特风味。以羊肚菌为例，人工栽培的干品市场价格为每千克

800~1 200元，而野生干品市场价格高达每千克2 000元以上，随着野生资源的逐渐枯竭，市场价格还在上升。野生羊肚菌的市场高价得益于采集地的良好自然条件，确保了产品的优良品质和风味。再以中药材为例，受生长环境、气温、湿度等多种因素综合影响，不同产地中药材有效成分含量通常存在差异，进而影响药效。一般来讲，野生中药材的药效要优于栽培的，因此，为了保证药材品质，采集区应设在其野生资源分布区。

②交通便利　采集区应设置在交通便利的地方，便于林下产品的贮藏保鲜和快速运输。尤其对于鲜品采集而言，如新鲜菌类和竹笋，若交通便利，可实现就近保鲜或贮藏，甚至可以发挥快速运输优势，直接转移至市场新鲜售卖。

2. 林下产品采集加工的原则

①采集强度合理　采集强度控制要以不破坏林地为原则，以可持续采集为目标，严禁过度采集。任何形式的采集，都要有一定的留量，保证自然更新。以野生菌采集为例，合理的商业化采集并不会导致野生菌种资源濒临灭绝，但在局部地区确实存在过度采集的情况，可能会导致某些菌种的灭绝。此外，一些可食用的森林菌类是土壤腐生生物，分解土壤表面和内部的有机腐殖质，如林下的伞菌属、紫丁香菇和鸡腿菇，过度采集会对这些野生菌种群的健康发展产生威胁，进而破坏森林生态系统的物质循环过程。以松脂采集为例，如果采集强度不合理，可能导致松林产脂量下降，甚至出现森林退化的迹象。

②采集技术得当　在进行任何林下产品采集时，都要运用正确而精细的采集技术，严禁随意采集，粗放采集。以松脂采集为例，采脂技术性强，经过严格培训的采脂工方可进行采脂作业。采脂技术使用不当，会在一定程度上破坏森林资源和自然生态景观。例如，幼树采脂、超割面、多割面、超强度等掠夺性采脂行为，轻则影响树木的生长、加剧病虫害的繁衍和传播，重则使采脂的树木零星或者成片死亡。以竹笋采挖为例，竹笋采挖技术要求高，从业人员要根据不同竹种制订最佳的采收时期、采收标准和采收量，以保证竹笋生产的可持续经营。

③加工工艺精湛　林下产品的加工工艺要不断更新，以满足新型产品的市场需求。随着人们生活水平的不断提高，对各类林下产品的要求也越来越高。例如，食品要求天然、原生态、品质好，原材料要求纯度高、性能好，这对林下产品加工工艺提出了很高的要求。而传统的初加工技术很难满足现在的产品加工要求，加工工艺急需改造升级，以生产更多的新型林下产品。

3. 林下产品采集加工的分类

在传统林下产品采集加工模式的基础上，随着科技含量和工艺水平的不断提高，许多新型林下产品采集加工模式逐渐发展壮大。生产上，经过长期的实践探索，林下产品采集加工已形成多种模式。根据林下经济产品的生长环境和利用部位的不同，可划分为以下3种类型：

①林木器官类产品采集加工　是指对松脂、橡胶、树皮、根、茎、叶、花、果实、种子等林木自身器官类产品进行采集、加工与综合利用。例如，马尾松林松脂的采集加工、毛竹林竹笋的采集加工、桂皮、芳樟油等食用香精香料的采集加工等。

②林木寄生或附生类野生产品采集加工　林木寄生或附生类野生产品采集加工是指对寄生或附生在林木树干(枝)的野生植物或微生物类产品进行采集、加工与综合利用。例如，寄生在树干(枝)上的野生木耳的采集加工、附生在树干(枝)上的野生石斛的采集加工等。

③林下野生产品采集加工　分为林下野生植物产品采集加工和林下野生微生物产品采集加工。

林下野生植物产品采集加工是指对林下天然生长的野生植物进行采集、加工与综合利用。例如，山野菜的采集加工、野生中药材采集加工等。

林下野生微生物产品采集加工是指对林下天然生长的野生微生物产品进行采集、加工与综合利用。例如，野生菌的采集加工。

第二节　林下产品采集加工的主要模式与效益

本节重点介绍生产上常见的 5 种林下产品采集加工模式，并对其综合效益进行分析。

一、松脂采集加工模式

松脂是松树立木树干受创后分泌出来的树脂，是松树生理活动的产物。从化学成分来说，它是树脂酸溶解在萜烯中的一种溶液。松脂经加工后可以得到松香(主要组分为树脂酸)和松节油(主要组分为萜烯)。我国松林资源丰富，可供采脂的松树达数十种之多，重要的采脂树种是分布在长江以南松属树种中的马尾松、云南松、思茅松以及生长在海南岛的南亚松。此外，华北地区的油松、黑松、华山松和东北的红松，也都可以采脂。但目前主要采脂树种是马尾松(图 6-1、图 6-2)，产脂量较高，其松脂产量占全国总产量 90% 以上。在我国南方松脂产区，多采用常法采脂工艺进行采脂，一般在清明节时上山，修劈采脂道，刮树皮，安装导脂器等，随后开始采脂，到霜降后就陆续停止采脂。为了充分利用松林资源，多产松脂，提高劳动生产率，我国南方各产脂地区现在逐步推广化学采脂。一般用亚硫酸盐酒糟醪液和增产灵-2号作为采脂刺激剂；在 2~3 年要砍伐的松林，则用硫

图 6-1　马尾松林

图 6-2　采脂现场作业

酸软膏涂于割口，进行强度采脂。松脂通过直接火加工、蒸汽法、连续法等工艺加工生产为松香和松节油等产品。

松脂采集加工给林权所有者、采脂工、采脂企业、松脂加工企业带来巨大经济收益。松脂采集大多数为林权所有者自采，部分会雇佣专业采脂工，然后将松脂出售给松脂加工企业获得经济效益，也有部分林权所有者以转让或委托经营的方式开展松脂采集，林权所有者主要获得林地承包费用，转让方自采或者雇佣专业采脂工采脂售卖获取经济效益。例如，假设市场上每千克松脂能卖到2.5~3元，平均每棵树的出脂率在每年2.5~3kg，一棵松树的承包成本是6~8元，每棵利润基本可达到20~25元，按每亩80棵计算，私人或企业承包松树林利润可达每年每亩1 600~2 000元。对于松脂加工企业来说，松脂原料收购价5 000~6 000元·t^{-1}，松脂加工企业将其加工为松节油产品，价格高达20 000~25 000元·t^{-1}，在扣除生产成本后，经济效益仍然相当可观。综合来看，松脂采集加工产业具有巨大的经济效益和社会效益，可发展成为部分地区(山区)区域经济发展和脱贫致富的骨干产业。

二、竹笋采集加工模式

竹笋是竹鞭或秆基上的芽萌发分化而成的膨大的芽和幼嫩的茎。在我国39属500多种竹种资源中有200种以上可被食用，其中，30多种品质优良，常见的有毛竹笋(图6-3、图6-4)、淡竹笋、麻竹笋、慈竹笋、黄竹笋、苦竹笋、绿竹笋等。竹笋鲜嫩、肉质松脆、营养丰富、低脂低热量、无污染和残毒，作为食品已有2 500多年的历史。竹笋在采挖后一般会被加工成笋干(干笋)和罐头笋(湿笋)产品，为了满足市场的多样化需求，加工工艺不断更新，竹笋也被加工成笋衣、酸笋、笋丝、羊尾笋干、豆红笋干等产品。

图6-3 毛竹林　　　　　　　　　图6-4 竹笋

林农每年在竹林采集竹笋，在市场直接售卖或者售卖给竹笋加工企业获得经济收入，据统计，竹笋(高节笋)用林经济效益很高，平均产值可达25 274~36 978元·hm^{-2}(方伟等，1998)。林农还可到竹笋加工企业就近务工增加收入。竹笋加工企业通过初加工和深加工技术工艺将竹笋加工成笋干、腌笋、罐头笋等产品，增加产品附加值，从而获取经济效益。对于笋用竹分布区而言，特别是贫困山区，构建竹笋产、供、销一体化发展格局，实现竹笋产业规模化、基地化、市场化发展，可将竹笋采集加工产业培育成为推动脱贫致富的支柱产业。

三、山野菜采集加工模式

山野菜风味独特，民众喜食，营养丰富，绿色健康，亦菜亦药。我国栽培和利用山野菜历史悠久，种类丰富。我国山野菜有300多种，分属40余科，常见有100余种，如蕨菜(图6-5)、蒲公英(图6-6)、薇菜、刺老芽、刺五加、苣荬菜、小根蒜、大叶芹、苋菜、荠菜、黄花菜、茼蒿等(刘宏宇等，2008；谢永刚，2010)。近20多年以来，我国东北地区山野菜生产发展迅速，市场需求量逐年增加，发展前景较好。随着人工栽培和采集加工技术的不断进步，部分山野菜种类已经形成了规模化和产业化，产品不仅在当地销售，甚至远销日本、韩国、欧美等国家和地区。对于天然山野菜来说，由于是全天然绿色食品，原汁原味，营养品质更高，颇受国内外消费者青睐，与其相关的采集、加工、销售等产业必将步入快速而稳定的发展轨道。

随着人们生活水平的提高，对天然山野菜的需求与日俱增。市场需求量大，而货源紧缺，因此，市场价格不断上升。天然山野菜的市场潜力巨大，从事山野菜采集加工行业可获得较高的经济效益。此外，大部分山野菜具有较高的药用价值，有些本身就是中草药，所以被广泛地用于药物开发。近年来，食品的医疗保健功能逐渐受到重视，山野菜产业有望进一步发展壮大。山区林农可通过采收野生鲜品售卖，或者通过晒干、腌制等初加工方式制成干品或腌制品，获得经济收入。企业可收购鲜品进行精深加工，研发更多高质量新型产品，获取附加效益，在创造经济价值的同时，也创造了大量的就业机会。

图6-5　蕨菜

图6-6　蒲公英

四、食用香精香料采集加工模式

食用香料是食品用香料的简称，是指能够用于调配食用香精，并增强食品香味的物质。常用食用香料包括桂皮(图6-7)、大茴香、生姜(图6-8)、芫荽、芳樟油、薄荷油、香茅油、山苍子油、丁香油等。食品用香料一般配制成食品用香精后用于食品加香，部分食品用香料也可直接用于食品加香。食用香精是专门供食品加香用的香精。食用香精是参照天然食品的香味,采用天然和天然等同香料、合成香料经精心调配而成具有天然风味的各种香型的香精。在食品中使用食品用香料、香精的目的是使食品产生、改善或增强食品的香味。食用香精按形态可分为水溶性香精、油溶性香精、乳化香精、粉末香精和烟用香精五大类。随着香精加工工艺的不断成熟以及食品安全生产技术的日益先进,食用香料和香精产业发展迅速,逐渐成为经济效益高、产业规模大的林下产品采集加工模式之一。

图 6-7 桂皮

图 6-8 生姜

食用香料和香精产业效益有所不同。食用香料原料通常价值较高,林农能从食用香料原料采集和售卖中获取较高的经济收入。而香精原料本身经济价值相对有限,其产品价值主要体现在深加工产品上,要依赖于企业先进的技术设备进行批量工业生产。近年来,全球对食用香精香料的市场需求强劲,随着我国国民经济的快速发展,食用香精香料产业也呈现快速发展的态势。由于新技术的研发和应用,天然食用香精香料产品质量和性能不断提升,行业发展也迎来了新的机遇。天然食用香精香料应用领域越来越广泛,市场需求持续上涨,并且价格稳定,可为企业带来稳定的经济效益。

五、野生菌采集加工模式

野生菌是指在自然界完全处于野生状态下的食用真菌,通常生长在人迹罕至的深山老林中,是真正意义上的原生态、纯天然食品。野生菌多生长于山林之间,污染小,属于天然绿色食品,营养丰富,风味独特,部分种类具有一定的药用价值。一般来说,野生菌按照用途和特性可分为:食用野生菌、药用野生菌、食药两用野生菌,常见的野生菌详见表6-1。市场上,消费者主要消费产品为应季的野生菌鲜品,过季之后野生菌会被加工成盐渍产品、干片、罐头类产品等。

野生菌作为林下天然生长的重要野生资源之一,可为当地林农带来可观的经济收益。在野生菌生长旺季,林农可集中进行采摘工作,既可将采集鲜品到市场售卖,也可切片晾干后出售给商贩或企业,林农创收主要途径在于野生菌鲜品采集售卖和初加工。而企业可对野生菌进行精深加工,进一步开发新型食用产品,也可深入开展相关药物研发工作,挖掘药用潜力。可以说,野生菌具有广阔的市场前景,能为企业带来丰厚的利润。

表 6-1 常见野生菌

种类	生长环境	用途或特性
虫草	多生长在海拔 3 000~5 000m 的高山草地灌木带上面的雪线附近的草坡上	食用、药用
灵芝	以林中生长的为最佳,灵芝属高温性菌类,在 15~35℃均能生长,适温为 25~30℃,需要较高的湿度	食用、药用
鸡枞	常见于针阔叶林中地上、荒地上和乱坟堆、玉米地中,基柄与白蚁巢相连,散生至群生	食用、药用
松露	通常是一年生的真菌,松露对生长环境的要求极其苛刻,主要生长在 0.4~1m 的泥土下,多数在阔叶树的根部着丝生长,一般生长在松树、栎树、橡树下	食用、药用
牛肝菌	生长于针叶林和混交林地带,单生至群生,常与树木的根部形成共生的菌根	食用、药用
松茸	松茸(图 6-9)对生长环境的要求非常苛刻,它只能生长在没有任何污染和人为干预的原始森林中,孢子必须和松树的根系形成共生关系,而且共生树种的年龄必须在 50 年以上,才能形成菌丝和菌塘,同时需要依赖柏树、栎树等阔叶林提供营养支持,才能形成健康的子实体	食用、药用
羊肚菌	羊肚菌(图 6-10)春末至秋初生长于海拔 2 000~3 000m 的针叶阔叶林混交林中,多生长于阔叶林地上及路旁,单生或群生。部分生长在杨树林、果园、草地、河滩、榆树林、槐树林及上述林边的路旁河边。单个或成片生长,土质一般为沙碱性或略偏碱性,属于喜冷凉型食(药)用菌	食用、药用

图 6-9 松茸

图 6-10 羊肚菌

第三节 林下产品采集加工模式配套技术

一、林下产品采集技术

1. 松脂采集技术

采脂配套技术主要参照林业行业标准《松脂采集技术规程》(LY/T 1694—2007)和江西省地方标准《松脂采集技术规程》(DB36/T 506—2016)。主要内容如下:

(1) 采脂要求

①采脂林条件　林分生长正常，胸径≥18cm（湿地松≥14cm）。纸浆材、矿柱材、人造材等小径材以及5年内要砍伐的林木不受此限。一般而言，生长衰弱、病虫害严重的林分或特种用途林，不准采脂。

②割面负荷控制　割面负荷率和最大割面宽度应同时达到表6-2要求。

表6-2　割面负荷控制表

计划采脂年限(年)	割面负荷率(%)	最大割面宽度(cm)
≥11	<40	≤25
6~10	<50	≤30
3~5	<65	≤35
1~2	<70	≤40

③产脂量　松树单株日产脂量>5g。

(2) 人工采脂

①采脂季节　采脂季节应因地而异。一般南方4~11月，北方5~10月。

②采脂气候　晴天，无台风，日平均温度>10℃。

③采前准备　生产单位在采脂前应做好制定简易采脂规划并报当地林业主管部门备案、划分生产区域、确定采脂年限和方法、组织开展管理人员和采脂员岗前专业技术培训、划分采脂林班、开辟采脂林道、清理采脂木旁作业位置、准备采脂工具和松脂集运器具等准备工作。

④采脂工具　包括刮刀、割刀、导脂器、受脂器、收脂桶和贮脂桶等。宜使用纸质或塑料受脂器，不宜使用铁制的收脂桶和贮脂桶。

⑤采割方法　采用下降式采脂法，单向或双向采割，中、长期采脂宜用单向采割。

⑥割面配置　中、长期采脂的林木，只设置1个割面，开割第1年割面高度一般2m左右，年消耗的割面长度一般为20~25cm，割面配置在树干向阳，节疤较少，方便操作的一侧，次年紧挨旧割面向下开设新割面，逐年下移。当下方部位利用完毕，可在旧割面同方位的上方开设新割面。短期采脂可设置2个或2个以上割面，割面间营养带水平宽度≥10cm。

⑦预制刮面　采割前将树干上当年采割部位的粗皮刮去，不伤及韧皮部，遗留在刮面上的粗皮厚度≤0.4cm。

⑧设置中沟　中沟设置在刮面中央（双向采割）或一侧（单向采割），长25~30cm、宽1.0~1.2cm，深入木质部0.5~0.8cm，沟槽呈"V"形，通直、光滑。

⑨安装导脂器和受脂器　在中沟末端向下倾斜60°安装导脂器，下接受脂器。受脂器加盖，防止尘土，树皮及杂物等入内。导脂器和固定受脂器的材料不得使用金属物品，宜采用竹木制品。

⑩开割侧沟　控制侧沟长度割面角30°~45°，割沟深入木质部0.3~0.4cm，步距0.1~0.2cm，每次开割的侧沟应等深、等长、平行、平滑，并向内倾斜汇合于中沟。

⑪采割间隔期　采割间隔期为 1d 或 2d，即 1d 1 次或 2d 1 次。

(3) 化学采脂

①常用药剂与适用范围　干扰型化学采脂刺激剂常用硫酸软膏，适于短期采脂或伐前强度采脂。促进型化学采脂刺激剂有松树增脂剂、增产灵-2 号和 9205 低温采脂剂等，适于中、长期采脂。

②使用方法　干扰型化学采脂应采用鱼骨式采割，制沟宽度 1.0~1.5cm，步距为 4~5cm，采割间隔期宜 7~10d，硫酸软膏应涂在侧沟上缘木质部与韧皮部的交界处。促进型化学采脂一般采用常规采割方法，采脂刺激剂的使用，按药剂使用说明的浓度和施用周期，将溶液均匀喷涂在割沟上。不得使用对人体有害的非环保型松脂刺激剂，其稀释剂不得选用易燃易爆的有机溶剂。

(4) 收集与贮运

①收集　不同树种的松脂应分开收集，每隔 10~15d 收脂 1 次，收脂时除去松脂中的机械杂物，用塑料薄膜袋作受脂器的，严禁将塑料薄膜袋混入松脂内或丢弃在采脂松林内。收脂力求做到快收集、快运输、快加工。

②贮运　将松脂装入贮脂桶，置于阴凉干燥处，并加水加盖保护，不宜与铁直接接触长期贮放。贮存松脂需加清水保养，贮存时间长时 15d 换水 1 次。贮运过程中应注意防火。

(5) 采脂林木管理

①施肥　每年早春宜对采脂树施肥 1 次，每株施复合肥 0.5~1.0kg。在离采脂树主根部位 1.5~2.0m 处挖取宽 20cm、深 15cm 的环形沟进行施肥，施后复土。

②防护　搞好林地卫生，保护林间瓢虫、蜂、鸟等天敌，以减少病虫害的发生。对松材线虫、松突圆蚧、松毛虫、松毒蛾等危害较大的病虫害，要做好预测预报，及时防治。

③间伐　当树冠交叉重叠时，应适当间伐。伐去被压木、枯立木，每公顷保留采脂树 450~750 株为宜。

2. 竹笋采集技术

以毛竹笋为例，参照林业行业标准《毛竹笋栽培技术规程》(LY/T 2337—2014) 以及楼枝春和刘先富(2002)的研究报道，毛竹笋采收技术可分为 3 种：

(1) 春笋采收

①采收时间　3 月中旬至 4 月下旬。

②采收方法　按照生产要求(笋用林每度每公顷留新竹 750~900 株、笋竹两用林每度留新竹 900~1 100 株·hm^{-2})选留长竹笋外，全部采收。挖春笋要按照出笋迟早分期、分批进行。挖掘春笋时要注意将竹笋整体挖取，切勿伤断竹鞭，挖笋后要及时盖土，以免竹鞭裸露。

(2) 冬笋采收

①采收时间　11 月至翌年 1 月。

②采收方法　冬笋采收的方式主要有 3 种。

全面翻土挖笋：在春节前后结合松土进行，全面深翻 30cm，挖取较大冬笋。

沿鞭翻土挖笋：选定 3~4 年生的壮龄母竹，择其枝叶浓密、叶色深绿中带有数片黄叶的孕笋竹，在其附近浅挖，找到黄色或棕色壮鞭后，沿鞭跟踪竹鞭向下伸的地方大多可找到冬笋，砍断笋与鞭之间连接的"螺丝钉"，即可取出笋。

开穴挖笋：冬笋是春笋的前身，挖掉冬笋能促进竹鞭上其他笋芽的生长，但挖过冬笋的竹山，春笋的出笋期要推迟逾10d。大多挖冬笋都在休眠期一次性挖取，但最好是分 2 次挖取，初冬先挖 1 次，待进入休眠期再挖 1 次。笋用竹山通常把冬笋挖光，促使其他笋芽生长成春笋，故有"挖光冬笋，促发春笋"之说。注意小年竹山一般不挖或少挖冬笋。

(3) 鞭笋采收

①采收时间　6 月中旬至 10 月上旬。

②采收方法　采挖时要将表土铲开，截取顶端鞭梢，挖掘后覆土，并铺盖稻草，保持表土湿润，促使竹鞭分叉和生长，以利再次挖掘。挖鞭笋时要做到"壮鞭弱挖，弱鞭强挖"。因为壮鞭弱挖可以保留多量的发笋鞭段，弱鞭强挖能促进竹鞭旺盛生长。如果遇到旱季，要暂停采收。鞭笋长度要短于 25cm。

3. 山野菜采集技术

山野菜种类较多，最佳采集期因种而异。以东北林区为例，部分山野菜，如蕨菜、黄瓜香、刺嫩芽等，采集期一般在 4 月下旬至 5 月上旬。采集时间宜选在早晨，此时采集的山野菜新鲜、水分多。采集的山野菜要及时处理，防止山野菜离体老化。以往林区人们常将菜把断口进行沾土处理，可有效延迟菜体老化速度；或者将菜体断口沾盐面，既能延迟菜体老化速度，又干净卫生；后来，科研单位又采用国际允许的食品添加剂为原料配制出了"防老粉"，可使蕨菜老化长度减少 3~4cm，防老化效果非常显著（王志新等，2006）。蕨菜作为山野菜产业中最具代表性的一种，本书将以野生蕨菜为例，对其采集技术进行介绍。

①采集时间　野生蕨菜采集的时间性很强，不得过早或过迟。早采植株幼小，出菜率低；晚采植株已纤维化，不能食用。在长白山区野生蕨菜的采集期一般在 5~6 月，当蕨菜长到 20~25cm，小叶尚未展开，而呈拳钩状时，即为采集时节。

②采收方法　采收时，可用刀割或用手掐，要尽量贴近地面，要采摘出土 20cm 左右肥嫩的柄叶，过大、过老和过小的均不能采摘，以保证成品质量。采集的同时可进行挑选，分别捆扎成把，装入筐内。要防止日晒、挤压、折损、掉毛、老化和变质，上面宜覆盖青草。

4. 食用香精香料采集技术

食用香精香料产品种类较多，采集技术各不相同。下文将以桂皮为例，简要介绍其采集技术。根据华文（2011）的研究报道，在每年 4~6 月和 9 月，肉桂树皮内含丰富的营养物质和树液，比较容易剥皮，所以选择在这两个时间段进行砍树剥皮最为适宜。由于不同规格的树皮加工技术要求不一样，所以其采收树龄要求和采收方法有所不同（表6-3）。

表 6-3 桂皮采收方法

规格	采收树龄要求	采收方法
企边桂	10~15 年	长度要求 40cm 长，用利刃在砍倒的树干上横割成一圆圈，深至木质部；再按 10cm 宽度用刀在两割圈间纵割，将刀口或薄竹片插入纵割处，轻轻把每块树皮剥下
板桂	20 年以上	长度要求 40cm 长，用利刃在砍倒的树干上横割成一圆圈，深至木质部；再按 15cm 宽度用刀在两割圈间纵割，将刀口或薄竹片插入纵割处，轻轻把每块树皮剥下
桂通	5~6 年	长度要求 30cm 长，用利刃在砍倒的树干上横割成一圆圈，深至木质部；再按 9cm 宽度用刀在两割圈间纵割，将刀口或薄竹片插入纵割处，轻轻把每块树皮剥下

5. 野生菌采集技术

野生菌资源种类较多，采集技术不统一。以野生松茸为例，简要介绍其采集方式。

(1) 采集时间

受气候影响，各地野生松茸采集时间略有不同，多在秋季的 8 月上旬至 10 月中旬进行采集。

(2) 采集方法

①采集应遵循的原则　既要减少对松树等共生植物根系的破坏，使松茸有正常的生长环境，同时又要提倡多次采收，采大留小（5cm 以上的才采），采摘后及时保鲜。

②采摘　采集者寻找到松茸时，用手握住菌柄，左右轻轻旋转菌柄，使其与菌根分离后，取出菇体，横放至菇篮之中即可。盛装松茸的菇篮或其他容器底层要求事先放上新鲜松枝或柏树枝叶，采得的松茸放在枝叶上。菇体上再盖上枝叶，避免阳光照射影响菇体的鲜度。

二、林下产品加工技术

1. 松脂加工技术

松脂传统加工工艺多采用水蒸气蒸馏法（图 6-11），以油松为例，其松脂加工工艺流程为：往装有干净松脂的反应瓶中通过热饱和蒸汽，同时加热升温，水和松节油的混合物慢慢馏出，至釜温为 170℃，松节油馏出完毕，停止通水蒸气，停止加热。收集反应瓶里的松香。将松节油和水的混合物置于分液漏斗，弃去下层的水，松节油中加入无水 Na_2SO_4 干燥，过滤，得到松节油。

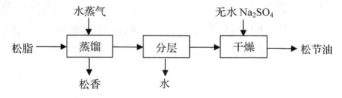

图 6-11　松脂加工流程示意图（水蒸气蒸馏法，引自高宏等，2009）

2. 竹笋加工技术

据姚荷和谭兴（2017）总结，常用竹笋加工方法包括以下几种：

(1) 清水竹笋

清水竹笋罐头一般分为：整装、混装、片装、条装、丁装。其加工工艺流程一般为新鲜竹笋→筛选→切头剥壳→分级→清水预煮→冷却漂洗→修整挑拣→装罐→注汤→排气→封口→灭菌→冷却→成品。在装罐汁液中加入一定的盐水、酸化剂和抗氧化剂，可以显著提高竹笋的抗氧性、耐贮性和风味品质。在生产过程中，仍需不断解决清水竹笋加工贮藏中出现的褐变、白色沉淀、软化等问题，以延长清水竹笋货架期，防止风味口感损坏。

(2) 调味竹笋

调味竹笋的加工工艺一般为：原料→修整清洗→切分→蒸煮护色→冷却→沥干→调味→装袋封口→杀菌→成品。调味竹笋口感各异，在加工过程中应注意产品的风味和营养。

(3) 腌制竹笋

竹笋腌制的工艺流程总结为：原料选择→切头剥壳→洗涤→预腌→入坛泡制→整形→装袋→真空密封→杀菌冷却→保温检验→包装成件→入库成品。加工技术细节详见表 6-4 所列。

表 6-4 竹笋腌制工艺流程

流程	加工技术细节
原料选择	选择品质柔嫩，无苦味和其他异味的竹笋作为原料
切头剥壳	切去笋根基部粗老部分，再用刀纵向划破笋壳，剥壳，去净笋衣
洗涤	用净水洗涤，捞出，沥干外表水分
预腌	按原料重量加入 6%～8% 的食盐，拌匀，压紧，预腌 24～48h；预腌时竹笋中的苦味物质随卤水一起流出，可减轻苦味
入坛泡制容器选择	选择传统泡菜坛作为发酵容器；泡菜坛以无裂纹，无砂眼，火候老，釉子好，形态美观为宜
配置泡菜水	需配制的泡菜水与原料比为 1:1；选用深井水、泉水或自来水，加入 6%～10% 的食盐，煮沸、冷却、过滤；在泡菜水中加入 0.5% 的白酒，2%～3% 的白砂糖，1%～5% 的干红辣椒，0.1%～0.3% 的混合香料；混合香料磨成粉，用消毒过的纱布包裹放入泡菜水中
入坛泡制	将经预腌的原料有顺序地装入坛内，装至离坛口 6～10cm 处，用竹片卡住坛口，不让原料露出液面，放好内碟，盖好坛盖灌入坛沿水，让其自然发酵；坛沿水用 10% 左右的盐水，可以防止坛沿水变臭。泡菜水中切忌带入油脂，因杂菌会在油脂表面繁殖，产生难闻的臭味；泡菜水表面如有轻微"生花长膜"，可缓慢倒入少量白酒，勿搅动，因酒比泡菜水轻可以浮在表面起到杀菌作用；为预防泡菜水"生花长膜"可加入大蒜、苦瓜、紫苏、红皮萝卜、红皮甘蔗含有植物抗生素的原辅料；红皮萝卜等含有色素的蔬菜，其水溶性色素溶于水中，可对竹笋起到染色作用，增加制品的美观；入坛后，自然发酵到一定时间，当泡竹笋含酸度达 0.4%～0.8% 时，泡菜发酵成熟即应捞出包装
整形	用不锈钢刀将泡竹笋切分为适当大小的条状，片状或丝状；切分后及时装袋，中间停留不得超过 2h；以免泡竹笋暴露在空气中的时间太长，增大带菌量，造成杀菌困难

(续)

流程	加工技术细节
装袋	包装材料应选用气闭性好，能耐100℃温度而不分层的复合薄膜制成的袋，如尼龙/高密度聚乙烯袋；称重后的菜，通过特制漏斗装入袋内，压紧；应注意袋口不得黏附菜屑或汁液，否则会影响封口质量
真空密封	用真空包装机抽空密封，热合宽度应大于1cm；热合强度通过热合温度、时间来调整
杀菌冷却	泡竹笋的pH值为3.5左右，为高酸性食品，可采用巴氏杀菌方法进行杀菌；选用100g袋装杀菌式，在100℃下杀菌5~10min；杀菌结束后，迅速置于冷水中冷却至38℃左右
保温检验	在28℃±2℃下保温7d，检验有无肿袋、漏袋，并抽样进行感观指标、理论指标和微生物指标鉴定
包装成件	经检验合格的产品，装入纸箱中
成品入库	成品包装好后，捆扎入库，待销

(4) 干制竹笋

干制竹笋又叫笋干，笋干是以新鲜竹笋为原料，经预处理、盐腌发酵后干燥或不经盐腌发酵直接干燥而成的，干制使竹笋制品具有良好保藏性。传统工艺生产的笋干在贮藏过程中容易发生褐变，影响外观，因此，熏制过程常使用硫制剂作为护色剂，导致产品中硫含量超标，有害健康。目前，已经研发出了一些新的笋干制作方法，可得到贮藏期较长、护色效果良好的无硫笋干。在实际生产中，不仅要求竹笋的干燥速率快，还要保证干燥产品的品质。因此，将不同干燥方式进行优势互补的联合干燥，将成为未来竹笋干燥技术的发展趋势。

(5) 笋汁饮料

根据王平(1997)的研究报道，笋汁饮料加工的工艺流程为：

①预煮　将剥壳清洗后的鲜笋用盛物筐盛装，置于夹层锅中，70~90℃煮制20min(杀青)后立即入清水池中。

②破碎、压榨　将原料粗切成小块，按1∶3加入清水(经水质处理后的饮用水)，送入破碎、压榨机组榨汁，笋按1∶1加入清水，施二次压榨。

③离心、过滤　该工序由三足离心机，自吸饮料泵，硅藻土过滤机组成；汁液离心分离(±1 500r/min)后注入饮料过滤机过滤，选用直径为400mm的滤板。

④调配　调料罐中按配方(原汁、蔗糖、柠檬酸、水及辅料)调配，搅拌均匀，打开蒸汽阀将其煮沸。

⑤澄清　饮料调配后注入真空贮罐，加100mg澄清剂。静置24h后，泵出上清液。众多果汁饮料产品久置后，出现絮状沉淀物，影响产品外观，澄清处理需谨慎对待。

⑥均质、灭菌、灌装　该工艺由高压均质机、真空自动脱气器、灌装、封口机组组成。

⑦包装杀菌　装罐，密封后，倒罐装置，置入卧式杀菌锅进行灭菌。

⑧恒温检验　在恒温检验库中，控温30℃，5~7d观察，清除胖罐，完好成品包装入库。

(6)其他产品

竹笋制品种类繁多,随着技术设备的不断进步,加工工艺逐渐成熟,除以上产品外,竹笋还可制作酒、醋、酸奶、饼干、口香糖、糖果和薯片等新型产品。此类产品加工技术各不相同,就不详细介绍了。

3. 山野菜加工技术

山野菜商品主要有鲜菜、干菜、腌制小菜和罐藏保鲜四大类,作为规模化产品,市场上主要以罐藏保鲜和干制品为主。因此,山野菜加工技术中的主要技术环节在于保鲜技术和干制品加工技术。以野生蕨菜为例说明山野菜加工技术。

蕨菜采集后,或直接上市或加工,由于蕨菜采收后不经处理,叶柄有由基部向上逐渐纤维化的特性,放置时间长便会失去食用价值。因此,无论是直接上市或加工都要进行防纤维化处理。目前蕨菜的加工贮藏有干制和腌制两种。腌制主要是盐渍,盐渍的方法一般采用二次盐渍法。干制主要是采取自然干燥法。

(1)防止蕨菜纤维化的方法

蕨菜采收后不经处理,叶柄由基部向上逐渐纤维化。据测定,采收后 1h 平均纤维化长度为 4cm,重量损失达 17.7%,时间越长,损失越大。为此要用食盐粉处理伤口,达到保鲜目的。因此,对采收后的蕨菜应挑选分级,拣出杂草等杂质,整齐捆把,用菜刀切去下部老化部分,伤口部分抹上食盐粉。每捆重 20g,一级品保留 25cm 长,二级品保留 20cm 长,分别装箱上市或加工贮藏。

(2)蕨菜盐渍贮藏法

蕨菜盐渍贮藏法主要采用二次盐渍法。

①第一次盐渍 先在盐渍容器(一般使用大缸)的底部均匀铺 2cm 厚的洗涤盐(若无洗涤盐,可将粗盐粒放少量水中,清除泥土后代替),在盐上均匀铺一层捆扎好的蕨菜,后再撒一层盐,铺一层菜,撒一层盐,依次交替进行,直至把缸装满,最上面仍要铺 2cm 厚的洗涤盐(盐的用量为每 100kg 菜 30~35kg)。然后盖上略小于缸口的帘子,压上 50kg 重的石头。第一次盐渍需 10~15d,大约在 2d 后,盐渐被菜体内水分溶解,压石下沉,视压石不再下沉时即第一次盐渍完成。

②第二次盐渍 取出第一次盐渍好的菜,沥净盐液后,按第一次方法重渍,盐量掌握在每 100kg 菜 30kg 食盐的比例为宜,压石可轻一些。然后注入饱和盐水,盐水要漫过菜 6cm 左右(一定要使菜沉到盐水中),时间大约 10d。

在整个盐渍过程中,要经常检查菜色是否正常,味道有无酸败,用波美计检查盐水浓度是否在 22% 以上。发现颜色褐变、产生异味时,应立即倒缸,删除褐变部分后,重新盐渍。若发现盐浓度不足 22% 时,应立即增盐。盐渍场地选择通风干燥的地方为好。总之,在盐渍过程中,应把住质量关,要保持菜质鲜嫩、色泽正常、不老化、不霉变、无杂质、扎把整齐。目前出口盐渍品一律采用内外两层包装。外包装用铁桶,内包装用双层聚乙烯无毒塑料袋。包装时,应先把双层塑料袋展开放入专用铁桶内,后把盐渍好的半成品一捆一捆、一层一层地装入塑料袋内(发现有不合质量标准的菜,要坚决剔除)。每桶定量为 70kg。包装时,塑料袋的底层和最上层要铺上 2cm 厚的洗涤盐,并注入饱和盐水(经沉淀过滤并调整 pH 值为 4 左右），一般饱和盐水是菜重的 40%。每层塑料袋要单独捆扎，并采用回口法，先用塑料绳把袋口扎紧，后将余下部分折回扎紧。扎口时，要注意排除袋内空气，力求袋口紧贴盐水面，防止菜飘出水面，造成腐败变质。最后要盖好外包装盖，密封。在外包装铁桶上，应喷印品名、规格、级别、毛重（10kg）、净重（70kg）、出口单位等。

（3）蕨菜的干制

蕨菜采收后，掐掉纤维化部分，只选留脆嫩部分，同时挑净杂草、杂物。在去老化根的同时，随手捋掉细绒毛和拍掉勾卷的端头。水煮，水量要足，沸水下锅，植株适量，宁少勿多。菜下锅后可加盖，促使及早重沸，但要做到重沸后立即敞开，煮沸 3~5min，不能延长，防止煮烂，以捞出能从根部掰开，顺植株方向能劈开两半为恰到好处。煮好的植株要立即出锅，放入凉水中降温，再捞出晾晒，煮过的蕨菜在晾晒过程中要多次揉搓，其目的是将组织排列破坏，防止干后纤维木质化，进一步提高干菜的泡株率和质量。当菜体表皮晾至无浮水、下段表皮微皱时，进行第一次揉搓，第二次是在蕨菜表皮出现皱缩时，第三次是蕨菜表皮有明显折皱时，第四次是在蕨菜半干、韧性增强时，多次揉搓可提高成品蕨菜的质量。捆扎，晾干后分级扎成把。

4. 食用香精香料加工技术

以桂皮为例，不同规格加工技术方法不同，详见表 6-5 所列。桂皮经加工晒干后，受压容易开裂破碎，导致成品等级降低。因此，桂皮最好用箱包装，也可以用竹编方筐或较坚硬的纸箱，包装好后宜放在干燥处进行贮存。

5. 野生菌加工技术

以松茸为例，其加工方式为：

（1）松茸的干制

①原料预处理　将新鲜松茸按大小、粗细及开伞程度进行分级，选粗壮、开伞者用于干制。在通风干燥处摊开晾晒 2~3h，以降低菇体表面水分、用不锈钢刀切除菌柄基部的泥土、杂质，以确保产品的净度。

②切片　切片要厚薄均匀，过厚使干制品的白度差，过薄时菇体易碎，外部形状差。一般用不锈钢刀将半开伞和开伞菇纵切成盖柄相连，厚 1.4~1.6cm 的片状。根据菇体大小切片，3~4cm 的一刀 2 片，4~6m 两刀 3 片，6~8cm 的三刀 4 片。

③脱水干制　最初烘房温度要求 35~40℃，同时打开全部风道，保持 2h 以使菇体定型。然后将烘房内温度升至 50℃，保持 4h，以便加速表面水汽化与内部细胞水扩散。温度升至 60℃，并适当关闭通风排湿孔，维持 2h 左右，直到脱水干制品接近产品所要求的标准含水量后，温度降至 40℃，保持 1h 左右，以使制品的内外及制品之间水分平衡，然后冷却至室温。

（2）轻糖松茸脯

①原料选择与护色　选菇盖黄色、菌伞完整、无病虫斑点、无机械损伤的新鲜松茸作加工原料。原料采收后，立即浸入 0.03% 的焦亚硫酸钠溶液中护色。

表 6-5 桂皮加工方法

规格	加工方法	品质等级
企边桂	用刀将树皮两端削成斜面，突出桂心（栓皮层内的桂皮）摊晒至软，将每块桂皮夹在木制的凹凸板中间，将数块叠起，两端和中间用绳索绑紧，使每块桂皮卷成槽状后，摊晒至四成干时解开绑绳和夹板；利用早、晚较弱的阳光晒干，倘若暴晒则会使油分挥发，降低效力	甲级：足干、背面窝状、两端稍成斜"U"、皮细且有彩皮、油性大、无破裂、无白肚、无霉坏、每片质量在175g以上； 乙级：足干、皮略粗、破裂不超过3cm、每片质量在160g以上，其余规格标准与甲级相同； 丙级：皮略粗、破裂不超过4.5cm、有油干性、每片质量在152g以上，其余规格标准与甲级相同； 丁级：皮粗、多破裂、有油性、每片质量在150g以上
板桂	将桂皮晒软，把每块桂皮夹在平直的木制夹板内，然后将数块整齐相叠在一起，两端及中间用绳绑紧，晒至九成干时解开绑绳，在室内干燥通风处，将树皮纵横堆叠，面上用石块加压1个月至桂皮完全干燥，即成扁平板状的板桂	甲级：足干、外皮灰褐色、光滑鲜明、卷边平整、表皮薄、肉厚结实有油性、长40cm左右、宽12～13cm、厚0.6cm以上、香甜有辣味； 乙级：含油分及色泽比甲级差，其余规格标准与甲级相同； 丙级：含油分及色泽比乙级差，其余规格标准与乙级相同
桂通	将剥下的树干皮和粗枝皮，置阳光下晒软，用手搓卷成齐的单筒或双筒、摊晒至干即成	桂通足干、棕色鲜明、皮薄肉厚、卷筒大小均匀、有油分、气味甜辣、无霉坏、无白点者为优质品
桂碎	把上述加工成各种规格的桂皮剪下来的边皮和不符合加工规格的桂皮，去净杂质，晒干即成桂碎	桂碎以足干、片块不规则、气味芳香、味辛甜、无杂质者为佳

②修整 用清水洗菇体，再用不锈钢小刀把菇伞和菇柄分开，菇柄纵向切成两半，菇伞切成1.5～2.0cm的长条，要求菇脯坯大小基本一致，外形整齐美观，便于后续工序操作。

③烫漂 由于菇柄和菇伞组织质地差异较大，故应分别处理。菇柄只进行1次烫漂，不必进行硬化处理。将修整好的菇柄、菇伞分别投入沸水烫煮，烫煮时间：菇柄为5～8min，菇伞为2～4min，菇和水的比例为1∶2。菇伞需硬化处理，然后进行第2次烫漂，烫漂温度80～85℃，烫漂时间4～6min。烫漂后捞出菇脯坯，用流动清水迅速冷却至室温。烫漂以菇脯坯煮到半生不熟、组织较透明为准。

④硬化处理 为了防止菇伞在糖煮时烂根，经过第1次烫漂冷却后的菇伞要放入配好的0.3%无水氯化钙溶液中浸泡5～7h。浸泡后捞出菇脯坯，用流动清水漂洗，以除去涩味，否则会影响制品的色泽和口味。

⑤糖液配制与浸渍 按白砂糖和淀粉糖浆1∶1的比例，配制40%的糖溶液，并加入0.5%的柠檬酸，用4层白纱布过滤。经烫漂冷却后的菇脯坯沥干水分，投入配好的糖溶液中冷浸20h。菇与糖液比例为1∶2。

⑥糖煮 糖浸后，将菇脯坯从糖溶液中捞出，无糖液倒入夹层锅中，并加入白砂糖，

用手持糖量计测其糖度到50%为止，同时加入适量柠檬酸，使糖液pH值为3。加热糖液至沸，放入菇坯、文火煮沸。糖煮到测定糖溶液浓度达55%时，停火。

⑦烘烤　把菇脯坯从糖液中捞出沥干，放入烤盘摊平，送到烘箱内烘烤，温度为60~65℃，时间5~6h，当菇体呈透明状，摸不粘手时即可。

⑧包装检验入库　烘烤后的菇脯，去除杂质，整理分级，使其外观一致，装入食品塑料袋中，封口，检验合格入库即为成品。

(3) 松茸罐头

①选料　选色泽纯正、菇形完整、肉质肥厚，直径在4cm左右，无虫蛀，无病斑，无机械损伤的优质松茸作原料。

②预煮　用0.6%柠檬酸水溶液预煮，菇和溶液比例为1.5:1，预煮时间从水沸起计算，约8min，以煮透为准。预煮液可连续使用3次，第2、3次使用时，可添加第1次柠檬酸用量的50%。预煮最好用夹层锅，不能与铁质、铜质容器相接触，以免变色。

③漂洗　预煮后用清水漂洗1h。

④配汤　加水1 000kg，精盐2.6kg，柠檬酸50g，煮沸，在出锅前加入柠檬酸，用纱布过滤后使用。

⑤装罐　根据菇体大小、品质分开装罐。

⑥封口　排气封口，中心温度70~80℃，然后在120℃下高温灭菌15~30min。

(4) 松茸的腌制

①选料及护色　选择纯的童菇，在0.02%~0.03%的亚硫酸氢钠溶液中漂洗10min左右，再用清水漂洗干净备用。

②预煮　用3%~4%的食盐溶液预煮3min左右，切忌将菇煮烂、煮软。

③冷却　预煮后应立即用流动水冷却至10℃以下，捞出沥干备用。

④腌制　将冷却好的松茸按100kg加50kg盐装入缸内。先在缸底放一层盐，然后一层菇一层盐进行装缸，在最上层菇面洒一层盐，然后灌入饱和的食盐水，并用重物压住菇体。腌制过程中，每1~2d检查1次，保证一定的盐水浓度，腌制10d左右，捞出沥干盐水。

⑤包装　将腌制好的松茸装入特制的容器中，装满后，再加入pH 3.5~4的饱和食盐水，然后加盖密封。

第七章　森林景观利用

第一节　森林景观利用概述

近年来，随着人们生活水平和生活理念的不断提升以及环境意识的觉醒，越来越多的人希望走进森林、享受自然。森林除了作为"地球之肺"外，又被人们赋予了更多的美誉，人们亲切的称其为："人类文化的摇篮""大自然的装饰美化师""金色的宝库""天然的氧气制造厂""绿色的银行""天然的调节器"等举不胜举的美称。

随着林业产业的蓬勃发展，传统的林业培育为森林景观利用提供了植被、优质的空气等自然景观资源，同时，还间接提供了一系列隐性功能价值。如果森林是在山中，会给旅游休闲消费者提供了登山、健身、修身养性、放松身体机能等间接价值；如果是果林景观，会为旅游消费者提供采摘劳动的情趣价值和品尝食品的消费价值；如果是林下种植景观或森林采伐参观旅游，会为消费者提供林区赏景、采摘尝鲜及科普教育价值。森林景观的开发利用能使人们感受大自然的奇异风光，呼吸新鲜空气，享受静谧的环境，也能增强身心活力，陶冶情操，增长自然知识，吸引着越来越多的人走进森林。

一、森林景观利用的发展

1. 森林景观的概念和内涵

森林景观是指以森林为基本实体，与周围环境所构成的视觉空间，包括外观（有形景物）以及内涵（无形景象）。Dudley（2006）将森林景观定义为一个用于进行森林质量评价的单元，通常被认为是在具有高度空间异质性的区域内，相互作用的景观元素或森林生态系统以一定规律组成的地理空间单元。这个空间单元是一种以森林植被为主体的自然景色，是在一定条件下，地理位置、气候、土壤和生物等多种因素长期相互作用的结果。通常森林景观的含义比较接近地理学与美学上的概念，即以一定的森林群落为主，与一定的地球表面气候、土壤、地貌、生物各种成分所形成的一种综合体，并能够表现为客观世界的特定形象信息，反映到人的主观世界中来，为人们所观看、欣赏。

森林景观利用与城市、田园、湖泊、海洋、草原等景观相比较，是在特定的森林地域，以林业培育和采运为目的的森林培育第一产业为资源基础，通过合理规划建设和经营将其变成森林公园、自然保护区、风景名胜区、森林植物园、国有林场、森林狩猎场、森林人家、森林小镇等景观资源。通过对森林景观资源的利用，吸引旅游观光、休闲度假和教育体验者等产生生态效益、社会效益和经济效益。在森林景观利用的过程中，经营者利用森林景观资源或以森林为依托的自然资源经合理的规划和开发形成休闲旅游、教育体验等相关产品，通过对外开放或出售这些产品而从中获得利益。目前，森林景观开发利用的形式主要有徒步观光、野营、野炊、篝火晚会、采集与钓鱼、森林疗养、科学考察与实习、滑雪、漂流、探险、狩猎、登山与攀登、休闲度假、参与和参观林业生产和森林野生食品品尝等。

2. 我国森林景观利用发展的必要性

我国幅员辽阔，森林资源丰富，为我们开发利用森林景观资源和森林旅游产品、开展森林旅游提供了客观条件。同时，我国居民对森林景观的需求目前大多停留在观光阶段，森林观光是森林景观利用的主要的形式之一。随着经济的快速发展以及社会压力的不断加剧，人们渴望能到大自然中欣赏美景、放松身心。随着消费能力不断提高以及消费需求不断升华，人们对森林的需求已经上升到游乐、休闲、度假、康养、教育、体验等方方面面，希望在享受森林景观、体验森林旅游的过程中能够更多地参与其中，如森林拓展、探险、养生等。总体看来，森林景观利用有沿着从森林观光—休闲到游乐—度假和教育体验方向发展，呈现规模不断扩大、档次不断提升、要求不断提高等特点，这也使森林景观利用经济效益呈逐渐上升的趋势。

3. 森林景观利用的意义

森林景观利用能够更好地满足森林旅游者不断提升的旅游消费需求，在加快林业产业的转型发展、促进地方经济社会和生态环境的发展等方面也能够发挥巨大作用。

（1）更好地满足不断提升的消费需求

森林景观开发利用能集中实现观光、休闲、餐饮、住宿、购物、商务、会务等功能，通过不同功能间的相互弥补与相互协助，形成了一个复杂而统一的多元化空间综合体，更符合现代人的生活节奏。通过开发森林景观，能够搭建起一个丰富的休闲平台，配置充足的休闲、度假、娱乐、康养项目，形成一站式休闲、度假旅游、康养、养殖、采摘、教育等为一体的全面服务，借助森林景区已有的环境氛围，形成特色的生活方式，引导出新的市场需求，延长游客停留时间，形成多日、多次的体验式消费，促进林业产业的持续发展。

（2）加快林业产业的转型发展

森林景观利用正在从传统的自然观光型向休闲型转变，由独立景区向森林小镇、国家步道等景观群体发展，由单一产品向综合体延伸的多产业融合阶段。对观光资源的依赖程度降低，从传统的"看风景"向"过生活"转变，对采摘体验、自然教育、休闲康养等配套服务设施的配置要求增强，更好地推动了林业产业的转型发展。依托森林资源进行开发，生态观光、休闲度假、采摘体验、森林康养等相互嵌合互补的综合体，改变了传统森林景区单一观光游和单一门票经济的经营模式，代之以场地共享、项目消费的方式，以及多元的产品、多元的服务来增加餐饮、住宿、养生休闲、教育等产业的附加值，在遵循自然生态原则的基础上，谋求更大的经济回报。此外，打造富有特色的森林景观，多角度审视所在林区的旅游资源、文化特色，将资源、文化、教育、体验和现代服务业相融合，符合林业产业未来发展的趋势。

(3) 促进地方经济发展

开发利用森林景观，对地方经济起到强力拉动作用。森林景观的开发与区域内其他产业发生频繁性产业联动，带动交通、建筑、食品加工、制造业、宾馆、餐饮、文化、种植、养殖、零售等相关产业的发展。由于森林景观大多位于经济相对落后地区，其发展对农民、农村、林业发展的关系最为密切，在加快农民脱贫致富步伐中具有天然的地缘优势。同时，森林景观产业还具有就业门槛低、产业链条长、就业容量大的优势。据初步统计，我国森林旅游景区的直接从业人员达50多万人，带动社会就业200多万人，很大程度上消化了农村剩余劳动力、促进了农民就业增收。总之，森林景观开发既可以创造出众多的就业岗位，解决当地的就业难题，增加当地居民收入；又可以带动其他产业发展，从而充分拉动林区地方经济，为地方财政增加税收。

(4) 促进地方文化、社会和环境发展

森林景观利用在促进文化繁荣、社会进步、改善地方发展环境方面的功能也十分显著。森林景观的开发利用为国民接受生态文化教育、了解多元文化、维持良好的公民心态均提供了机会，不仅关系到国民生活质量的提高，也关系到国民整体素质的提高，更关系到社会和谐程度的提高。对森林景区进行科学规划的过程，可将原先不合理的基础状况进行改造和完善，充分融入当地自然生态、乡风民俗、人文历史，打造出相互衔接、互为依托的森林生活核心圈、辅助圈和拓展圈，协调好当地自然生态环境与人居环境，有利于森林景区的可持续发展。通过森林景观的开发，许多曾经无人问津的"穷乡僻壤"变成了闻名遐迩的旅游胜地，成为经济发展的重要物质基础，如浙江千岛湖、湖南天门洞、四川九寨沟等一批国家森林公园在招商引资、社会资金的进入、推动地方经济社会发展中发挥了重要作用。优化森林景观可充分满足市场的个性化需求，通过高品质的产品和服务，更好地提升体验者的满意度和美誉度，更有助于提高森林景观的知名度。

4. 森林景观利用发展的有利条件

(1) 森林景观体系基本完善，投融资体系已基本建立

截至2015年，全国已建立森林公园3 100处，自然保护区2 189处，湿地公园1 000余处，自然保护区、湿地公园、森林公园和沙漠公园占国土面积的15%。建立"政府主导、市场运作、社会参与"的多元化投融资体系，是加快发展森林景观利用的有效途径。因地制宜地实行内引外联，在投资渠道上，坚持实行"国家、地方、部门、集体、企业、个人一起上"的方针，坚持"谁投资、谁开发、谁受益"的原则，多渠道、多层次、多形式筹集资金，加快森林景观资源的开发力度；在经营机制上，按照"尊重所有权、强调管理权、搞活经营权"的原则，灵活采取合作、合资、联营、承包、租赁等多种形式。

(2) 国家高度关注森林景观利用的发展，相关政策不断完善

党的十八大以来，党中央、国务院对林业改革发展和生态文明建设高度重视，习近平总书记多次强调，生态兴则文明兴，生态衰则文明衰；保护生态环境就是保护生产力，改善生态环境就是发展生产力；良好的生态环境是最公平的公共产品，是最普惠的民生福祉；林业建设是事关经济社会可持续发展的根本性问题。2015年以来，国家印发了《国有

林场改革方案》和《国有林区改革指导意见》，出台了《关于加快推进生态文明建设的意见》，对林业改革发展提出了更高要求，林业发展面临难得的历史机遇。《中国"十三五"旅游业发展规划》明确提出，"十三五"期间大力拓展森林旅游发展空间，以森林公园、湿地公园、沙漠公园、国有林场等为重点，完善森林旅游产品和设施，推出一批具备森林游憩、疗养、教育等功能的森林体验基地和森林养生基地；鼓励发展森林人家、森林小镇。2016年5月，习近平总书记到黑龙江伊春林区考察调研时强调：传统林业转型方向主要集中在与农产品有关的产业上，但要打开思路，不要单打一，注重多元化。国有重点林区全面停止商业性采伐后，要按照"绿水青山就是金山银山、冰天雪地也是金山银山"的思路。总之，森林景观开发利用迎来了前所未有的良好外部发展环境。

(3) 国内森林景观产业消费市场持续看好，相关产业热情高涨

近年来，森林景观利用推动了包括生态旅游、森林体验、森林康养、自然教育、冰雪旅游、山地运动以及生态露营、国家森林步道等在内的一大批新产品、新业态，不断吸引更多的社会公众走进生态，走进自然。

(4) 在林业产业转型发展的历史机遇中，森林景观利用是林业推进生态文明建设的重要抓手

通过森林景观的开发，很多地区山更绿了、水更清了、民更富了、林区更有活力了，是一条能实现生态效益、社会效益、经济效益相得益彰的可持续发展之路，是"绿水青山就是金山银山"理念的生动实践。随着我国全面停止天然林商品性采伐，森林景观利用成为促进林业供给侧改革的重要途径之一，是实现国有林区、国有林场转型发展的最重要的替代产业。在经济社会良性发展的大背景下，伴随着林业生产服务能力的不断提高，森林景观配套政策的日益完善，森林景观利用必将成为促进绿色增长的一支重要力量，是未来林业发展中的新业态，也必将迎来一个质变的飞跃期。

二、森林景观资源的构成与特点

1. 森林景观资源的构成

森林景观资源包括景观要素组成结构和景观空间结构，由不同的立地条件、森林起源、干扰状况、生长发育状况决定着森林类型，林分的年龄和不同的林分斑块是森林景观的主要结构成分。狭义的森林景观资源主要指的是树木资源，尤其是乔木资源；广义的森林景观资源是林木、林地及其所在空间内的一切森林植物、动物、微生物，以及这些生命体赖以生存并对其有重要影响的自然环境条件的总称。森林景观资源是由森林生物资源和森林环境资源有机结合在一起所形成的一种整体资源，属于森林资源体系的一个重要组成部分。

2. 森林景观资源的分类

目前，我国森林景观资源分类还没有统一的标准，可根据森林景观的内涵、景观特性及其形成因素进行简单分类。

(1) 根据事物的内涵进行分类

①森林植物景观资源　指由天然或人工培植的森林植物群落(乔木、灌木、草木和地被物)所形成的具有美学特性和观赏价值的森林景观,主要由树种、树高、树龄、多度、密度等森林生物学特征与林中空地、林间通道复合构成。森林植物景观资源包含由植物的色彩、体态、形状等多因子综合组合的自然美。

②森林地貌景观资源　指由森林立地及立地的空间、坡度、切削程度、风化程度、地表结构等所构成的自然景观,如悬崖峭壁、溶洞、溪涧、飞瀑、高山、峡谷等。

③森林野生动物资源　指由生活或寄居在森林环境中的各种野生动物以及它们具体的栖息地点、生活习性等所形成的特有景观。

④森林历史文化资源　很多森林景区不仅具有生态、地理、地质等自然环境的文化特征,还具有丰富的人文景观资源及其历史文化特征,如帝王陵墓、名寺古刹、佛寺、佛塔、古塔、牌坊、宫殿,一些名山的摩崖、石刻、岩画等体现民族传统文化、宗教文化和建筑文化的古建筑群等。

(2)根据景观特性和形成因素进行分类

①地文资源　典型地质构造、标准地层剖面、生物化石点、自然灾变遗迹、名山、火山熔岩景观、蚀余景观、奇特与象形山石、沙地、沙滩、岛屿、洞穴及其他地文景观。

②水文资源　江河、瀑布、泉水、溪流及其他相关的水域资源景观。

③生物资源　主要指森林中野生或人工培育饲养的各种动植物景观资源,包括乔木、灌木、藤本、草本及蕨类等,有低等植物也有高等植物等;鸟类、两栖、爬行等陆生脊椎动物、森林昆虫及鱼虾等水生动物等。其他森林景观,如林海景观、森林环境、成片的灌草或花木景观等都属于生物资源。

④人文资源　指长期的发展过程中形成的具有科学文化价值的各种有形或无形的历史建筑、人文古迹、文化传统、民风民俗等。

⑤天象资源　包括雪景、雨景、云海、朝晖、夕阳、蜃景、极光、雾霜及其他天象景观。

(3)根据林下种植情况进行分类

林下景观以生态学为指导,园林植物及整个乡村环境景观相结合,形成一个完整的、多功能的、自然质朴的游赏空间。在开展林下种植的同时,林木与花卉、食用菌、药材等在空间上形成了不同的景观。

①林花景观　在林下种植耐阴的花卉和观赏植物,充分利用林下空地及资源的一种植物立体化配置方式。林下种植花卉具有极其重要的生态景观效应:首先,能在立体空间中形成最大绿量,大大提高城市森林的生态效益;其次,使用有机地表覆盖物,可有效改善乔灌木林的生存环境。此外,增加园林景观,提高城市园林绿化质量。林下种植的花卉均具有观花、观叶、观果等多种观赏价值,可丰富绿地的色彩和季相变化,一年四季能给人以美的享受。林花景观层次分明,树上树林成海,绿荫重重,凉风徐徐;树下花海正艳,游客可以漫步花海,也可以在林间搭吊床纳凉。利用林下空地发展具有一定经济价值、观赏价值的功能性花卉,在增加植被覆盖度、改善景观效果的同时产出经济效益,提高林地产出率。

②林菌景观 利用林地进行食用菌生产具有很大的发展优势。一是林地资源丰富，可大面积规模化种植。发展食用菌不与人争粮，不与粮争地，可以缓解农林争地的矛盾。二是林地枝繁叶茂，树冠遮阴，可减少设施投资成本。三是林间氧气含量充足，比林外气温低、温差大、空气湿度大，适合食用菌生长，生长条件来源于自然，无需人工创造气候条件，管理粗放、省工、省力。四是林地空气清新，没有污染，可以生产无公害食品，生产的食用菌品质好，菇味浓，营养丰富。五是食用菌生产用过的废料可以用作燃料，也可直接为林木生长提供有机肥，既可以促进树木生长，也减少了废料处理，符合生态农业的要求。

③林药景观 主要是指以果林为主的林药间作景观，具有层次分明的景观特色。在适宜林下栽种的药材，一般是喜湿耐阴的草本、藤本或灌木类植物，如西洋参、桔梗、细辛、半夏、薄荷、苏子、百合、三七、柴胡、板蓝根等。2015年北京市中药材种植面积 $0.45\times10^4 hm^2$，其中，49.32%分布在林下。随着药材的观赏和食用功能逐渐得到关注，林药景观已经成为的一道风景线。除了兼顾景观和生产的林下药材外，中国自古就有栽培、改良药用植物作为观赏植物。大多数药用植物除了药用价值之外，还为人们提供观赏等多方面的价值，其花、叶或果实观赏价值都很高，如菊花、芍药、百合、丹参、辛夷等药用植物，都是著名的观赏植物。现阶段景观中应用较为广泛的药用植物约200余种，以多年生宿根及一、二年生草本为主，多为药用兼观赏植物及芳香植物。

④林禽景观 主要指在林下放养或圈养鸡、鸭、鹅等禽类，林下一般种植一些以豆科为主的牧草，包括沙打旺、柠条、红三叶、红豆草、箭筈豌豆、鹰嘴豆、毛叶苕子等豆科牧草。林下的草木、昆虫可补充鸡、鸭、鹅的饲料，鸡、鸭、鹅的粪便经过处理可做林地的肥料。林下养禽是现阶段林业产业化发展的主要方向，具有广阔的发展前景。利用荒地、草坡、果园、林地等地方的天然青饲料和昆虫等动物性饲料放养家鸡，不但能帮助农民脱贫致富，而且形成的良好的林禽景观。林禽景观不但形成了地上树木摇曳、地下绿草茵茵，而且融入了具有生命的鸡、鸭、鹅等禽类，动静结合，形成一道独特的风景。

3. 森林景观资源的特点

森林景观资源是开展森林活动的根本，是景观资源重要的组成部分，通过合理合法的经营，给林区管理带来可观的收益。森林景观资源主要具有以下6个特点。

(1) 资源的永续性

森林景观资源在一定条件下具有自我更新、自我复制的机制和循环再生的特点，保障了森林资源的长期存在，能够实现森林效益的永续利用。大多数森林景观资源都具有重复使用的价值，可以反复利用且无法带走，采取必要的保护措施合理开发，还能不断增值，可以被长期地重复利用。

(2) 资源的稀缺性

森林景观资源所具有的可再生性和结构功能的稳定只有在人类对森林资源的利用遵循森林生态系统自身规律，不对森林资源造成不可逆转破坏的基础上才能实现。林木从造林到成林的时间周期长，天然林更新需要的时间更久，即便是人工速生林也要10年左右。森林储量并不意味着高产量，因为木材生产的储量与年生产量之间存在着一个数量差距。

以立木生产为例，森林资源储量与年采伐量比最少是17∶1，最多为50∶1甚至更高，这种高比例会影响多方面的开支，如护林费用等，从而导致在森林景观开发利用过程中的高额资金成本。从而导致森林景观资源的数量在一定程度上具有稀缺性。

(3) 资源的多样性

森林景观资源的多样性，体现在种类多样、分布广泛、结构复杂。它既有看得见的森林景色、自然风光和文物古迹，也有看不见、摸不着，只能体验的民俗风情、历史典故；既有具有生命特征的树木、花草和野生动物，也有无生命特质的地质构造、奇峰怪石；同时具有物质性、经济性、精神性、文化性。它以不同形式分布于各个方面，为人们提供不同形式的体验。

(4) 功能的多样性

森林景观资源具有多种功能，可以提供多种物质和服务。森林作为一个生态系统，是地球表面生态系统的主体，在调节气候、涵养水源、保持水土、防风固沙、改善土壤等多方面的生态防护效能上有着重要的作用，而且地球表面生态圈的平衡也要依靠森林维持。同时，森林景观资源利用可提供多种服务功能，如观光、休闲、野营、疗养、采摘、体验、狩猎等。

(5) 分布的地域性

森林景观资源是以活的有机体为主组成的，具有十分明显的地域性，即在不同地域具有不同景观，如黄山、秦岭、神农架等国家森林公园、地貌、植被都具有其不同的特征；而张家界、千岛湖、流溪河等国家森林公园具有南方奇山秀水，亚热带常绿落叶阔叶混交林植被景观，都有极其鲜明的地域景观特色。就全国乃至全球来看，森林景观资源在某些区域相对集中，易于开发利用，而在某些区域则分布很少。此外，不同地域的森林景观资源的结构和质量也各不相同，具有很强的地域性。

(6) 动态的变化性

森林景观资源因季节变化会随着森林的生长、发展、演替而发生变动，具有很大的时间限制，呈现动态变化性，如观赏红叶的时间、观赏樱花的季节等。同时，森林景观资源在开发利用中还可能被消耗，这种消耗意味着资源质量的下降，未来生产潜力的降低等。

三、森林景观利用中的问题

森林景观以森林自然环境为依托，具有优美的环境和科学教育、游览憩息价值，经科学的设计保护和适度建设，可为人们提供旅游、观赏、休憩和科学文化活动的特定场所。森林景观由自然环境、人文环境及其各要素有机形成一个相对封闭的系统，系统内部各要素有规律地独立运动又相互作用，保持长时间的平衡状态。因此，森林景观开发利用的过程中还存在一些问题。

(1) 人才匮乏，设计利用不科学

我国的森林景观利用大都是在林场的基础上进行开发建设的，起步相对较晚，开发尚处于摸索阶段，理论研究落后于实践。经营者大多为林场原有的干部职工，往往不懂景观利用和森林经营管理相关的理论和专业技术。专业人才的缺乏，导致森林景观利用往往出现两种倾向：一种倾向是人为因素过多，照搬城市园林模式，致使森林景观人工雕琢痕迹太过明显，呈现园林化；另一种倾向则是对景观林保护意识太浓，缺乏应有的产业服务设施建设和必要的改造与林木配置，致使景观呆板单调，不能满足人们的多重需求。

(2) 盲目开发，自然景观破坏严重

一些森林景观资源在进行开发利用时，缺乏深入的调查研究和全面科学的论证评估与规划。特别是新景观的开发，开发者急功近利，在缺少必要论证与总体规划的条件下，便盲目地进行探索式、粗放式开发。他们对森林资源重开发、轻保护或只顾开发，不管保护，破坏植被、地形，乱捕滥杀动物，污染水质等，造成了许多不可再生的自然景观资源的损坏与浪费。加之我国森林法律体系并不完善，对相关的破坏行为没有制定严厉的处罚条例，不利于我国林业资源的保护。破坏森林的行为时有发生，极大地耗损森林资源。

另外，在森林景观的打造过程中，铺设道路，构建建筑物，会造成景观破碎化程度的增加和动植物生活环境的变化。当地居民的开垦种植等活动也会带来一定的不良影响。一旦这些干扰的程度超过了森林的承载能力，就会引起生态失调或失衡，甚至造成景观的不可逆变化，从而严重地阻碍森林景观的利用及可持续发展。因此，这就要求参与者具有较高的环保意识，强调在体验自然的同时保护森林环境，在开发利用森林景观资源的过程中，如果获取经济利益的手段方式与环境保护发生冲突，应舍弃经济利益而保全生态环境。

(3) 游客超载，生态环境受破坏

旅客的践踏、采摘、体验、垃圾堆放等行为的干扰和胁迫作用，会造成植被稀少，植物多样性减少，土壤裸露面积和板结程度增加、水土流失加剧等。同时，游客留下的固体废物、噪声、废气对景区的水质、动植物等都产生直接影响，使有限、脆弱的旅游生态环境承受巨大的压力。据报道，目前44%的自然保护区存在垃圾公害，12%的出现水污染，11%有噪声污染，3%有空气污染。很多景区热衷于旅馆、餐饮、游乐等设施的建设，极少给予科研投入。以自然保护区为例，在已开发利用的保护区，仅有16%的保护区定期进行环境监测工作，有的保护区连一台必需的测量仪器也没有，依据科学监测对保护区游客数量进行控制的仅有20%，甚至一些保护区在核心区也有旅游活动，这些都影响森林景观资源的可持续发展。

(4) 保护不力，文化景观受损

我国很多森林景区不仅具有生态、地理、地质等自然环境的文化特征，还具有人文景观的历史文化特征，如体现民族传统文化、宗教文化和建筑文化的古建筑群。但现在有的因地质条件、地形状况的变化而倾斜、裂塌；有的因地震、洪水而被损坏；有的因地质滑坡，多年风化失修而破旧不堪；一些名山的摩崖、石刻、岩画，由于流水、水劈、风化等地质作用，字迹模糊、残缺不全；甚至一些景区对名胜古迹随意修缮，在山林古刹安置电器设备，铺设人造大理石、地砖，人工修整痕迹过重。不仅使这些文化景观的美学功能下降，也导致自然和人文景观不协调，失去了原汁原味，破坏了景观的整体性、统一性。另外，在森林景观的经营管理方面，还缺乏相关的政策、法规，缺乏具有先进管理经验和专业的人才，森林景观资源的规划不合理，森林景观相关产品在深度和广度上都还不够满足人们的需求。

第二节 森林景观利用的理论基础

一、景观生态学原理

1988 年，国际景观生态学会将景观生态学定义为对于不同尺度上景观空间变化的研究，它包括景观异质性的生物、地理和社会的因素，是一门连接自然科学和相关人类科学的交叉学科；景观是由景观要素构成的异质性区域，景观要素是景观尺度上相对均质的单元或空间要素。景观要素有 3 种类型，即斑块、廊道和基质。景观各要素或景观空间单元的数量、大小、类型、形状及在空间上的组合形式构成了景观的空间结构，简称景观结构。景观格局指大小和形状不一的景观斑块在空间上的配置。景观格局是景观异质性的具体表现，也是包括干扰在内的各种生态过程在不同尺度上作用的结果。景观结构决定了景观功能。景观生态学探讨地球表面的景观是怎样由斑块、廊道和基质所构成，研究这些景观要素的形状、大小、数目，它们的空间关系及其生态意义。景观生态学得出了一系列基本原理，为景观资源利用提供了依据。

1. 斑块

斑块是组成景观的最基本要素，景观的各种性质要由斑块得以反映出来，对景观异质性、动态、功能等的研究，实质上就是对斑块的性质、分布、组合及动态、功能的研究。

（1）斑块大小原理

一般而言，大型自然植被斑块才能够涵养水源，连接河流水系，维持物种安全和健康，为许多大栖境脊椎动物提供核心栖息地和庇护所，使之保持一定的种群数量，保护生物多样性，并允许有近自然状态干扰的发生。大型斑块生境多样性丰富，比小型斑块内有更多的物种，能提高种群的存活率，更有能力维持和保护基因的多样性。大型自然植被斑块具有多种重要的生态功能，并为景观带来许多益处。如果景观只由几个大型的自然植被斑块组成，它仍不失其作为一个景观的价值。同时，小的自然植被斑块可作为物种迁移和再定居的"踏脚石"，成为某些物种逃避天敌的避难所，小斑块的资源有限，不足以吸引某些大型捕食动物，从而使某些小型物种幸免于难。所以，小斑块可以为景观带来大斑块不具备的优点，是大斑块的相对补充，二者不能相互替代。因此，最优的景观是由几个大型自然植被斑块所构成，并由分散在基质中的一些小斑块所补充。

（2）斑块形状原理

斑块形状不仅影响生物的扩散、动物的觅食以及物质和能量的迁移，而且对径流过程和营养物质的截留也有影响。斑块形状的主要生态作用是边缘效应，一个能够满足多种生态功能斑块的理想形状应该是一个大的核心区域加上弯曲的边界和狭窄的指状凸起，且其延伸方向与周围流的方向相一致，圆形的斑块可以最大限度地减少边缘面积，最大限度地提高核心区的面积，减少外界干扰，有利于内部物种的生存，但不利于与外界交流。弯曲的边界通过多生境物种或动物的捕食等活动，加强了与相邻生态系统之间的联系。

(3) 斑块数目原理

减少一个自然斑块，就减少一块生物生存的栖息地，从而会减少生物多样性；相反，增加一个自然植被斑块，意味着增加一块栖息地，对物种来说，增加一份保险，所以，自然植被斑块数目越多，景观和物种的多样性就高。一般来说，两个大型的自然斑块是保护某一物种所必需的最低斑块数目，4~5个同类型大斑块对维持景观结构、维护物种安全较为理想。

(4) 斑块位置原理

一般来说，相邻或相连的斑块内物种存活的可能性要比一个孤立斑块大得多，孤立斑块内物种不易扩散和迁移，进而影响到种群的大小，加快物种灭绝的速度；相邻或相连的斑块之间物种交换频繁，增强了整个生物群体的抗干扰能力，景观中某些关键性的位置，对生态过程起控制作用。因此，研究斑块不仅要研究其大小、形状、数目，还要研究它们在景观中的位置。

2. 廊道

廊道是指不同于两侧基质的狭长地带，可以看作是线状或带状的斑块。几乎所有的景观都会被廊道分割，同时又被廊道连接在一起。廊道是一种特殊的斑块。

(1) 廊道数目

如果廊道对物种间的运动和维持有利，那么两条廊道比一条廊道好，多一条廊道就少一份被截流和分割的风险，因此，当廊道对物质流、能量流以及物种保护有利时，应考虑适当增加廊道的数目。

(2) 廊道构成

相邻斑块类型不同，廊道构成也应不同。连接保护区斑块间的廊道应由乡土植物组成，并与作为保护对象的残遗斑块相近。一方面本土植物种类适应性强，使廊道的连接度增高，利于物种的扩散和迁移；另一方面有利于残遗斑块的扩展。

(3) 廊道宽度

越宽越好是廊道建设的基本原理之一。廊道如果达不到一定的宽度，不但起不到保护对象的作用，反而为外来物种的入侵创造了条件。在进行规划时，要根据规划的目的和区域的具体情况，确定适宜的廊道宽度。如进行保护区设计时，要针对不同的保护对象，确定适宜的廊道宽度。对一般动物而言，1~2km宽廊道较合适，而大型动物则需要几千米甚至几十千米宽。

(4) 廊道连续性

生态学家普遍认为廊道有利于物种的空间运动和孤立斑块内物种的生存和延续，所以，从这个意义上来说，廊道必须是连续的。但廊道也并不都是有利的，同时廊道本身的构成不一样，其作用也不一样。

3. 景观镶嵌体

斑块、廊道和基质等景观要素在景观中不是独立存在的，而是呈镶嵌式分布在景观中，不同类型的斑块相互镶嵌，不同类型的廊道相互镶嵌，以及斑块、廊道和基质在景观中镶嵌分布,有机结合在一起。

(1)景观阻力

空间要素,尤其是屏障、通道和高异质性区域的分布,决定着物种、能量、物质沿整个景观的流和运动,也决定着干扰在景观中的传播。景观阻力是指景观空间格局对生态流速率(物种或物质等流动速率)的阻碍作用。阻力随着跨越各种景观边界频数的增加而加大。不同性质的景观元素会产生不同的景观阻力,一般来说,景观异质性越大,阻力也越大。

(2)粒度大小

理想的景观应该是带有细粒区的粗粒景观。含有细粒区域的粗粒景观最有利于大型斑块生态效益的获得,也有利于包括人类在内的多生境物种,并提供较广的环境资源和条件。景观镶嵌体的粒度用所有斑块的平均直径来量度。只含大斑块的粗粒景观可以为保护水源和内部特有种提供大型自然植被斑块,或集约化的大型工业、农业生产区或建成区斑块。粗粒结构比较单调,尽管景观多样性高,但局部地点的多样性低;相反,细粒景观局部多样性高,但在整体景观尺度上则缺乏多样性。

(3)景观变化

一些空间过程,如孔隙化、分割、破碎化、收缩、消失,会改变土地,从而造成生境的丧失和隔离,也会对景观空间格局和生态过程产生不同的影响,从而改变景观。孔隙化是指在类似生境或土地类型的实体上制造空隙的过程(如分散的房屋或受火的林地),分割是指用等宽的线状物(如道路或动力线)将一块区域进行切割或划分。破碎化是指把一个物体变成若干破碎的过程(通常是大面积、不均匀的分割)。收缩是指物体规模的减小。消失是指物体逐渐消失泯灭。

4. 整体格局

不同大小和性质的斑块、廊道、基质等景观要素按照一定的规律镶嵌在一起,它们在空间上有一定的分布规律,即一定的空间格局构型。

(1)集中与分散相结合

通过土地的集中布局,在建成区保留一些小的自然斑块和廊道,同时在人类活动的外部环境中,沿自然廊道布局一些小的人为斑块,是有人类活动的最佳生态土地组合。这一原理含有7种主要生态属性:大型自然植被斑块;粒度;风险扩散;基因多样性;交错带;小型自然植被斑块;廊道。

(2)必要格局原理

景观规划中作为第一优先考虑保护或建成的格局是:作为水源涵养所必需的几个大型的自然植被斑块,用以保护水系和满足物种在大斑块间运动的足够宽的绿色廊道,在建成区或开发区里景观异质性小的自然植被斑块和廊道。不同生物种对边缘宽度的反映不同,如引起植被变化的边缘效应,其宽度为10~30m,距离大小与林缘走向有关,而引起动物物种变化的边缘宽度要大得多,向林内伸展的距离可达300~600m。

二、森林景观资源管理

结合森林景观资源现状,需要注重保持森林景观资源的原始性和完整性,确保其开发利用既能适应人们对森林日益增长的需要,又能维持好自然生态系统的平衡,从而保证森林景观资源的开发利用更持久、更广阔。因此,在开发利用景观资源时,要注意坚持景观资源开发利用的各项原则。

1. 森林景观资源开发利用五项基本原则

(1) 坚持遵循法律法规的原则

开发森林景观资源时,应遵从我国相关法律,基于合理开发、合理利用、合理建设,秉承可持续发展、健康环保的理念出发。2019年12月,第十三届全国人民代表大会常务委员会第十五次会议修订发布《中华人民共和国森林法》(以下简称《森林法》),第四十九条规定,在符合公益林生态区位保护要求和不影响公益林生态功能的前提下,经科学论证,可以合理利用公益林林地资源和森林景观资源,适度开展林下经济、森林旅游等。当地政府及有关部门,应以保护环境为重点核心,对森林、植物、动物资源进行重点保护,制订有关保护措施和管理规章制度;切忌破坏和大量的砍伐,注重协调游客人流量,做好疏通要则,构建一个稳定、安全、健康、和谐的有利于森林景观持续运作模式。

(2) 坚持结合本地的原则

在森林景观资源开发利用的过程中,为了确保景观的特色化、个性化,需要坚持结合本地景观的现有特征,强化本土理念,结合当地的生态、经济、社会发展的现状;注重应用好本土材料,如原始植被、山水等;深入挖掘本土文化,如特有民俗、本地节事、历史印迹、文化底蕴等;合理利用本土建筑,如历史古迹、亭台楼阁等。

(3) 坚持有主题特色的原则

森林景观资源的开发建设,应注重森林美学的科学建设规划。根据景观资源的特点和分布情况,统一规划,突出重点,发挥自身优势,形成独特风格和地方特色,因地制宜进行景区景点的开发建设,最大限度地发挥旅游资源的潜能。对一切人工景观资源,加以设计,并围绕天然景观做好辅助搭配,以求突出森林景观原有的特点,符合自然风光的大气、优雅、淳朴等特有景象,从而保障其日后的顺利运营。适当的发展主题特色能让景区、产品等独树一格,并能统领景观开发的全局。通过对主题的精心设计,让森林景观在最初的设计开发中就能从空间划分、功能配备、整体布置等方面完成得有条不紊,不偏不倚。对于森林景观开发项目来说,主题就是一条联系各个具体单项设计的纽带,缺少主题的开发就会导致散乱无序,直接削弱景区的资源和吸引力。

(4) 坚持与时俱进的原则

森林景观资源开发利用要体现与时俱进的原则,着力于森林审美功能的提高及项目创意设计。审美功能的提高主要是森林生态景观、大地景观等方面的营造;项目创意设计的范围相对较宽,需要设计者具备创造性思维,不断打造特色,使旅游观光休闲者能耳目一新、产生共鸣。创新要与传统相结合,及时适应人们不断变化的需求和流行审美,着力体现人的自主性、兴趣的多样性、选择的个性化等特征,将时尚潮流元素不断注入森林景观资源的开发与利用中，与时俱进地推动传统开发利用模式的升级。

(5) 坚持可持续发展的原则

可持续发展是森林景观资源开发利用的基础和前提。森林景观资源的开发不能采用掠夺式、破坏性的方式，而应该全面考虑森林景观资源开发的社会、经济、生态及文化的可持续性。从类型来看，森林旅游比森林观光、森林休闲、森林度假的体验性、参与性更强，对环境产生影响和破坏更严重，在开发森林旅游产品时要更加以自然保护为约束条件，开展低碳旅游，避免不必要的破坏，延长森林景观利用的生命周期。

2. 森林景观资源开发利用平衡原则

森林景观是以森林生态系统为主的自然景观，通过合理开发利用，建立森林公园、自然保护区、风景名胜区、森林人家、森林小镇、自然教育和森林康养基地等。森林景观利用需要在对森林景观资源保护的前提下合理应用，才能持续、稳定地发展。森林旅游区域内生态系统尚未由于人类的开垦、开采和拓展而遭到根本性的改变，区域内的动植物物种、景观和生境具有特殊的科学、教育和娱乐的意义。森林景观利用是美学对景观最美的探求，应重视其永续性、健全、丰美。因此，应遵循"注重森林生态系统保育、不应大面积破坏森林"和"不断寻求增进森林的公益及生产功能"的原则。

3. 森林景观利用规划设计原则

森林景观的规划设计应体现以人为本的原则，即体现人的主体地位，从主体——人的角度出发，满足人们各种心理、生理要求，达到改造森林景观为人们提供舒适优美环境的设计目标。

(1) 间伐与择伐的设计方式原则

对森林进行合理间伐和择伐，能使其密度合理，促进林木生长，同时使林内光线得到改善，去除风折木、枯立木、病腐木、濒死木，利于林木生长和和风景质量提高、林下植被生长，便于游人欣赏。若作为休闲旅游、疗养、教育或体验游人可通过林中小径在森林中散步、饱览林内风光，则更要求森林疏密相间、密中有疏，做必要的间伐与择伐。

(2) 林相改造原则

对现成但不符合景观利用要求的森林，要按照景观要求进行林相改造。如对大面积纯林进行块状砍伐，栽种适宜观赏的树种、特色植物、药用植物或使其自然生长的灌草形成景观斑块，打破纯林的单调感。在森林景观的利用改造中，体现景观多样性的原则，要求植物多层次配置，乔灌草结合，创造植物群落的整体优化景观。

(3) 荒山补绿、林缘补植原则

更新造林应力求仿照自然植物群落结构来营造，按照近自然原则，模拟自然植物群落，逐步构建系统结构稳定、生态功能强大、养护成本低、具有良好自我更新能力的植物群落和植物生态系统。对大面积的森林景观规划要注意季相搭配。同时在宏观上要有一定气势，避免分割得太细太碎。注重色彩搭配和季相变化，乔、灌、草、藤相互结合；绿化、美化、香花相结合；观花、观果、观叶、观形相结合，同时，在植物配置与硬质景观设计上取得统一，满足植物生长的环境要求，突出乡土树种，表现植物季相变化的生态规律,充分体现植物生态造景的原则。例如,道路两旁的风景林带及林缘补植宜选择彩叶、防火树种,采用自然式种植,同周围环境相协调。

(4)自然式树木配置原则

对森林中的人文景观(如寺庙、建筑设施、管理驻地等)附近的绿化,以观赏植物为主,结合"意境"进行配置,树木配植采用孤植、不对称植、丛植等自然式种植方法。要求做到忌呆板,求多变;忌混杂,求统一,并保持均衡。

森林景观规划除了应遵循景观学、生态学、生物学、环境学的一些基本原理外,应在国家相关法律、行业规范框架内,以科学发展观和可持续发展理念为指导,充分体现"严格保护、科学规划、统一管理、合理利用、协调发展"的发展方针,遵循"以人为本、重在自然、精在特色、贵在和谐"的原则;遵循"严格保护、科学规划、统一管理、合理利用、协调发展"的原则;突出森林景观资源的自然特性、文化内涵和地方特色的原则;充分保护森林资源、生物多样性和现有森林植被的原则;充分展示和传播生态文化知识,增强公众生态文明意识的原则;便于森林生态旅游活动的组织与开展,以及公众对自然与环境充分体验的原则;以自然景观为主,严格控制人造景点设置的原则;严格控制对景观和环境有较大影响项目建设的原则。把森林景观建设成为促进保护自然、推进产业发展、弘扬生态文化的产业。

三、森林景观的效益

利用森林景观资源,能体现生态效益、社会效益和经济效益同步发展。优化生态环境,为人们提供一个舒适宁静、空气清新、景观优美的休闲游憩空间;为广大青少年、儿童提供一个既安全,又富于自然趣味的野外活动和科普教育场所;为地方提供良好的投资环境,对促进地方社会经济的可持续发展等方面都有着极其重要的战略意义。

1. 生态效益

森林是陆地生态系统的主体,是可再生的生物资源。随着人们对森林的生物学特性和生态价值的认识,森林已被放在环境建设中的重要位置。森林景观的生态效益主要体现以下方面。

(1)保护自然景观

森林内景观类型多样,有以古树名木、森林季相、林相、奇花异草等组成的森林景观,也有以生物化石、名山大川、奇峰怪石、溪泉等组成的地质景观。如张家界国家森林公园的奇峰秀水、千岛湖国家森林公园的湖光山色、火山口国家森林公园的地下森林等,是大自然留给我们的珍贵自然遗产。我国开展森林景观资源开发,保护这些自然遗产,使其自然性、科学性、观赏性得到充分发挥和合理利用,让我们每个人都有机会了解、欣赏和享受大自然的神奇美景。

(2)保护和增加森林资源

发挥资源优势,坚持保护资源为人类所用是发展森林旅游的根本目的。在不破坏自然环境和自然资源的前提下,通过科学规划、合理开发、充分利用资源优势,对区域内的森林停止商业性采伐,有计划地实行植树造林、封山育林、林相改造等技术措施,将优美的森林景观资源优势转化为经济优势,使森林景观资源持久、永续地为人类利用。

(3) 保持水土、涵养水源、维护生态平衡

多数森林景观处于河流发源地,对涵养水源、调节河水流量、减免中下游水患和保持水土,具有关键性作用。森林是多种动物的栖息地,也是多类植物的生长地,是地球生物繁衍最为活跃的区域,保护着生物多样性资源。同时,森林改变低空气流,有防止风沙和减轻洪灾、涵养水源、保持水土的作用。

(4) 有利于身心健康,陶冶情操

森林被誉为"绿色的海洋",具有较明显的生态保健功能。植物通过光合作用,吸收二氧化碳、释放氧气,如每公顷阔叶林每天可吸收 1t 二氧化碳,释放出 0.73t 氧气。绿色植物能使人视觉舒适,安神明目,树木花草散发的芳香具有舒张支气管平滑肌的作用,能平喘定咳,治疗神经衰弱。森林植物可分泌某些气体物质,挥发出大量杀菌素,具有较强消毒杀菌作用。$1hm^2$ 松柏在一昼夜内可以分泌出 30kg 挥发性杀菌素;植物光合作用产生大量负氧离子,有利于人体健康,改善人体神经功能,促进新陈代谢,可使血压和心率下降,使人感到心旷神怡,精神振奋,并且还能增强人体的免疫功能。

2. 经济效益

探索森林景观资源的开发与利用,在经济建设与社会发展中具有积极的作用,有利于促进区域经济发展,改善人民生活。美丽的森林景观,良好的休、疗养环境,可以吸引众多的游客和休、疗养人员,从而促进旅馆、饭店等饮食服务行业和林产品加工产品、旅游产品、土特产等林业收入,不但可以补偿由于森林美化和木材收入减少造成的经济损失,还会产生远高于木材生产的直接经济效益。茂密的森林大多位于偏僻的地区,经济比较落后,当地居民生活水平不高。利用森林景观有利于改善当地投资环境,促进地方经济发展。发展森林景观产业对当地的经济社会发展起到促进及激活作用,涉及知名度、交通业、邮电业、机遇等,刺激地方交通、运输、商贸、通信、餐饮、娱乐等行业的发展。

3. 社会效益

利用森林景观,能传承文明、传播文化,促进社会文化事业的发展,促进社会和谐,同时也能够提升一个国家的国际知名度。森林景观的开发利用,能增加就业机会,促进地方社会稳定。利用森林景观普及科学知识,加强全民自然保护意识。森林具有比较丰富的森林资源和充足的科学内涵,体现人与自然共生、共融的关系,是开展教育的天然课堂。发展森林生态旅游及休闲娱乐,可以吸引更多的人进入森林,领略大自然的野趣,陶冶情操,对获得林学、环境科学等方面的科普知识,提高社会环境意识,增强社会生态观念,动员社会参与环境保护工作,可收到事半功倍的效果。此外,森林内优美的自然景观是国家珍贵的自然遗产,一定程度上反映一个国家的国土风貌和社会、经济及文化发展的水平,通过对外开放,吸引海外旅游者游览观光,使他们了解、欣赏中国的锦绣山河和中华民族悠久的历史文化,增进各国人民之间的友好往来、相互了解和友谊。

4. 森林景观质量综合评价指标体系

在森林景观资源及相关情况调查的基础上,要对森林景观做出尽量客观的评价,必须

选择适合于本区域的森林资源评价指标因子,因为客观的评价直接关系到该区域景观资源的市场潜在占有率,也是确定森林景观是否值得进一步规划与开发的关键。

对森林景观资源评价可参考相关标准,如《中国森林公园风景资源质量等级评定》(GB/T 18005—1999)中对森林公园风景资源进行综合性评定时选取的评价指标(表7-1)。吴章文(2014)提出森林景观资源评价指标体系,见表7-2所列,可作为参考。

表7-1 《中国森林公园风景资源质量等级评定》中的评价指标体系

评价体系	评价指标	评价因子
森林公园风景资源质量(30分)	地文资源	典型度、自然度、吸引度、多样度、科学度
	水文资源	典型度、自然度、吸引度、多样度、科学度
	生物资源	地带度、珍稀度、多样度、吸引度、科学度
	人文资源	珍稀度、典型度、多样度、吸引度、利用度
	天象资源	多样度、珍稀度、典型度、吸引度、利用度
	风景资源组合状况	组合度
	特色附加分	附加分
森林公园区域环境质量(10分)	大气质量	达到国家大气环境质量(GB 3096—1996)一级/二级标准
	地表水质量	达到国家地面水环境质量(GB 3838—1988)一级/二级标准
	土壤质量	达到国家土壤环境质量(GB 15618—1995)一级/二级标准
	负离子质量	旅游旺季主要景点其含量为 1 000~3 000/3 000~10 000/10 000~50 000/50 000(单位:个·cm^{-3})
	空气细菌含量	空气细菌含量为 10 000~50 000/1 000~10 000/1 000 以下(单位:个·cm^{-3})
森林公园旅游开发利用条件(10分)	公园面积	规划面积大于500hm^2
	旅游适游期	小于150,150~240,240及以上(单位:$d·a^{-1}$)
	区位条件	距离省会城市(含省级市)或注明旅游区(点)小于100km、100~200km、200km以上
	外部交通	铁路、公路、水路、航空
	内部交通	具备游览通达性/单一交通
	基础设施	水电、通信和接待能力

表7-2 森林景观资源评价指标体系

评价指标	评价因子
自然景观资源要素价值(75分)	自然资源观赏和科学艺术价值(50分)
	珍稀奇特度(15分)
	规模大小(5分)
	完整性(5分)

(续)

评价指标	评价因子
自然景观资源影响力(25分)	知名度(5分)
	区域影响力(5分)
	适游期(15分)
人文景观资源要素价值(75分)	人文资源观赏和历史文化科学艺术价值(50分)
	珍稀奇特度(15分)
	规模大小(5分)
	完整性(5分)
人文景观资源影响力(25分)	知名度(5分)
	区域影响力(5分)
	适游期(15分)

第三节 森林景观利用模式

我国地域辽阔，自然条件复杂多样，跨越热带、亚热带、暖温带、温带和寒温带多个气候带，从南到北分布寒温带针叶林、温带针叶与落叶阔叶混交林、暖温带落叶阔叶林、亚热带常绿阔叶林、热带季雨林和雨林等多种森林类型，从东到西横跨平原、丘陵、高原和山地等多种地貌寒温带类型，海拔高差超过800m。不同的气候、地貌和水热组合条件，孕育了丰富多样、各具特色、风光奇异的森林景观资源，为森林景观利用奠定了坚实的物质基础。2016年年底，国务院印发的《"十三五"旅游业发展规划》，要求拓展森林旅游发展空间，提出要以森林公园、湿地公园、沙漠公园、国有林场等为重点，推出一批具备森林游憩、疗养、教育等功能的森林体验基地和森林康养基地。2019年12月，将"森林旅游""森林步道""科普设施"等正式写入新修订的《森林法》。目前，我国森林景观资源利用的主要形式是建立森林公园、野生动物园、国家步道、狩猎场以及自然保护区开辟旅游小区、森林小镇、森林人家、自然教育和森林康养基地等。森林景观资源的开发利用模式主要归纳为生态旅游型、休闲度假型和教育体验型模式。

一、生态旅游型

森林景观利用是最主要的生态旅游模式。2019年全年森林旅游游客量超过18亿人次，同比增长12.5%，占国内旅游人数的30%左右，创造社会综合产值达1.75万亿元，同比增长16.7%。森林生态旅游已经发展成为我国林草业最具影响力和最具发展潜力的支柱产业。

生态旅游型森林景观利用模式要求森林景观类型多样，森林生态系统完整，生物多样性丰富，森林风景、自然风光和人文景物都比较突出，自然生态环境保护较好，旅游吸引力强。一般位于郊野地区，规模较大，属于山野型原始森林公园、国有林场等。森林生态旅游是落实国家精准扶贫工作的具体体现，是我国新农村建设的重要手段，是依托林业特色资源促进国家生态文明建设的重要举措，在国有林场和林区改革背景下妥善解决林场职工转岗就业问题的有效途径，具有广阔的发展前景和强大的生命力。

1. 适合自然观光的郊野型森林景观

森林植被丰富，生态环境良好，适于开展森林游憩、野炊、野营等户外活动。这种森林旅游区以风光游览、动植物景观观赏、户外游憩等为主要功能。产品体系为公共服务产品，以游客服务中心、游步道、电瓶车为主，旅游开发产品以生态游憩、生态科普、户外运动、观光览胜、地貌探索等开发为主。

案例：千岛湖国家级森林公园

千岛湖国家森林公园位于杭州—千岛湖—黄山黄金旅游线中段的淳安县，东西距杭州、黄山各100km。千岛湖是由新安江水电站拦江大坝蓄水而成的人工湖，因湖内有大小岛屿1 078个，故名千岛湖。千岛湖国家森林公园是1986年经林业部批准成立的，1990年经国务院批准晋升为国家级森林公园，是目前国内最大的国家级森林公园，也是一个集观光、体验和人文等的综合性旅游胜地。

千岛湖国家森林公园总面积$9.5×10^4 hm^2$，其中，山地面积$4.17×10^4 hm^2$，水域面积$5.33×10^4 hm^2$；蓄水量为$178×10^8 m^3$，融山、水、林、岛于一体，风光秀丽。千岛湖水色晶莹透碧，能见度7m以上；湖中岛屿林木苍翠欲滴，森林覆盖率为82.5%，绿视率为100%，故千岛湖有"绿色千岛湖"美称。据调查有高等植物有1 830种，其中木本植物810种，野生花卉498种，属国家重点保护的植物18种。这些森林植被大多是水库建成后，经封山育林、天然更新和人工造林而形成的。有松林、柏木林、杉木林、毛竹林、杂木林和经济林等，丰富的植物种类组成了复杂多样的森林景观。森林也是珍禽异兽、昆虫的栖息之所，公园内有野生哺乳类68种、鸟类100多种。有金钱豹、豹、黑熊、云豹、鹿、白颈长尾雉、白鹇等珍稀动物，还引进了狒猴等动物，使千岛湖充满了勃勃生机。

千岛湖的湖水淹没了浙西低山丘陵的无数小山，露出的山头变成了多达1 078个的小岛。$580km^2$的清澈水面，上千个翠绿小岛，以及岛与水之间的一圈黄土，共同构成了"千岛、秀水、金腰带"的独特景观。千岛湖水质优越，决定了这个湖不仅可看可赏，还可玩可亲。此外，湖里众多的岛打破了湖水的单调，带来了灵动、神秘和期待。岛屿相较于湖边而言，安静而具有私密性。对于快节奏的都市人来说，岛屿能够提供难得的宁静和慢节奏的生活。岛屿和岛屿之间，由于文化和景观的不同，构建了多元的岛屿群，可以吸引怀抱不同兴趣点的游客。目前千岛湖中进行旅游开发的岛屿里，比较有名的有梅峰观岛、孔雀岛、龙山岛、清心岛、三潭岛、桂花岛，且它们的特色和卖点都各不相同。另外，一个湖里，藏有上千个岛屿。这种景观，在国内是独一无二的。湖中区域有众多岛屿，千岛湖的湖边则具有丰富的森林景致，绵延而去；从湖中的岛屿到水面，再到湖滨的森林景观，构建成富有层次感的立体景观。

2. 适合休闲旅游的森林景观

适合休闲旅游的森林景观以森林中的生态资源为核心，利用森林景观及清新的环境进行以休闲娱乐为导向的旅游开发。开发目的在于通过欣赏、体验森林资源,从而实现身心愉悦以及了解自然的一种大众旅游开发模式。主要是以娱乐为主,属于参与性较强的大众旅游;以休闲娱乐为目标,对旅游接待服务设施要求较高;出行方式主要以散客或团体形式;在旅游区范围内,以步行或其他环保型交通工具为主。

案例:紫金山国家森林公园

紫金山国家森林公园位于江苏省南京市城东中山门外,具有山、水、城、林相结合的景观特色,交通十分便利发达、区位优势明显,辖区总面积 3 008.80hm^2,其中森林面积达 2 107.60hm^2,属于典型的城市森林。紫金山又名"钟山",历经千年而郁郁葱葱,纳十朝君王和英雄豪杰,囊"六朝文化、明朝文化、民国文化、山水城林文化、生态休闲文化、佛教文化"系列于一山之中,自古就被誉为江南四大名山,有"金陵毓秀"的美誉,更被认为是"中华城中人文第一山"。

紫金山森林公园内森林气氛浓郁,生物多样性保持完好,种类繁多,其中植物共有 113 科 600 多种,列入《珍稀濒危保护植物名录》的 50 余种,古树名木 924 株;鸟类 42 科 64 种,昆虫 200 多种;真菌 246 种。

紫金山山体空间层次丰富,沟壑众多,形成了许多溪流湖泊,为开展以生物多样性为基础的森林生态旅游奠定了基础。除观光旅游外,紫金山国家森林公园还开发了著名的登山活动、绿道骑行活动等,已经成为了南京城市居民闲暇之余最重要的游憩活动。目前,紫金山国家森林公园已经拥有 8 条指定的登山路线,非常适合登山游憩活动的开展。2013 年 10 月,环紫金山景区的绿道主体工程完成并投入使用,市民在享受绿道骑行的同时,还可以体验文化游、生态游、亲子游 3 条个性化的绿道游览线路。作为南京市最重要的城市森林资源,环山绿道的建成,使紫金山景区为旅游者、城市居民都提供了更为丰富的休闲、游憩机会。

3. 适合秘境探险的山野原始森林

适合秘境探险的山野原始森林要求有大面积的原始森林或原始次生林,人迹罕至,以野、幽、秀、奇为特色,一般地处深山老林,远离大中城市,并且生态环境大部分处于原始状态,受人类的干扰较小。开发目的在于吸引具有冒险精神的游客前来观赏、体验、参与,并满足自身强烈求知与体验欲望的一种深层生态旅游开发模式。其特点主要为以探险活动为主,属于参与性较强的深层生态旅游活动;以探险为目标,对旅游接待服务设施要求较低;出行方式主要以小群体结伴形式;在探险区范围内,以步行或单车为主,若需住宿,则很可能采取野外露营形式。

案例:内蒙古阿尔山国家森林公园

内蒙古阿尔山国家森林公园位于内蒙古大兴安岭西南麓,是 2000 年 2 月 22 日经国家林业局正式批准成立的,总面积 103 149hm^2,其中 17hm^2 是人工林。其景观开发利用以保护为主,旅游活动多为徒步、秘境探险等轻生态游;森林公园设防护站、观察站、勘测台、防火通道、管理所、救助站等。

二、休闲度假型

休闲度假型模式依托独特的自然环境,借助森林资源开展令精神和身体放松的各类休闲活动，能够充分满足人们回归自然的需求，提供休闲度假功能。在景观开发利用时配套酒店、餐饮、休闲、娱乐等多种功能产品，满足游客休闲度假过程中食、住、行、游、购、娱、会、教等多方面的需求，更好地实现特定区域的休闲度假功能。以下介绍休闲度假型模式的森林人家和森林特色小镇两大类。

1. 森林人家

（1）森林人家的概念

森林人家是以良好的森林环境为背景，以有较高游憩价值的景观为依托，充分利用森林生态资源和乡土特色产品，融森林文化与民俗风情为一体的，为旅游者提供吃、住、娱等服务的健康休闲型旅游产品。

（2）森林人家的发展背景

森林人家的发展背景主要有3点：一是落实国家脱贫攻坚战的需要。森林人家在不断改变广大林农原有的生产生活方式与观念的同时，创新森林资源的利用方式，探寻现代林业的发展方式，把森林资源的保护与利用合理结合，充分发挥森林最大效益。二是深化林业改革的需要。森林人家的推出拓展了森林资源的利用模式，为林业保护区、林场、采育场内职工和林农的生活找到了一条新的出路，对于解决森林资源保护与利用之间的矛盾提供了一条有效的途径。森林人家的提出顺应林业改革和发展的需要，立足林农，把砍树人变为看树人，把森林的使用者变为守护者。三是发展森林旅游新平台的需要。森林人家的推出适应了我国森林旅游市场发展的需要，为我国森林旅游发展开拓了一个全新平台。森林人家依托优质的森林资源，结合林农自主开发建设与之相配套的各项生态友好型旅游产品，走出了一条森林资源保护与利用并举的林业可持续发展之路。

（3）森林人家独特的内涵及特点

从产业业态来看，森林人家是将第一产业的森林产业与第三产业的旅游业有机结合的新型业态。从所有制形式来看，森林人家是一种非公旅游经济形式。从经营模式来看，森林人家是以森林旅游为依托，以农户为经营主体的"森林人家"或类似"农家乐"的经营模式，它强调林农的经营主体地位。森林人家作为一种特色旅游发展模式，在经营主体、依托环境、运营模式、运营效果、文化内涵等方面与传统旅游模式存在差别，它更加强调林农的经营主体地位，更加注重良好的生态环境建设，更加突出休闲的现代旅游理念，更加提倡健康的绿色旅游形式。

森林人家的特点主要包括：一是森林人家大多与其周边的风景名胜区或者大型旅游区紧密结合，是在乡村旅游基础上与森林旅游相结合发展出来的，需要发挥大户的带头作用，能够带动区域经济发展。二是森林人家不同于传统生态旅游发展模式。农家乐在一定程度上满足了城市居民对田园的向往，但同时存在旅游半径小、发展规模小、层次低等缺点；旅游度假区在旅游产业中一般定位于高端发展产品，其服务、设施和装修档次较高，主要客户定位于高端收入人群。三是森林人家在注重环境优美、健康体验、卫生合格及规范管理前提下，迎合的是普通大众的消费。森林人家与传统农家乐、森林公园都有所区别（表7-3）。

表7-3 森林人家与森林公园、农家乐的区别

比较项目	森林人家	森林公园	农家乐
载体	森林环境、森林景观、乡土特色产品	森林景观和森林环境	乡村空间环境和农业资源
主要旅游要素	吃、住、娱	旅游六大要素	吃、娱
品牌效应	较好	较好	一般
经营主体	林农、企业家	多元化	农户
经营秩序	统筹规范，有序竞争	统筹规划，规范经营	规划不规范，无序竞争
关注效应	生态保护优先，经济、社会、环境效益相结合	保证生态情况下实现收益	经济效益
社区利益	增收易，保证生态情况下实现收益	保证生态情况下实现收益	增收易，社区带动一般
总体效益	农民增收，环境美化，实现环境与经济的可持续发展，促进社会主义新农村建设	农民增收，环境美化，实现环境与经济的可持续发展，促进社会主义新农村建设	农民增收，环境退化，资源优势逐渐消失

(4) 森林人家的经营模式

森林人家根据经营模式分为林户集合经营、公司制经营、政府主导综合开发3种类型。

①林户集合经营 指林农将林农家的林地、田地以及圈舍等有偿提供给森林人家的游客，给游客分配"责任林地"，提供种子、农具、肥料等生产资料以及种植养殖计划和日常管理方案的模式。让游客自己躬耕，体味林间乡村景象。因此，必须整合资源，集合经营，针对不同游客群体开展特色服务。

②公司制经营 指依托大公司，实行企业化运作，针对中低档、品位不高、缺乏特色的森林人家拓展成为较高档次的体验型森林人家休闲度假区。同时公司还可与林户合作，充分利用林农的务林经验，增大吸引力和效益。此外，可以在森林人家旅游地内开设林村习俗文化、林业科技陈列馆等，举办生命科学、文化传统、林业技术讲座，增加科学教育与传统文明教育的内涵。

③政府主导综合开发 指以政府为主导，投入资金开发核心景区景点，改善森林人家旅游公共基础设施，招商引资建设旅游接待服务设施，正面引导林农参与旅游接待服务的模式。加大市场运作力度，以市场配置资源，以城乡一体化的方式打造，通过政府合作经营，先行投入再溢价退出，将开发项目整体转让给公司，如四川阿坝州打造的"阿坝森林人家"酒店联盟。

(5) 森林人家的发展意义与前景

森林人家的发展既是城市消费结构调整的需要，也是社会发展的需要；既是农村就业结构调整的需要，也是广大林农增收致富的需要；既是林业产业结构调整的需要，也是发展生态经济的重要形式；既是森林生态旅游发展的突破口，也是森林旅游品牌建设的必要组成部分，更是弘扬生态文化的重要载体。

案例：九鹏溪风景区

九鹏溪风景区位于福建省龙岩市漳平市南洋乡，是天台山国家森林公园核心景区之一。九鹏溪景区距市区 28km，省道永（安）—漳（平）公路纵贯其间，交通十分便利，面积 1 800hm²，主要特点是奇山、秀水、茶园、密林、珍禽，集观光、休闲、娱乐、度假等功能为一体。目前，景区已建成九鹏溪食府、公馆茶轩、茶田观光、水上别墅等景区服务设施，开通往返 14km 的水面游览线路。总体来看，九鹏溪景区充分发挥了茶山水景特色，围绕"水上茶乡"定位，以水体景观为主体，融合了森林旅游、人文旅游等特色（图 7-1）。

图 7-1　福建省森林人家示范点

2. 森林特色小镇

（1）森林特色小镇的概念

森林特色小镇是指在森林资源丰富、生态环境良好的国有林场和国有林区林业局的场部、局址、工区等适宜地点，重点利用老旧场址工区、场房民居，通过科学规划设计、合理布局，建设接待设施齐全、基础设施完备、服务功能完善，以提供森林观光游览、休闲度假、运动养生等生态产品与生态服务为主要特色的，融合产业、文化、旅游、社区功能的创新发展平台。

（2）森林特色小镇建设的意义

建设森林小镇既能保护森林，又能提供宜居、宜养、宜游之处，在加强生态文明、美丽乡村、经济林建设、林下经济可持续发展等方面发挥积极作用。开展森林小镇建设，有利于提高国有林场和国有林区吸引和配置林业特色产业要素的能力，推动资源整合、产业融合，促进产业集聚、创新和转型升级；有利于深化国有林场和国有林区改革，助推林场林区转型发展，改善国有林场和国有林区生产生活条件、增加职工收入，增强发展后劲；有利于促进林业供给侧结构性改革，提高生态产品和服务供给能力和质量，不断满足广大人民群众日益增长的生态福祉需求；有利于保护生态和改善民生，促进国有林场和国有林区经济发展、林农增收，助推脱贫攻坚，着力践行习近平总书记提出的"绿水青山就是金山银山"等新发展理念。

（3）森林特色小镇的建设方式

在稳定和充分保障国有林场和国有林区森林资源权益的基础上，可采取使用权与经营权分离的方式，放活经营权；可采取自建、合资合作和政府与社会资本合作建设等模式推进小镇建设，实现场镇企有效对接、互利共赢、融合发展。小镇建设要坚持改造利用、提档升级为主，原则上不新建，确需新建的要从严控制、严格把关。重点通过对国有林场和国有林区林业局的老旧场（局）址工区、场房住房等的改造，将其建设成地方特色鲜明，又与原生态景观风貌紧密融合的特色民居、森林小屋等接待设施。要注重与生态扶贫、林场棚户区改造、移民搬迁和场部搬迁重建，以及森林公园、湿地公园等工程项目建设相结合，相互促进，融合发展。

（4）森林特色小镇建设的主要内容

森林特色小镇建设的主要内容包括3点。一是改善接待条件，通过对林场老旧工区、场房、民居等的改造，建设成地方特色鲜明，又与小镇森林特色生态景观风貌紧密融合的特色民居、森林小屋等，努力提升食宿接待能力和服务水平。二是完善基础设施，建设水、电、路、信、生态环境监测等基础设施和森林步道等相应的观光游览、休闲养生服务设施，为开展游憩、度假、疗养、保健、养老等休闲养生服务提供保障，不断提升小镇公共服务能力、水平和质量。三是培育产业新业态，充分发掘利用当地的自然景观、森林环境、休闲养生等资源，积极引入森林康养、休闲养生产业发展先进理念和模式，大力探索培育发展森林观光游览、休闲养生新业态，拓展国有林场和国有林区发展空间，促进生态经济对小镇经济的提质升级，提升小镇独特竞争力。

2018年，首批国家森林小镇建设试点名单出炉。第一批"全国最美森林小镇100例"有19个森林小镇上榜，如吉林百佳森林旅游小镇建设、佛山大湾区高品质森林城市、遵义市播州区乌江林场乌江森林小镇、独山县国有林场独山县飞凤湖森林小镇。

案例：梅沙生态旅游型森林小镇

梅沙街道位于深圳市盐田区，地处粤港澳大湾区的核心区域，东临大亚湾，西接盐田港，北与龙岗区接壤，南与中国香港隔海相望。街道辖区面积18.19km^2，森林覆盖率达69.98%，入选"全国最美森林小镇100例"，成为全国首例被集中展示和宣传推广的生态旅游型森林小镇。梅沙旅游资源非常丰富，辖区内森林资源禀赋天成，是远近闻名的天然氧吧。街道最南边蜿蜒着被《中国国家地理》杂志评为"中国最美的八大海岸"之一的海岸线，区域内有大梅沙海滨公园、小梅沙海洋世界、小梅沙度假村、东部华侨城、海滨栈道等诸多知名景点，其中"梅沙踏浪"被列入"深圳八景"之一。梅沙街道每年接待游客达1 000万人次以上，是广东省乃至全国独具森林与海滨特色的旅游及休闲胜地。

三、教育体验型

近年来，森林景观利用的突出变化之一，是以单一形态出现的一般化的自然景观和人文景观的吸引力有所下降，休闲娱乐方式已经不再是传统的单纯观赏方式，参与和体验的愿望正变得越来越强烈。积极参与到娱乐和休闲项目中的确可以使消费者获得比单纯观赏更多的愉悦体验；此外，很多文化景观资源，只有通过参与和体验才能真切和深刻地融入其中并理解其内涵。因此，自然教育、积极体验和参与的意识不断强化。以下介绍森林景观利用教育体验型模式中的森林步道、自然教育、观光采摘和森林康养4类。

1. 森林步道

森林步道能满足国民走进森林、体验自然需求。2017年，国家林业局正式公布首批5条国家森林步道，分别是秦岭、太行山、大兴安岭、罗霄山、武夷山国家森林步道，5条步道总长度超过10 000km。国家森林步道与国家公园、秦岭国家植物园、塞罕坝林场土地覆被地图集一起，成为我国2017年生态文明建设的标志性事件。国家森林步道用长长的脚印串起森林公园、自然保护区、湿地公园、国家公园等自然遗产地，以及古村镇等文化遗产。徒步者沿自然小径、古道欣赏具有国家代表性的自然美景，体验荒野。在行走中亲身感受自然荒野之美、人文之美。

案例：秦岭国家森林步道

秦岭国家森林步道东端从河南省镇平县起步，一路向西沿秦岭蜿蜒而行，从商南进入陕西省，经佛坪、老县城、太白山、黄柏塬、通天河后进入甘肃省，西端位于甘肃省临夏回族自治州，全长约2 202km，秦岭陕西域内的地质断裂带是秦岭国家森林步道东西贯通的基础。秦岭国家森林步道途经13处国家森林公园、9处国家级自然保护区、1处国家公园——大熊猫国家公园、2处国家级风景名胜区、3处国家地质公园、1处世界文化遗产——麦积山石窟。步道在商南西南的金丝峡，沿凤县—镇安—西峡断裂带经过镇安到达佛坪，实现了秦岭国家森林步道中部线路的贯通。

秦岭国家森林步道东段为低山丘陵，向西山势逐渐升高，宽阔雄伟。步道沿线林海苍苍、流泉飞瀑、浑厚粗犷。伏牛山国家级自然保护区，白云山国家森林公园地跨长江、黄河、淮河三大流域，既有北国山水的雄伟，又有南方山水的秀丽。步道中段岩石高耸，陡峭的山峰无处不在，如乱斧劈成，古树参天，云雾缭绕的太白山是秦岭山脉最高峰，也是渭河水系和汉江水系分水岭最高地段，世界上仅存的孑遗植物——独叶草为太白山独有。植物垂直分布明显，落叶阔叶林自下而上过渡为针叶林，再向上变为高山灌丛，最后在山顶形成大片草甸或流石滩。同时，也是野生动植物的天然乐土，大熊猫、朱鹮、羚牛、金丝猴及豹、金雕等珍稀野生动物，秦岭山区唯一生存的落叶松属植物太白红杉、秦岭冷杉等珍稀植物都在此生存，还是我国17个"具有全球意义的生物多样性保护关键地区"之一。步道西段，山体陡峭，谷深水急，因流水侵蚀，怪石嶙峋，犬牙交错。主要为中国西部黄土高原向青藏高原过渡地带的亚高山针叶林，是干旱地区典型的森林生态系统，展现出从温带到寒温带的典型自然景观。步道沿线的甘肃和政古生物化石国家地质公园、被古生物学界誉为"东方瑰宝、高原史书"。

秦岭国家森林步道沿途的文化极为深厚。秦岭自古就是文人墨客流连忘返之地，李白、杜甫、白居易、王维等人在秦岭留下了无数诗章。秦岭多峪口，自古以来就有通往南方各地的较大古道，包括峪谷道、陈仓道、褒斜道、傥骆道、子午道、武关道。秦岭国家森林步道似鱼脊骨，串联了这些古道。隐士文化是秦岭文化的标签之一，宗教人士、艺术家、思想家在此隐居，寻求生命真谛。大散关作为关中四大门户之一，是关中通往西南的唯一要塞，自古以来是巴蜀、汉中出入关中之咽喉，战略地位非常重要。作为世界文化遗产以及国家森林公园的麦积山，以其精美的泥塑艺术闻名世界，被誉为东方雕塑艺术陈列馆，是丝绸古道上一颗耀眼的艺术明珠。秦岭，承载着中华上下五千年的文化，是大地的史书，中国传统文化孕育、植根最深的原始根脉所在地，秦岭所留存的莽莽山岭和原汁原味的中国本土文化，是中华民族精神弥足珍贵的标本和根脉。踏上秦岭国家森林步道，体会历史的沧桑与变迁，对自然与传统文化产生一种高山仰止的崇拜之情。

2. 自然教育

随着生态文明建设的提出，有关部门越来越重视自然教育的重要性。2019年4月，《国家林业和草原局关于充分发挥各类自然保护地社会功能大力开展自然教育工作的通知》印发，这是第一个国家政府机构部署全国自然教育的文件。关于自然教育的定义目前尚缺乏统一的认定，2019年1月全国自然教育网络正式发布《自然教育行业自律公约》中界定"自然教育"为"在自然中实践的、倡导人与自然和谐关系的教育"，它是人们认识自然、了解自然的有效途径。自然教育主要通过森林体验、森林课堂、森林阅读、森林手工、森林游戏等多种形式，探索以体验为主要形式、以自然教育为切入点推广森林文化。例如，在北京的八达岭国家森林公园、西山国家森林公园、百望山森林公园等地开展面向企业员工、大中小学生、智障儿童的森林体验活动，通过嗅树木的气味、看树木的样子、尝果实的味道、摸树木的表皮、听自然的声音等感知森林；通过补植、灌溉、修枝等森林经营活动，了解森林的生长过程；通过"寻找我的树""蒙眼毛毛虫"等自然游戏，建立与森林亲近的情感。通过体验活动，让参与者充分地体验森林，享受森林，了解森林的生态服务功能，感受森林的美好、感知森林的文化。

在西山国家森林公园举办的首届森林音乐会，以传统民族乐器为主，将乐器与森林、音乐文化与森林文化的紧密关系有机串联起来，演绎了一场木材取代了钢筋混凝土、凉爽清新的自然空气代替了室内空调、柔和的自然光取代了室内电灯的"森林与音乐完美融合"的文化盛宴，千余名游人在翠绿的森林和五彩的花海中，伴随着泥土的芳香，呼吸着清新的空气，接受自然的教育，聆听美妙的音乐。此外，通过开展森林摄影、森林绘画、森林文学、森林创作等活动，发现并传播森林之美。

案例：草根堂农场

草根堂农场位于北京市房山区石楼镇大次洛村西园子，种植1 800种中草药，逾4.67 hm^2 林下景观休闲娱乐。林下景观休闲娱乐区以鲜食药材科普基地为主，主要种植紫苏、薄荷、蒲公英、板蓝根、金银花、枸杞、桔梗等30余种药食同源中药材等。着力发展中草药种植的同时，还结合中草药种植的特长和林下种植的特色，建立青少年户外科普基地，占地40 000 m^2。基地拥有一条长达150m的文化长廊，长廊为人们展示了农耕文化、传统文化、自然教育、有机农业等。此外，基地还拥有一间可以为小朋友开设创意手工烘焙课程的教室，每年接待游客超过5万人。

3. 观光采摘

观光采摘顺应人们回归自然的心理需求，与其他旅游资源相互结合、相互促进，提升周边的环境品质，提高生态和经济效益。观光采摘类满足人们娱乐、休闲、观光、科普的要求，缓解繁忙的城市生活给人们所带来的紧张感和压迫感，通过动手采摘，加强人们的主观能动性，同时，春华秋实、岁月静好的景象会激起人们对美好生活的向往。采摘观光园丰富了植物的多样性，增加了绿地面积、美化了环境。此外，各种树种、药材的生物学特性、物候期不同，在不同的季节有不同的景观，对游客有一定的吸引性和感召力。将采摘观光园和当地的人文景观和自然景观有机结合，辐射拉动服务业、土特产加工业等相关产业的大力发展，可有效增加林农收益。

案例：房山区尚大沃联福

2015年5月1日，北京房山区尚大沃联福举办了第一届春耕嘉年华，200多名亲子家庭成员参加了本次活动，小朋友们在老师的带领下，在梨树下播种油菜，自己挥锹开沟、撒播种子、浇水覆土等。除了林下耕种，还组织孩子在苹果林里开展寻宝活动、在松树林里开展"光头强的家"活动。同时，以林下套种花生、大豆、红薯和萝卜等切合点、举办拔萝卜、挖红薯、收白菜总动员等秋收活动。通过林下春耕、林下游憩、林下收获等方式，把农事体验与林业科普，农耕文化、农田观光等有机结合，实现产业融合，乐在田园，享受在田园，幸福在田园。

4. 森林康养

人们对森林的日益渴求，催生出森林康养类的新森林景观利用模式。日本和德国都有专门的森林浴场和森林疗养基地，为渴求自然的人提供一个清新宜人的自然场所来放松身心，回归森林。在我国，森林康养也逐渐兴盛起来，将森林与现代医学和传统中医学有机结合，配备相应的养生休闲及医疗、康体服务设施，开展以修身养性、调适机能、延缓衰老为目的的森林康养服务，利用森林为久居城市的人"治疗"身心的疲惫。森林康养可以带动旅游、餐饮、住宿等第三产业的发展，吸纳农业人口就业，改善民生，是振兴地域经济的一剂良药。2016年，国家林业局对外合作项目中心副主任刘立军指出，充分开展森林疗养以后，国家社会医疗开支能够节省30%，据此推算，可节省开支上亿万元。根据2018、2019年度372个全国森林康养基地试点建设单位有效数据的不完全统计分析，基地总面积达$215.8×10^4 hm^2$，总投资2 598.9亿元，总收入309亿元，总利润35.5亿元，客流量总人数超过1.34亿人次。据预测，到2025年，我国的森林康养产业链将超过万亿元。

森林康养类以丰富多彩的森林景观、优质富氧的森林环境、健康美味的森林食品、深厚浓郁的森林养生文化等为主要资源，配备相应的养生休闲及医疗服务设施，开展以修身养性、延缓生命衰老为目的的森林游憩、度假、疗养、保健、养老、养生等服务活动，形成一个多元组合、产业共融、业态相生的商业综合体，是我国的健康产业新模式、新业态、新创意。森林康养类森林景观资源开发利用模式常见的是森林浴疗养，主要是利用山岳景区森林环境组织生态疗养的行为。度假者通过进入森林环境，通过五官获得周围环境信息，进行登山攀越等有氧运动，实现身体和森林环境相互接触，从而放松心情，恢复体力。

森林康养类的特点主要体现如下：一是森林植被生长旺盛，树木高大、森林郁闭度高，森林中绿色植物释放大量氧气，氧含量丰富，是浑然天成的氧吧。二是森林远离城市的喧嚣，静谧宁静，森林中有能大量散发出挥发性物质芬多精的植物，如松科、芸香科植物，植物还能吸收有害气体，净化空气。三是森林植物具有保温作用，能调节局部小气候，是夏天避暑纳凉的度假胜地。四是森林具有防治作用，景区内有丰富的空气负离子，释放植物杀菌素等，具有防治高血压、冠心病、神经官能症、哮喘、气管炎等多种疾病的功效，有利于人的身心健康。五是绿色植物充满生机和活力，置身绿海之中，会使人心情放松，愉悦舒畅，对有些疾病能产生不治而愈的效果。

案例：德国黑森林疗养中心

德国最负盛名的黑森林，位于德国西南巴符州山区。黑森林根据树林分布稠密程度分为北部黑森林、中部黑森林和南部黑森林3部分。北部黑森林最为茂密，分布着大片由松树和杉树构成的原始森林，因为树叶颜色深并且树林分布密，远远望去呈现浓重的墨绿色。中部黑森林汇集了德国南部传统风格的木制农舍建筑，Triberg附近的山间瀑布也位于森林之中。南部黑森林，树林逐渐被草地间隔分开，风光渐渐向着瑞士风格靠近。黑森林到处是参天笔直的杉树，林山总面积约6 000km^2，是多瑙河与内卡河的发源地。山势陡峭、风景如画的金齐希峡谷将山腰劈为南北两段，北部为砂岩地，森林茂密，地势高峻，气候寒冷。南部地势较低，土壤肥沃，山谷内气候适中。金齐希峡谷沿途的深山湖泊、幽谷水坝、原始景观、高架渡桥都深深地吸引着人们的兴趣。以浓重的冷杉树为主的拜尔斯布龙林区占地1.6×10^4hm^2，是德国最大的林场。浓密的树林、湿润的空气、一流的疗养设施，使之成为德国最大的养生中心。

第八章 林下经济效益评价

林下经济效益评价是为了衡量林下经济实践的成果。科学合理的效益评价，有助于客观认识林下经济实践过程中投入与产出的关系，从而提高林下经济活动中各种资源利用的效益，以综合评价林下经济项目的成本收益，破解林业生产周期长导致的产业弱质性，缓解资金短缺的矛盾，进而提高林业经济增长速度。

第一节 林下经济效益评价概述

一、林下经济三大效益

林下经济系统具有农业和林业的双重特性，其经营目标是多方面的，所发挥的效益也是多方面的。林下经济是通过林下种植、林下养殖、林下采集加工和森林景观利用等经营方式形成多维、立体的结构发展模式，将有限的林地等资源不断拉长和拓宽。林下经济系统的核心问题是寻找一个平衡点，即由于农业、畜牧业或旅游业的介入对单一林业经营造成的经济损失与其产品增加所带来的经济收入之间的平衡。也就是说，经济效益是林下经济系统总效益研究的主要部分。同时，发展林下经济还将产生显著的生态效益和社会效益。

1. 经济效益

长期以来，由于林木生长周期较长，导致短期收入无法与支出保持平衡，大大制约了林业的投资积极性和林业经济的发展。国家提出发展林下经济的重大举措，旨在通过发展林下种植、养殖、采集加工以及森林资源景观利用，提高单位面积土地的产出值，一定程度上解决资源浪费的问题，起到近期收益与长期护林的协调发展。同时，对于农业人口众多且交通条件不变的广大山区，林农对林业的依赖程度仍然很高，但同时却受限于严重缺乏资金、技术、信息，收入水平低下。林下经济是山区林农实现增收的重要渠道。

狭义来看，林下经济产生的经济效益主要表现为林农的人均收入、单位面积林业产值、劳动生产率以及项目模式直接带来的经济价值等。广义上来看，经济效益指的是以森林资源为基础，用来生产林业产品、为社会各界提供木质产品和非木质产品，以此来满足全社会的工业生产、设施建设及人们的日常生活需求。

2. 生态效益

林下经济作为一种新兴的循环经济，其迅速发展可加快森林的新陈代谢，很大程度上提高森林和林分的质量,在构建稳定的生态系统的同时,保护森林资源,增加当地林地的生物多样性。生态效益是从生态平衡角度来设定的衡量效益,它是人们在生活中依据生态平衡,来使大自然的生态系统对人类的生活、生产等各个方面产生有利的影响和作用。狭义上,林下经济生态效益主要表现为森林覆盖率、土壤侵蚀模数、水土流失率和可耕地比重等。广义上则包括森林保护农业生态环境、防止水土流失、保护耕地、防风固沙、防止荒漠化及蓄水、减洪、保护大气层、净化大气的多种功能。

3. 社会效益

林下经济的快速发展,第一,能够拓宽林农的就业渠道,为山区林农提供新的就业岗位,维护社会的稳定发展;第二,林下经济使林业产业链得以拓展,众多经济模式使其具有广泛的适宜性;第三,林下经济的发展,受益的不仅仅是林农,由于第二、第三产业的影响,在岗职工以及消费者同样获得新的收益。狭义上,林下经济社会效益包括就业岗位数、农村学龄儿童入学率、农村恩格尔系数、农村卫生技术水平等;广义上则包括林业的宗教、文化、艺术效益,景观效益,人文效益和文物保护效益等。

二、林下经济效益评价目标

经济效益分析与评价被广泛应用在国民经济的各个领域里,特别是在项目投资的可行性和项目建成之后的跟踪性事后影响评价中具有巨大的作用,对提高我国的项目投资建设的决策准确性,以及对国民经济活动、企业经营管理等方面的业绩成果等做出正确评价,进而为全面提高国民经济整体经济效益和经济政策的制定提供基本的依据。大量理论和实践表明,发展林下经济实现林木、林下立体开发,是当前增加农民收入新的增长点,可以拉动农村经济,实现兴农富民。发展林下经济有利于社会主义新农村建设,可以改善农林业的发展模式,起到优化农村经济结构的作用,使获得林业产权的农民能将林地资源优势变成经济优势、产业优势,促进经济的长足发展。

随着国家对林下经济建设的重视,林下经济开始在我国山区得到较大规模发展,但是,现有对林下经济的认知还处于初级阶段,有待数据积累、科学指导和优化决策。因此,对林下经济综合效益进行评价,具有重要的现实意义,主要表现在:

①客观反映林下经济发展成效　效益评价是开展和推广林下经济的基础。通过效益指标评价体系的建立和运用,能够有效开展林下经济的纵向和横向比较,充分掌握和反映林下经济的发展水平,反映林下经济活动在国民经济乃至全社会发展中的作用和地位,为优化林下经济发展产业结构,进而显著提高林下经济相关产业生产能力提供参考和依据。

②提高林下经济经营管理水平　林下经济效益评价的主要目的是为提高决策水平和投资效益服务。依据现有林业生产经营的基础资料,通过科学的林下经济综合效益评价,引导当地林农进行科学、合理的林下经济生产经营活动,为投资者做出合理的最佳投资决策提供基本依据,是林下经济今后能长远、健康和可持续发展的关键,也为林下经济项目投资经营提供一个有效的参考,吸引更多资本、人才、技术进入林业。

③为政府部门政策制定提供参考和依据　林下经济的发展具有较强的外部性,需要政府部门的支持和服务。通过林下经济综合效益评价,有助于认知政府部门在林下经济发展

中的角色和作用，为政府部门制定林下经济扶持政策及出台相关标准提供理论数据，推动林下经济建设发展的可持续性，为进一步的林业生产经营活动方向决策提供参考依据。

第二节　林下经济效益评价方法

一、效益评价范畴

1. 效益评价范围

效益评价的范畴根据不同标准涵盖以下内容：一是按研究主体范围大小分为宏观经济效益与微观经济效益。宏观经济效益是指把某一国家的国民经济作为经济总体，综合研究整个国家的所得和所费的比率。微观经济效益则是在更小范围的个体的经济效益，可以是企业、某一个单个的产业或部门，或者是一个特定的地区。二是按社会再生产过程的各个环节分为生产经济效益、消费经济效益和社会经济效益。生产、分配、交换和消费4个环节组成了社会再生产过程。再生产过程的实质是生产与消费的统一，在生产过程中，要研究如何以尽可能少的资源投入，生产出尽可能多的产品和劳务，以取得最佳经济效益。如何将生产环节的产出经过合理分配、交换和消费，取得最大的效用，即最佳消费经济效益。而将最佳生产与消费经济效益结合起来，以尽可能少的资源投入，取得最大的效用，即最佳社会经济效益。三是按投入与产出在空间范围上是否一致分为内在经济效益与外在经济效益。内在经济效益是指不存在或不考虑投入和产出的外部经济性或不经济性时的经济效益。外在经济效益是指由于投入和产出的外部经济性或不经济性所产生的经济效益。四是按时期长短分为近期经济效益和长远经济效益。近期经济效益是指经济活动或某项技术的采用在当期或近期内投入与产出的比较；而远期经济效益，则是指在更长时间上，某一项目或经济活动所费和所得的比。一般来讲，近期经济效益应服从长远经济效益。五是按是否考虑时间因素分为静态经济效益和动态经济效益。当计算某一技术或项目方案的经济效益时，在不考虑货币时间价值时情况下的经济效益是静态经济效益，考虑货币时间价值情形下，得到的经济效益称为动态经济效益。在市场经济条件下，任何一个投资项目或技术改进等项目的经济效益都与项目建设期间和投入产出后所生产的产品价格变动有着直接的关系，为了更好地体现出不同时期投入的价值量与所得的价值量之间的差或比值，准确反映出项目的经济效益，应该以动态的经济效益作为项目选择或确定方案的标准。六是按产出的来源分为直接经济效益和间接经济效益。直接经济效益是指根据生产活动的直接获得的成果所计算的经济效益，如林下种植野生菌所得到的直接产品就是原木和野生菌，按原木和野生菌计算的成果。间接经济效益是指根据生产活动所产生的间接成果，如由于野生菌采集、包装、销售所带来的对产销过程所需要的机械制造业、包装加工和物流等产业发展的需要增加等方面的经济效益。七是按产出的形态分为有形经济效益和无形经济效益。当计算经济效益的成果是具有一定的几何形状的产品时，称其为有形经济效益；反之为无形经济效益。此外，还可将经济效益按其表现形式分为绝对经济效益和相对经济效益。

2. 效益评价特征

根据上述评价范畴，对林下经济建设的效益进行评价，既要评价林下经济的短期经济效益，又要评价其长期的、远期的经济效益；既要评价林下经济的经济效益，又要评价其生态效益；既要评价生态资产存量价值，又要评价项目的生态资产流量价值；既要评价对局部范围经济发展的推动作用，又要评价对整个区域的示范推广作用。由于林下经济综合效益评价涉及对象广泛，内容多样，评价主体各异，因此具有评价目标的多元性。

由于林下经济效益评价目标具有多元性，因而其评价方法也就非常复杂。不同的评价目的决定了必须选用不同的评价方法，必须结合使用定量分析方法和定性分析方法。另外，林下经济是长短结合、以短养长的经营模式，林下经济效益评价还具有评价时期的差异性特征。上述特征都是需要在开展林下经济效益评价时予以认真考虑和妥善解决的评价要素。

二、效益评价方法

林下经济效益评价是对林下经济项目活动的投资方案、新技术采用或生产经济活动的成果与产出进行比较，从而说明林下经济某项新技术、多个投资方案或生产等经济活动能够产生的经济效益的有无或高低，从而为新技术采用、多种林业投资方案的选择决策，对林业经济发展政策的执行效果等提供系统地、科学地数量依据。

从计量角度研究林业的经济、社会和生态效益，外国已经有40余年的研究历史，需要从不同学科、不同方向展开分析。目前经济效益评价工作已经能够做到根据不同行业部门和不同层次的评价需要，建立科学、系统的评价指标体系和评价标准，运用科学的评价方法进行经济效益评价。如针对全国或某地区生态工程建设项目进行的经济效益评价，针对国有或民营企业投资项目的经济效益评价等。在林下经济综合效益评价方面，目前主要使用的方法包括层次分析法、模糊排序法、神经网络法、主成分分析法等，共同特征是需要首先构建指标体系，再结合各个因子间的权重大小来定义整体评价，最后进行横向或纵向比较。

考虑各种方法运用的成熟度，本章主要介绍用层次分析法(analytic hierarchy process，AHP)评价林下经济综合效益。层次分析法是美国运筹学家、匹茨堡大学教授萨蒂于20世纪70年代初，在为美国国防部研究"根据各个工业部门对国家福利的贡献大小进行电力分配"时，应用网络系统理论和多目标综合评价方法，提出的一种层次权重决策分析方法。该方法是指将一个复杂的多目标决策问题作为一个系统，将目标分解为多个目标或准则，进而分解为多指标(或准则、约束)的若干层次，通过定性指标模糊量化方法算出层次单排序(权数)和总排序，以作为目标(多指标)、多方案优化决策的系统方法。

三、效益评价的主要步骤

对不同林下经济模式或同一模式的不同的组合进行效益评价，不能单纯看经济产出，需要兼顾生态效益和社会效益，以综合效益的高低作为被评价模式优劣的标准。层次分析法作为一种实用的多方案或多目标的决策方法,被广泛运用于各种风险分析与评价。在林下经济效益评价过程中,层次分析法主要有以下步骤(图8-1)。

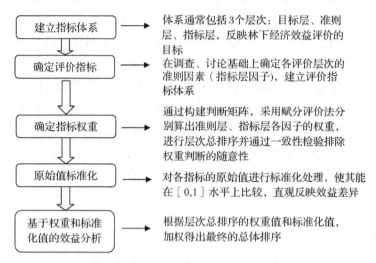

图 8-1 运用层次分析法进行林下经济综合效益评价的主要步骤

第三节 林下经济效益评价指标体系构建

一、指标体系建立原则

建立林下经济效益指标体系,即依据指标设置的原则,选择若干具有代表性的指标反映林下经济效益各个侧面的发展水平,用科学的方法构造综合效益指数,以便对比分析林下经济效益的水平。林下经济效益的评价指标的设置要遵循的原则包括以下内容。

①系统性 根据林下经济效益的内涵,建立林下经济效益评价指标体系,必须坚持系统科学性原则,重点把握林业生产系统内指标间的内在联系性和相互统一性,科学地反映林下经济生产过程中各项投入和劳动成果之间的内在关系。同时,在指标的表现形式和具体内容上,既要有绝对数指标,又要有相对数指标和平均数指标;既要有实物指标,又要有价值指标。

②可操作性 设置指标体系应注重实践的指导性,只有坚持来源于实践又可指导实践的原则,才便于普及和推广。强调指标的实用性、可操作性原则,在于各指标易于理解,具有现代化操作程序。如果指标边界模糊,有关数据难以采集,甚至需要经过复杂计算,难有使用价值。

③动态性 对指标体系的设置,首先要考虑指标动态原则。不同的时期,林下经济发展具有不同的特点,在进行林下经济效益的综合评价时,不仅要在同一时点上进行分析,还要揭示系统的发展趋势,分析其结构的稳定性和缓冲性,并进行有效控制。因此,一方面在指标的设置上,要考虑水平指标与速度指标的设置;另一方面,对不同时期指标体系要进行

适时地调整和改进。这里,也要注意指标体系应该在一定的时期内保持相对稳定性。

④可比性　任何指标的合理化程度和运用效果都是从比较中衡量和鉴别的。林下经济效益的评价不仅要在不同的时序上纵向可比,还要能够对不同地域空间或不同的单位之间在同一时序上横向可比。要求指标的含义、计算的方法、计量单位、统计的范围和计内容算的范围等方面保持一致。

此外,在设计经济效益指标时,应该考虑所设计的指标与国民经济核算指标体系、经济统计和会计核算等方面所使用的指标保持一致,以便在指标应用时,能够很方便地进行数据的获取。对于特殊指标的则需要进行专门的设置。

二、建立指标体系

构建评价指标体系是客观、理性判断林下经济发展效益的首要环节。林下经济综合效益评价涉及多个专业学科,是一个复杂的系统,无论从其经济、社会还是生态效益来看,能够反映林下经济系统的指标很多,但是任何一个单一指标都无法整体反映出林下经济系统的综合效益。综合现有研究,征求相关专家意见,并结合有关统计数据,建立能够较为准确地反映林下经济综合效益的多层结构模型(表8-1)。

表8-1　林下经济综合效益评价指标体系

目标层	准则层	指标层	编码	备注
林下经济综合效益(A)	经济效益(B_1)	农村林业收入增长率	X_1	反映直接经济效益
		林下经济收入占第一产业比重	X_2	反映短期经济效益
		林下经济产值	X_3	反映短期经济效益
		林下经济企业产值	X_4	反映长期经济效益
		林农林业合作社总产值	X_5	反映长期经济效益
		林地流转率	X_6	反映间接经济影响
		林权抵押贷款率	X_7	反映间接经济影响
		森林保险率	X_8	反映间接经济影响
	社会效益(B_2)	从事林下经济的户数	X_9	反映对就业的影响
		林下经济企业从业人数	X_{10}	反映对就业的影响
		森林旅游人数增长率	X_{11}	反映对就业的影响
		林下经济面积占林地面积比	X_{12}	反映产业发展
		林下经济企业个数	X_{13}	反映产业发展
		林地纠纷变化	X_{14}	反映对社会生活的影响
		林业专业合作社个数	X_{15}	反映对组织方式的影响
	生态效益(B_3)	林木绿化率	X_{16}	反映生态环境变化
		生态公益林面积	X_{17}	反映生态环境变化
		生态观光园个数	X_{18}	反映生态经济效益

需要说明的是，上述指标并不是绝对的，不同地区应有符合本地林下经济发展特征的指标体系；上述指标也不是一成不变的，随着时间发展，指标体系的构成及其权重组合应随着客观事实的变化发展有所改变。此处所列的指标仅作为当前林下经济效益评价的参考。

三、评价指标含义

见表8-1所列，林下经济效益评价主要包括3类指标：一是经济效益衡量指标。以数值形式比较综合地反映林业生产投入与产出的关系，用来衡量林业经济效益的大小，在林业经济效益评价指标体系中处于主体地位，称之为主体指标。常用指标包括收入增长率、产值以及劳动生产率等。二是社会效益指标。该类指标在一定程度上既反映经济效益的短期影响，又反映经济效益的长期和外部影响，是进行林下经济效益综合评价和生产决策的重要依据，在经济效益评价指标体系中处于重要地位。三是生态效益分析指标。该类指标是反映所采用营林措施对保护和改善生态环境以及提高生态效益的程度。林下经济活动要特别注意遵循生态平衡规律，合理组织各业的生产，处理好森林和环境因素之间的关系，保持物质输入和输出间的正常交换关系，才有可能使生产持续发展，取得良好的经济效益。若超过了生态系统自动调节和自我恢复的能力，破坏了生态平衡，就可能产生森林的退化、水土流失、地图衰退、灾害频繁，甚至森林消失等现象。严重影响林业生产的经济效益。所以，林下经济效益评价需要分析生态效益，以期在生态上合理，经济上合算。

在本章所构建的指标体系中，所采用的指标含义如下：

(1) 经济效益(B_1)

发展林下经济产生的最首要的目标和最直观的效益就是增加林农收入。选取农村林业收入的增长率来衡量林下经济给林农带来的经济效益的程度。

①农村林业收入的增长率是指当年所在地区的农村人口林业纯收入对前一年的增长率，代码为 X_1。

衡量短期内林下经济能产生的经济效益，选用林下经济纯收入占第一产业纯收入的比和林下经济产值两个指标。

②林下经济收入占第一产业的比是指当年林农林下收入占其家庭农、林、牧等第一产业的比重，代码为 X_2。

③林下经济产值是指被评价地区当年林下经济的总产值（只包括林下部分的产值），代码为 X_3。

衡量长期内林下经济能产生持续的经济效益，也即林下经济在可预期内的发展潜力，选取林下经济企业产值、林农林业专业合作社总产值两个指标。

④林下经济企业产值是指当年所在地区从事林下经济经营的企业的总产值，代码为 X_4。

⑤林农林业专业合作社总产值是指当年所在地区参加林农林业专业合作社成员发展林下经济所得到的总产出，代码为 X_5。

发展林下经济产业能够对其他经济产业产生间接的经济影响，具有正外部性效益。衡量发展林下经济所获得的间接经济效益水平，选取林地流转率、林权抵押贷款率、森林保险率3个指标。

⑥林地流转率是指所在地区发展林下经济后，进行林地流转的林农户数与当前农村居民总户数之比，代码为X_6。

⑦林权抵押贷款率是指所在地区发展林下经济后，有过林权抵押贷款行为的林农户数与当前农村居民总户数之比，代码为X_7。

⑧森林保险率是指所在地区在发展林下经济后，有过森林保险行为的林农户数与当前农村居民总户数之比，代码为X_8。

上述3个指标也可以选用面积之比来进行表示。

(2) 社会效益

发展林下经济另一个最直观的效益就是增加了林农的就业机会。可选取从事林下经济的户数、林下经济企业从业人数、旅游人数增长率3个指标进行衡量。

①从事林下经济的户数是指当年所在地区从事各种模式林下经济的农户数，代码为X_9。

②林下经济企业从业人数是指被评价地区当年从事林下经济的企业的就业人数，反映林下经济对就业的拉动，代码为X_{10}。

③森林旅游人数增长率是指所在地区当年所接待的森林旅游人数相对上一年的增长率，代码为X_{11}。

发展林下经济另一个重要的社会效益就是形成了林下经济产业。可选取林下经济面积占林地面积的比、林下经济企业个数等指标予以反映。

④林下经济面积占林地面积的比是指当年所在地区发展各种模式林下经济的林地面积与林地总面积的比，代码为X_{12}。

⑤林下经济企业个数是指当年所在地区从事林下经济的企业的个数，代码为X_{13}。

发展林下经济能够对农村居民的社会生活产生深远的影响。选取林地纠纷的变化、林业专业合作社的个数两个指标进行衡量。

⑥林地纠纷的变化，是指所在地区林农认为，发展林下经济后发生林地纠纷的频率相对于发展林下经济之前减少了的人数与总人数的比，代码为X_{14}。

⑦林业专业合作社是林下经济的重要组织形式，合作社个数是指当年被评价地区登记注册的林业专业合作社的个数，代码为X_{15}。

(3) 生态效益

林下经济的生态效益只能在长期内有所体现，并且这种效益表现出一种宏观的、整体的特点。初步选取林木绿化率、生态公益林面积、生态观光园个数3个指标进行衡量。

①林下经济的发展促进了林木资源的培育，林木绿化率是指当年所在地区的林木绿化率，其代码为X_{16}。

②林下经济有助于发挥生态公益林的潜在经济价值，生态公益林面积是指当年所在地

区生态公益林的面积，代码为 X_{17}。

③林下经济有助于对森林景观资源的利用，生态观光园个数是指当年所在地区生态观光园的个数，代码为 X_{18}。

需要再次强调的是，林下经济的发展具有显著的地区差异以及时空变化，上述指标并非绝对适用于所有地区和长期的效益评价，对林下经济综合效益的衡量应该因时、因地而有所变化。

四、指标权重的确定

层次分析法的关键步骤在于构造判断矩阵以及如何由判断矩阵导出其权值。目前对于判断矩阵的排序权重问题，有20多种研究方法，包括列和求逆归一化法（NHM）、行和归一化法（NRA）、和积法（ANC）、左右主特征向量法（LREM）、权的最小平方法（WLSM）、方根法（NGM）、梯度特征向量法（GEM）、最小二乘法（LSM）、特征向量法（EM）、最小偏差法（LDM）、二次规划法（QPM）、最小平方几何距离方法（LSGM）等。本书采用比较常见的行和归一化法（NRA）进行指标值权重计算。受篇幅所限，省略部分计算步骤。

1. 指标权重分析

从表8-1中可以看出，林下经济综合效益主要体现为经济效益、社会效益和生态效益三方面。三大效益构成了林下经济综合效益评价指标体系的准则层。首先，将经济效益和社会效益进行比较分析。林下经济之所以能从无到有，最主要的原因都是由于能很直观增加当地农民的收入，给林农带来经济效益。作为拥有林地的理性人，林农会有意识地发展林下经济，从而使得林下经济得以蓬勃发展。而林下经济的社会效益是基于林下经济的经济收益，逐步形成了相关林业合作组织，出现了林下经济企业，形成了具有一定规模的林下产业，当然也给当地农民提供了大量的就业机会。当大家因为发展林下经济使得收入增加了，工作机会也多了，相互间的合作与交流也增加了，林下经济就为当地社会的稳定、和谐做出了贡献，产生了社会效益。由此可见，林下经济的经济效益是林下经济社会效益产生的前提和基础。林下经济的生态效益虽然在理论上得到了很好的证明，人们也充分认识到了此种效益的存在，但是，生态效益只能在长期内有所体现，而且这种效益表现出一种宏观的、整体的特点，受林下经济的直接影响并不显著。所以，林下经济的生态效益在林下经济的综合效益的权重，应该是相对最低的。

2. 构造判断矩阵

构建判断矩阵，采用专家评分法对指标的相对重要性进行打分。假设要比较某一层 n 个因素 $C_1, C_2, \cdots, C_n$ 对上层一个因素 B 的影响，因素之间两两对比，用 b_{ij} 表示 C_i 和 C_j 对 B 的影响之比，并根据所比较的重要程度，按照标度表（表8-2）定量化，形成判断矩阵：

$$B = (b_{ij})_{rpn}, \quad b_{ij} > 0, \quad b_{ij} = \frac{1}{b_{ij}}$$

评分标准见表8-2所列。

表 8-2 标度及其含义

标度	含义	说　　明
1	同等重要	两个指标对某目标具有同等贡献
3	弱主导	根据经验和判断,一个指标的贡献稍重要于另一个
5	强主导	根据经验和判断,一个指标的贡献明显重要于另一个
7	实践证明占主导	一个指标在实践中被证明是占主导地位
9	绝对主导	一个指标比另一个指标占主导地位被证明是绝对的
2、4、6、8	相对标度的中值	需要进一步细分或折中

3. 指标权重确定

采用行和归一化方法的排序公式,将其所得到的结果归一化处理即得到所求权重 W。

$$W_i = \sum_{j=1}^{n} a_{ij} / \sum_{i=1}^{n} \sum_{j=1}^{n} a_{ij}, \quad i = 1, 2, \cdots, n$$

由于是来自多位专家的非一致性判断矩阵,还需要对权向量进行一致性检验,保证排序结果的可信度和准确性。通过统计软件 MATLAB,对林下经济综合效益评价指标体系的各单因素权重进行计算和一致性检验,最终得到各指标权重的总排序(表 8-3)。

由指标权重计算可见,经济效益中,林农增收是最重要的效益指标,是林下经济发展最直观也是最显著的成果。反映林下经济短期收益的两大指标,即林下经济的产值增加以及林下经济占第一产业的比值的提高,所占权重相对较高。长期来看,林下经济可能产生持续性的经济效益,但是由于林下经济发展的时间总体上不长,林下经济企业和林农林业专业合作社发展有限,受到林下经济的影响不显著,因此在经济效益里权重相对较低。在反映林下经济间接影响中,现阶段,林地流转、林权抵押贷款以及森林保险等指标的表现尚不显著,进而权重相对较低。

社会效益中,就业所占权重最高。其中,从事林下经济的农民户数是林下经济对就业最主要的贡献,故其权重相对来说较高;旅游人数的增长率,是因为发展森林景观利用,特别是家庭休闲、农场等,能增加旅游人数,从而增加就业机会,其权重次之;林下经济发展至今,林下经济企业还处于初始发展阶段,无论从数量还是规模上都比较小,故林下经济企业从业人数权重较小。林下经济的发展改变了广大农民,特别是拥有大面积林地的林农的生活状态和方式,但是其影响是渐进式地、缓慢的,所以林地纠纷的变化、林业专业合作社的个数等指标所占权重相对较小。林下经济发展时间段决定了林下经济产业的发展的规模还不是很大,林下经济面积占林地面积的比重较小,林下经济企业个数和规模也相对较小,所以导致林下经济产业对林下经济的社会效益的贡献很小,其权重最小。

林下经济生态效益的 3 个指标中,生态观光园的个数最能体现出林下经济的发展对森林景观的利用和保护。观光园的数量增加,有助于加强当地民众环境保护意识,间接增进了林下经济的生态效益。其次是生态公益林面积,生态公益林需要政府或某个组织规划,组织林农保护好林地,形成大面积林地,以此吸引城镇旅客来当地旅游。虽然此种方式能

表 8-3　林下经济综合效益评价指标权重

指标层	准则层			总排序
	经济效益	社会效益	生态效益	
	0.623 2	0.239 5	0.137 3	
农村林业收入增长率	0.460 9			0.287 2
林下经济收入占第一产业比重	0.077 6			0.048 4
林下经济产值	0.232 8			0.145 1
林下经济企业产值	0.078 0			0.048 6
林农林业合作社总产值	0.078 0			0.048 6
林地流转率	0.051 8			0.032 4
林权抵押贷款率	0.010 4			0.006 5
森林保险率	0.010 4			0.006 5
从事林下经济的户数		0.395 6		0.094 7
林下经济企业从业人数		0.068 5		0.016 4
森林旅游人数增长率		0.117 0		0.028 0
林下经济面积占林地面积比		0.087 68		0.021 0
林下经济企业个数		0.021 92		0.005 2
林地纠纷变化		0.257 7		0.061 7
林业专业合作社个数		0.051 5		0.012 3
林木绿化率			0.106 2	0.014 6
生态公益林面积			0.260 5	0.035 8
生态观光园个数			0.633 3	0.087 0

很好地保护好生态环境，但是其经济效益不明显或者周期太长，导致林农的发展意愿较低。权重最小的就是林木绿化率，主要是从宏观上来考察当地的生态环境，林下经济的发展对其的影响相对来说较弱。

需要再次强调的是，林下经济的发展指标及其权重应该因时、因地而变，考虑科学性的同时，还要考虑数据的可得性，不能一概而论或者照搬照用。

第四节　林下经济效益初步评价

本章以广西的 5 个县作为案例地区，对上述林下经济效益评价方法进行实践运用，以便更好地理解、应用相关原理和方法。

一、案例地区林下经济效益原始值

将林下经济效益评价指标体系运用于评价广西的资源县、三江县、容县、藤县以及田林县 5 个县的林下经济系统综合效益，并进行横向比较，可以得出各县的林下经济发展水平差异（表 8-4）。

表 8-4 广西 5 县林下经济发展原始值

指标层	编码	资源县	三江县	藤县	容县	田林县
农村林业收入增长率(%)	X_1	54.76	137.14	251.75	38.39	184.38
林下经济收入占第一产业比重(%)	X_2	30.49	32.12	14.14	16.19	38.85
林下经济产值(亿元)	X_3	2.380 8	0.811 3	2.291 5	3.556 3	4.548 9
林下经济企业产值(亿元)	X_4	1.496	0.26	1.773 9	0.05	0.49
林农林业合作社总产值(亿元)	X_5	0.85	0.453 8	0.554 5	2.098 6	3.098 7
林地流转率(%)	X_6	0.438 7	0.302 5	0.212 4	0.321 2	0.203 9
林权抵押贷款率(%)	X_7	0.122 4	0.386 6	0.253 3	0.245 1	0.456 3
森林保险率(%)	X_8	2.245 2	1.176 1	2.889 1	1.238 5	3.042 3
从事林下经济的户数(户)	X_9	2 360	529	4 800	2 500	1 089
林下经济企业从业人数(人)	X_{10}	106	26	1 563	218	162
森林旅游人数增长率(%)	X_{11}	250	14	285	58	65
林下经济面积占林地面积比(%)	X_{12}	2.39	0.77	2.71	2.16	7.61
林下经济企业个数(个)	X_{13}	5	3	4	2	2
林地纠纷变化(%)	X_{14}	65.31	51.26	33.67	48.54	41.75
林业专业合作社个数(个)	X_{15}	28	18	15	40	50
林木绿化率(%)	X_{16}	78.44	77.7	70.3	68.9	75
生态公益林面积(hm^2)	X_{17}	84 582	33 215	33 000	8 021	133 000
生态观光园个数(个)	X_{18}	6	3	5	6	8

二、基于权重和标准化值的效益分析

针对广西 5 个县林下经济效益指标层各单因素的原始值，进行标准化处理，其公式为：（指标值-最差值）/（最优值-最差值）。从而，各个数值就都可以在 [0, 1] 水平上进行比较，可以直观地反应在不同县的林下经济的效益差异。其标准化的计算结果见表 8-5 所列。

表 8-5 广西 5 县林下经济发展原始值标准化结果

指标层	编码	资源县	三江县	藤县	容县	田林县
农村林业收入增长率(%)	X_1	0.076 7	0.462 8	1	0	0.684 2
林下经济收入占第一产业比重(%)	X_2	0.661 7	0.727 6	0	0.083	1
林下经济产值(亿元)	X_3	0.419 9	0	0.396	0.734 4	1
林下经济企业产值(亿元)	X_4	0.838 8	0.121 8	1	0	0.255 2

(续)

指标层	编码	资源县	三江县	藤县	容县	田林县
农民林业合作社总产值(亿元)	X_5	0.149 8	0	0.038 1	0.621 9	1
林地流转率(%)	X_6	1	0.419 9	0.036 2	0.499 6	0
林权抵押贷款率(%)	X_7	0	0.791 3	0.392	0.367 5	1
森林保险率(%)	X_8	0.572 9	0	0.917 9	0.033 4	1
从事林下经济的户数(户)	X_9	0.428 7	0	1	0.461 5	0.131 1
林下经济企业从业人数(人)	X_{10}	0.052	0	1	0.124 9	0.088 5
森林旅游人数增长率(%)	X_{11}	0.870 8	0	1	0.162 4	0.188 2
林下经济面积占林地面积比(%)	X_{12}	0.236 8	0	0.283 6	0.203 2	1
林下经济企业个数(个)	X_{13}	1	0.333	0.666 7	0	0
林地纠纷变化(%)	X_{14}	1	0.555 9	0	0.47	0.255 4
林业专业合作社个数(个)	X_{15}	0.371 4	0.085 7	0	0.714 3	1
林木绿化率(%)	X_{16}	1	0.922 4	0.146 8	0	0.639 4
生态公益林面积(hm^2)	X_{17}	0.612 6	0.201 6	0.199 9	0	1
生态观光园个数(个)	X_{18}	0.6	0	0.4	0.6	1

把指标层排序值 W 及各县标准化值分别代入林下经济综合效益综合评判数学模型式，可计算出各县总评判结果分别为：R_1(资源县) = 0.430 2、R_2(三江县) = 0.250 6、R_3(藤县) = 0.597 4、R_4(容县) = 0.304 1、R_5(田林县) = 0.664 3。按综合评比排序为：田林县>藤县>资源县>容县>三江县。

得出 5 个县林下经济综合效益比较，最优的是田林县，发展较慢的是三江县。其中，田林县主要发展林下种植和林下养殖，其林下种植的八渡笋是著名的传统产品，清代曾列为贡品。也就是说田林的林下经济由来已久，只是长期以来对林下经济认识不足，只局限在小范围内发展，近些年来随着国家政策推动，逐步在全县范围内推广起来。目前，八渡笋面积不断扩大，当地又引进了相关林下产品加工企业，加工后的林下八渡笋销往日本、中国台湾及东南亚等国家和地区，创造了显著的经济效益。林下养殖主要有林下养鸡、养鸭，也为养殖户带来了可观的收入。田林县林农专业合作社发展迅速，到目前为止，全县注册登记的林农专业合作社有 50 个。田林县由于其林下经济发展长久，林下经济产品独特，并形成了品牌效益，特别是引进相关企业进驻为其林下经济的发展注入了长久的动力，所以在广西 5 个县中，田林县林下经济的综合效益指数最高。

综上，本章简要阐述了林下经济三大效益的概念和内涵，介绍了林下经济效益评价的一般方法。重点介绍了林下经济效益评价的基本内容、原则和指标体系及林下经济效益综合评价方法等内容。林下经济效益评价指标体系设计及其权重确定是本章的重点和难点，指标体系涉及应该遵循多元性、独立性和可量化等原则，不同地区、不同目标的林下经济效益评价，应当有不同的效益评价指标体系和权重。

参考文献

贝军,刘书峰,靳贵华,1995. 莲花池试区农林复合生态系统树种选择模糊综合评判初报[J]. 河北林业科技(S1):8-10.

毕世明,2008. 北京市林下经济年收入10亿元[J]. 湖南林业(2):40.

查黎春,朱晨辉,2018. 嘉兴市秀洲区林下经济发展模式及效益分析[J]. 现代农业科技(23):175-176.

蔡国军,莫保儒,王子婷,等,2017. 甘肃省林下经济发展模式及典型案例[A]//中国科学技术协会,吉林省人民政府. 第十九届中国科协年会——分6生态文明建设与绿色发展研讨会论文集[C]. 中国科学技术协会、吉林省人民政府:中国科学技术协会学会学术部:6.

陈红萍,2019. 林下经济的主要模式探析[J]. 山西农经(15):70.

陈巨红,黄登峰,赵云林,2010. 长株潭城市群生态经济现代服务业发展对策[J]. 企业家天地(下半月刊)(理论版)(2):5-6.

陈俊华,龚固堂,朱志芳,等,2013. 川中丘陵区柏木林下养鸡的生态经济效益分析[J]. 生态与农村环境学报,29(2):214-219.

陈启明,2015. 发展林下经济推进林下资源可持续发展利用问题的探索[J]. 绿色科技(7):27-28.

陈幸良,段碧华,冯彩云,2016. 华北平原林下经济[M]. 北京:中国农业科学技术出版社.

陈永祥,2009. 育肥牛饲养管理要点[J]. 畜牧兽医科技信息(9):50.

陈远生,甘先华,周毅,1996. 海岸带农林复合生态系统建立技术[J]. 防护林科技(12):11-15.

陈元生,程定文,桂淦,2020. 对合肥市林下畜禽养殖的调研与发展探讨[J]. 安徽农学通报,26(4):69-70.

陈长青,2005. 红壤区农林复合系统分析与评价[D]. 南京:南京农业大学.

陈志豪,闻晓明,何成芳,等,2016. 江淮地区苗木林地养鸡的生态效益[J]. 浙江农业科学,57(3):389-392.

成金华,尤喆,2019. "山水林田湖草是生命共同体"原则的科学内涵与实践路径[J]. 中国人口·资源与环境,29(2):1-6.

程贵文,2019. 探究林下经济的现状及主要模式[J]. 现代园艺(20):25-26.

单红旭,2012. 参与式理论指导下的林下经济发展研究[D]. 武汉:华中师范大学.

丁斌鹰,侯永清,徐坤,等,2008. 肉鸭稻谷专用酶制剂配方的筛选及其应用效果研究[J]. 安徽农业科学,36(2):559-560.

丁付林,孟繁志,齐联,等,2012. 让党的林改政策像阳光一样普照大地——新疆、湖南、湖北三省(区)林改督导报告[J]. 中国林业(1):14-19.

丁乡,2009. 山野菜加工技术3法[J]. 蔬菜(6):35.

段碧华,李琳,冯彩云,2012. 林下特色农业实用技术[M]. 北京:中国农业科学技术出版社.

方建民,刘洪剑,2010. 农林复合生态系统机理研究文献综述[J]. 安徽林业(Z1):87-89.

方伟,杨德清,马志华,等,1998. 高节竹笋用林培育技术及经济效益分析[J]. 竹子学报(3):15-20.

冯宗炜, 吴刚, 1992. 农林业系统结构和功能——黄淮海平原豫北地区研究[M]. 北京: 中国科学技术出版社.

傅松玲, 张桦, 刘胜清, 1996. 茶林间作效益分析[J]. 茶业通报(4): 27-28.

甘善化, 陈元奇, 2007. 自繁自养羊场的预防保健措施[J]. 福建畜牧兽医(5): 65-66.

甘善化, 2013. 羔羊的饲养管理[J]. 中国畜牧业(4): 88-89.

高宏, 许彬, 商士斌, 等, 2009. 油松松脂化学组成及加工工艺[J]. 西北林学院学报, 24(1): 146-148.

高喜荣, 2004. 太行山低山丘陵区复合农林业优良乔、灌、草选择的研究[J]. 林业科学研究, 17(2): 241-245.

桂鸿, 2008. 竹笋腌制加工技术[J]. 致富天地(3): 36.

郭宏伟, 江机生, 2011. 林下经济——充满生机和活力的朝阳产业[J]. 林业经济(9): 6-9.

国靖, 汪贵斌, 封超年, 等, 2017. 银杏林下经济模式分类及模式综合效益评价[J]. 中南林业科技大学学报, 37(1): 118-122.

韩礼光, 2009. 绿头鸭饲养管理技术[J]. 现代农业科技(13): 318.

何群, 1994. 农用林业、经济与发展[J]. 林业经济(2): 20-29.

华文, 2011. 桂皮的采收加工[J]. 农产品加工(4): 27.

黄宝龙, 黄文丁, 王强, 等, 1985. 林、农、渔相结合的造林工程——里下河滩地开发述评[J]. 江苏林业科技(1): 8-14.

黄炳文, 安昌, 王乐, 等, 2018. 福建省泉州市泉港区药用植物资源调查分析[J]. 福建医药杂志, 40(4): 136-138.

黄德源, 2013. 佛冈县林地果场生态养鸡的发展现状及问题浅析[J]. 湖北畜牧兽医, 34(6): 66-67.

黄明睿, 王锋, 2015. 肉用山羊养殖与疫病防治新技术[M]. 北京: 中国农业科学技术出版社.

黄章平, 邱智雄, 孔华清, 等, 2017. 广东韶关国家森林公园药用植物资源分析[J]. 林业与环境科学, 33(6): 43-47.

贾忠奎, 2011. 林下经济复合经营实用技术[M]. 北京: 中国林业出版社.

姜海涛, 2007. 牛常见病的防治[J]. 吉林农业(10): 34-35.

姜阳, 2005. 青年鸭的圈养管理技术[J]. 河南科技(乡村版)(11): 23.

蒋洪茂, 2009. 提高育肥牛养殖效益的几项关键技术[J]. 科学种养(12): 35-36.

金亨吉, 李南洙, 金成吉, 2006. 开发利用林下、林下草地资源努力减轻天然草地压力[A] // 中国草业发展论坛论文集[C]. 中国草学会, 农业部草原监理中心: 4.

况小宝, 张本俊, 史志华, 2003. 农林复合经营系统研究现状[J]. 江西林业科技(2): 29-31.

黎超, 2015. 横县: 林下种植草珊瑚 村民走出致富路[N/OL]. 广西新闻网, 2015-10-19[2019-10-20]. http: //news. gxnews. com. cn/staticpages/20151019/newgx5624ea46-13760525. shtml.

李海奎, 雷渊才, 2010. 中国森林植被生物量和碳储量评估[M]. 北京: 中国林业出版社.

李宏, 2002. 临洮县农业生态系统能流分析[D]. 兰州: 甘肃农业大学.

李金海, 胡俊, 刘松, 等, 2013. 北京林下经济特征与重点发展趋势研究[J]. 林业经济(3): 28-30.

李连禄, 黄育珠, 韩纯儒, 1989. 农业生态系统工业能投的折能系数探讨[J]. 农村生态环境(4): 32-36+76.

李平, 穆淑琴, 李鹏, 等, 2013. 林下散养蛋鸡养殖技术研究进展[J]. 家禽科学(3): 49-52.

李齐贤, 1988. 松脂加工工艺[M]. 北京: 中国林业出版社.

李继磊, 2013. 北京发展林下花卉模式[J]. 中国花卉园艺(15): 42.

李佳雯, 2017. 贫困村发展林下经济 核桃树下套种蔬菜[N/OL]. 四川新闻网, 2017-03-01[2019-12-20]. http://sn.newssc.org/system/20170301/002120938.html.

李伟, 魏润鹏, 郑勇奇, 等, 2013. 广东高要南部低丘桉树人工林下植被物种多样性分析[J]. 广西林业科学, 42(3): 222-225+230.

李先琨, 吕仕洪, 蒋忠诚, 等, 2005. 喀斯特峰丛区复合农林系统优化与植被恢复试验[J]. 自然资源学报, 20(1): 92-98.

李玉荣, 2017. 威宁: 倾力打造高原生态有机茶品牌[N]. 毕节日报, 2017-03-08.

林慧琦, 郑晶, 2018. 基于新型林业经营主体视角的福建省林下经济发展路径[J]. 中南林业科技大学学报(社会科学版), 12(3): 55-60.

林丽静, 黄晓兵, 2018. 竹笋现代加工技术研究[M]. 北京: 中国农业科学技术出版社.

林涛, 2013. 浅谈林下经济发展模式[J]. 现代园艺(2): 23-24.

另青艳, 何亮, 周志翔, 等, 2013. 林下经济模式及其产业发展对策[J]. 湖北林业科技(1): 38-43.

刘国生, 刘海磊, 刘建敏, 等, 2016. 丘陵坡地核桃林下旱作花生丰产栽培技术[J]. 现代农业科技(8): 18-19.

刘海霞, 胡晓燕, 2019. "两山论"的理论内涵及当代价值[J]. 中南林业科技大学学报(社会科学版), 13(3): 6-10+16.

刘宏宇, 怀凤涛, 吕桂菊, 2008. 北方特产山野菜生产与加工关键技术[M]. 哈尔滨: 黑龙江科学技术出版社.

刘美丽, 2007. 林下经济模式及综合效益[J]. 林业实用技术(4): 37-38.

刘巽浩, 1984. 能量投入产出研究在农业上的应用[J]. 农业现代化研究(4): 15-20.

刘巽浩, 1982. 我国不同地区农田生态系统能量转换效率的初步研究[J]. 北京农业大学学报(1): 47-53.

楼枝春, 刘先富, 2002. 毛竹笋用林高产高效栽培技术[J]. 中国林副特产(3): 3-4.

卢舒, 周健, 吴永彬, 2015. 乳源南水湖国家湿地公园观赏蕨类植物调查及其开发利用研究[J]. 广东园林, 37(2): 54-57.

马宁君, 吕丽萍, 2012. 发展林地生态养鸡要注意的几个问题[J]. 中国畜禽种业, 8(11): 135-136.

米方秋, 徐锡增, 方升佐, 等, 2008. 杨稻复合系统的胁地因子分析[J]. 林业科技开发(4): 56-58.

牛翠娟, 娄安如, 孙儒泳, 等, 2015. 基础生态学[M]. 3版. 北京: 高等教育出版社.

裴忠绳, 杨端河, 邓元文, 2008. 育肥牛常见疾病及防治[J]. 畜牧兽医科技信息(9): 37-38+4.

彭斌, 刘俊昌, 2014. 基于DEA模型的广西林下经济发展效率研究[J]. 广西民族大学学报(哲学社会科学版), 36(1): 168-172.

彭鹏, 侯方淼, 蔡婷, 2017. 生态文明建设背景晰经济研究趋势分析[J]. 人力资源管理(8): 366-367.

戚旺琴, 刘妮娜, 2019. 浙江东白山药用植物资源普查初报[J]. 现代园艺(3): 22-24.

裘福庚, 方嘉兴, 1996. 农林复合经营系统及其实践[J]. 林业科学研究, 9(3): 318-322.

屈志松, 郭福忠, 金长谦, 2018. 三峰山森林公园药用植物多样性特征[J]. 山东林业科技, 48(3): 57-61.

饶珠阳, 2012. 浅谈右江河谷的林下养鸡[J]. 农业与技术(3): 80-81.

沈绍斌, 张林辉, 沈富广, 等, 2019. 云南省龙陵县药用植物资源调查与分析[J]. 植物遗传资源学报, 20(1): 146-158.

宋兆民, 孟平, 1993. 中国农林业的结构与模式[J]. 世界林业研究, 6(5): 77-82.

孙宝国，2012. 躲不开的食品添加剂[M]. 北京：化学工业出版社.
孙家华，陈竹君，叶自新，等，1992. 竹笋[M]. 北京：科学技术文献出版社.
谭伟，2002. 松茸的科学采集利用[J]. 四川农业科技（7）：22.
谭著明，2013. 林下经济作物种植新技术[M]. 北京：中国农业出版社.
汤相银，2009. 科学饲养番鸭[J]. 畜牧与饲料科学，30(4)：165-167.
田红玉，陈海涛，孙宝国，2018. 食品香料香精发展趋势[J]. 食品科学技术学报（36）：1-11.
汪磊，2013. 贵州林下经济特征分析与发展对策研究[J]. 贵州大学学报（社会科学版），31(6)：28-32.
汪荣斌，李林华，王存琴，等，2018. 南陵县药用植物资源调查与可持续利用建议[J]. 甘肃中医药大学学报，35(3)：41-44.
邬枭楠，缪金莉，郑颖，等，2013. 林下养鸡对生物多样性的影响[J]. 浙江农林大学学报，30(5)：689-697.
王祖力，辛翔飞，王济民，2011. 少与人争粮、不与粮争地的林下养殖业发展——以广西肉鸡林下养殖业为例[J]. 生态经济（11）：134-136+140.
王邦富，2014. 林下经济植物栽培[M]. 北京：中国林业出版社.
王笃兰，2008. 育肥牛饲养要诀[J]. 农村新技术（7）：20.
王昊剡，2009. 育肥牛饲喂技术要点[J]. 湖北畜牧兽医（6）：11.
王虎，夏自谦，冯达，2010. 河北省林下经济产业规划布局研究[J]. 安徽农业科学，38(13)：7041-7043.
王建辉，刘春芝，2007. 新时期农村肉鸭饲养存在的问题刍议[J]. 现代农业科技（21）：188-189.
王芳芳，2017. 温州市试点"三油一稻"林下复合种植[N]. 温州商报，2017-04-11.
王岚，杨小玲，冷高红，2019. 玉屏县野生药用植物资源的初步调查[J]. 安徽农学通报，25(15)：32-34.
王丽梅，邵明安，郑纪勇，等，2005. 渭北旱塬农林复合系统环境评价指标体系研究与应用[J]. 农业工程学报（3）：34-37.
王玲玲，何丙辉，2002. 农林复合经营实践与研究进展[J]. 贵州大学学报（农业与生物科学版）（6）：448-452+462.
王平，1997. 笋汁饮料的开发与加工工艺[J]. 食品与机械（2）：19.
王世勋，2009. 圈养蛋鸭饲养管理技术[J]. 现代农业科技（14）：296，299.
王彦杰，邵军，2010. 育肥牛的饲养管理方法[J]. 现代畜牧兽医（2）：32-33.
王志新，陈建军，林丛学，2006. 长白山珍贵山野菜栽培及加工技术[M]. 长春：吉林科学技术出版社.
魏昊琴，支玲，2015. 我国林下经济研究现状及趋势分析[J]. 中国林业经济（5）：31-33.
温熙胜，何丙辉，张洪江，2007. 灰色关联度分析方法在三峡库区农林复合种植模式评价中的应用[J]. 西南大学学报（自然科学版）（7）：111-115.
文石林，刘强，荣湘民，等，2012. 南方草食动物生产预测模型——以湖南道县为例[J]. 草地学报，20(1)：183-188.
闻大中，1985. 农业生态系统能流的研究方法（一）[J]. 农村生态环境（4）：47-52.
闻大中，1986. 农业生态系统能流的研究方法（二）[J]. 农村生态环境（1）：52-56+18.
闻大中，1986. 农业生态系统能流的研究方法（三）[J]. 农村生态环境（2）：48-51.
吴钢，魏晶，张萍，等，2002. 三峡库区农林复合生态系统的效益评价[J]. 生态学报（2）：233-239.
吴建军，李全胜，1998. 柑桔园套种及其效益分析[J]. 生态农业研究，6(2)：48-50.
吴英详，曹莉莉，潘月明，等，2016. 清远市药用植物资源开发现状及其发展建议[J]. 东南园艺，4(3)：63-68.

相宝荣，2006. 香精香料生产技术问答[M]. 北京：化学工业出版社.
谢晨，何群，钟懋功，1994. 农用林业生态经济效益计量模型[J]. 生态经济（2）：35-41.
谢永刚，2010. 山野菜高产优质栽培[M]. 沈阳：辽宁科学技术出版社.
熊文愈，1998. 林-农复合生态系统的类型和效益[A]//全国"林农复合生态系统"学术讨论会. 林农复合生态系统学术讨论会论文选集[C]. 林农复合生态系统学术讨论会论文选集委员会. 1986：1-5.
夏卢克，2016. 创新林下经济新模式 油茶林粮套种结硕果[N/OL]. 瓯海新闻网，2016-09-20[2019-12-20]. http://www.ohnews.cn/system/2016/09/22/012502995.shtml.
夏铮南，王文君，1998. 香料与香精[M]. 北京：中国物资出版社.
徐海涛，赵培培，刘友富，2005. 育成鸭饲养管理[J]. 农村科学实验（5）：33.
徐慧艳，王善坤，2020. 浅谈江西省林下经济发展[J]. 中国农业文摘-农业工程，32(2)：42-43+48.
徐克，高静，2001. 山野菜采集、加工和市场预测[J]. 黑龙江林业（3）：20-20.
许庆三，吴胜峰，骆小俊，等，2009. 蛋鸭高产配套技术[J]. 现代农业科技（13）：316-317.
薛建辉，徐友新，张正跃，等，2001. 林农复合系统的间作物产量与环境因子关联分析[J]. 南京林业大学学报(自然科学版)(5)：17-20.
言天久，黄尧先，黄种足，等，2012. 林地类型对林下养鸡成活率和增重效果影响的初步研究[J]. 广西畜牧兽医，28(5)：263-264.
杨富祥，刘晓娟，王飞，等，2018. 夏河县野生药用植物资源多样性分析[J]. 林业科技情报，50(3)：21-23.
杨京平，卢剑波，2001. 农业生态工程与技术[M]，北京：化学工业出版社.
杨新周，田先娇，林惠昆，等，2019. 云南德宏州园林景观药用植物的民族植物学研究[J]. 云南民族大学学报(自然科学版)，28(3)：222-228.
杨海滨，赵杰，秦怡，等.2015. 试论林下养鹅对林地生态环境的影响[J]. 绿化与生活(7)：21-25.
姚荷，谭兴和，2017. 竹笋加工方法研究进展[J]. 中国酿造，36(11)：28-31.
于贵瑞，王秋凤，刘迎春，等，2011. 区域尺度陆地生态系统固碳速率和增汇潜力概念框架及其定量认证科学基础[J]. 地理科学进展（30）：771-787.
余晓章，2003. 农林复合模式研究与进展[J]. 四川林勘设计(3)：7-10.
翟明普，沈国舫，2016. 森林培育学[M]. 3版. 北京：中国林业出版社.
翟明普，2011. 关于林下经济若干问题的思考[J]. 林产工业，38(3)：47-49+52.
张东升，于小飞，2011. 基于生态经济学的林下经济探究[J]. 林产工业，38(3)：50-52.
张开文，2014. 浅谈林下养鸡增收策略[J]. 中国畜禽种业（6）：144-145.
张良勇，2019. 我国林下经济发展现状及对策[J]. 江西农业（2）：98.
张新时，李博，史培军，1998. 南方草地资源开发利用对策研究[J]. 自然资源学报，13(1)：1-7.
张扬南，2013. 林下经济模式及其发展探讨[J]. 安徽农业科学，41(27)：11032-11033+11057.
张以山，曹建华，2013. 林下经济概论[M]. 北京：中国农业科学技术出版社.
张毅，2018. 基于"两山论"林下经济发展的技术路线研究——以福建武平县为例[J]. 林业勘察设计，38(4)：66-70.
张志焱，张军，1998. 松茸及其产品加工[J]. 特种经济动植物，1(4)：35-36.
张海明，乔富强，张鸿雁，等，2016. 不同养殖密度的林下养鸡对林地植被及环境质量影响[J]. 北京农学院学报(4)：98-102.
章纯熙，2001. 中国水牛科学[M]. 南宁：广西科学技术出版社.

章纯熙，2002. 中国水牛乳业开发横式的运行发展[J]. 中国乳业(6)：4-8.

章纯熙，2005. 水牛奶业可持续发展建议[J]. 中国牧业通讯(15)：18-21.

赵庆华，王娜，殷婷，2010. 育肥牛常见疾病及防治[J]. 中国畜禽种业（1）：99-101.

赵荣，陈绍志，张英，等，2015. 发展林下经济对产业、民生和生态的影响研究[J]. 林业经济，37(6)：7-9+56.

赵斯，2010. 东北黑土区农林复合土壤理化性质研究[D]. 哈尔滨：东北林业大学.

赵英，张斌，王明珠，2006. 农林复合系统中物种间水肥光竞争机理分析与评价[J]. 生态学报（6）：1792-1801.

赵云焕，刘锦妮，吴海港，2012. 饲养方式对蛋鸡免疫水平、肠道菌群及蛋品质的影响[J]. 畜牧与兽医，44(10)：61-63.

郑定华，王秀全，余树华，等，2014. 橡胶林下间种地胆草技术及其效益分析[J]. 热带农业科学，34(7)：12-15.

周会平，岩香甩，张海东，等，2012. 西双版纳橡胶林下植被多样性调查研究[J]. 热带作物学报，33(8)：1444-1449.

周明亮，2019. 关于发展林下经济助推脱贫攻坚和生态文明建设的作用和建议[J]. 农业与技术，39(17)：160-161.

周杨，苗雨露，孙志蓉，2016. 我国林药林菌经济模式发展现状及其优势分析[J]. 中国现代中药，18(1)：97-101.

朱清科，沈应柏，朱金兆，1999. 黄土区农林复合系统分类体系研究[J]. 北京林业大学学报，21(3)：36-40.

朱颖，于超，2003. 青年鸭的圈养管理技术[J]. 安徽农业（10）：29.

Avila, 2004. Role of tau protein in both physiological and pathological conditions[J]. Physiological Reviews, 84(2): 361.

Bombelli A, Henry M, Castaldi S, et al., 2009. An outlook on the Sub-Saharan Africa carbon balance[J]. Biogeosciences(6): 2193-2205.

Cannell MGR, 2003. Carbon sequestration and biomass energy offset: theoretical, potential and achievable capacities globally, in Europe and the UK[J]. Biomass and Bioenergy (24): 97-116.

Dudley N, 2006. Evaluation of forest quality towards a landscape scale assessment[J]. Interim Report, 18-25.

Ewel JJ, 1999. Natural systems as model s for the design of sustainable systems of land use[J]. Agroforestry Systems (45): 1-21.

Ellis EA, Bentrup G, Schoeneberger MM, 2004. Computer- based tools for decision support in agroforestry: current state and future needs[J]. Agroforestry Systems, 61-62, 401-421.

Haile SG, Nair VD, Nair PKR, 2010. Contribution of trees to carbon storage in soils of silvopastoral systems in Florida, USA[J]. Global Change Biology (16): 427-438.

Lanzinger, H, Stadtmuller U., 2004. Refined baum-katz laws for weighted sums of iid random variables[J]. Statistics & Probability Letters, 69(3): 357-368.

Liao J, Chang GB, XUQ, et al., 2009. Study on developmentrule of musclefiber in different duck breeds[J]. Agricultural Science & Technology, 10(5): 107-109.

Luedeling E, Neufeldt H, 2012. Carbon sequestration potential of parkland agroforestry in the Sahel[J]. Climatic Change(115): 443-461.

Luedeling E, Sileshi G, Beedy T, et al. , 2011. Carbon sequestration potential of agroforestry systems in Africa. In: Kumar BM, Nair PKR eds. Carbon Sequestration Potential of Agroforestry Systems. Springer, Dordrecht [J]. The Netherlands, 61-83.

Lundgren B O, 1990. ICRAF into 1990s[J]. Agroforestry Today, 2(4): 14-16.

Masera OR, Garza-Caligarisa JF, Kanninenb M, et al. , 2003. Modeling carbon sequestration in afforestation, agroforestry and forest management projects: the CO_2 FIX V. 2 approach[J]. Ecological Modelling(164): 177-199.

McGraw H, 1990. Influence of forest on streams[M]. New York: Yearbook of Science and Technology.

Montagnini F, Nair PKR, 2004. Carbon sequestration: an underexploited environmental benefit of agroforestry systems[J]. Agroforestry Systems(61): 281-295.

Mosquera-Losada MR, Freese D, Rigueiro-Rodríguez A, 2011. Carbon sequestration in European agroforestry systems[A]//In: Kumar BM, Nair PKR eds. Carbon Sequestration Potential of Agroforestry Systems[C]. Springer, Dordrecht, The Netherlands. 43-59.

Nair PKR. , 2011. Agroforestry systems and environmental quality: introduction[J]. Journal of Environmental Quality(40): 784-790.

Nair PKR, Kumar BM, Nair VD, 2009. Agroforestry as a strategy for carbon sequestration[J]. Journal of Plant Nutrition and Soil Science(172): 10-23.

Nair PKR, Nair VD, Kumar BM, et al. , 2009. Soil carbon sequestration in tropical agroforestry systems: a feasibility appraisal[J]. Environmental Science & Policy(12): 1099-1111.

Nair PKR, Nair VD, Kumar BM, 2010. Carbon sequestration in agroforestry systems[J]. Advances in Agronomy (108): 237-307.

P. K. R. Nair, 1985. Classification of agroforestry systems[J]. Agroforestry Systems, 3(2).

Peichl M, Thevathasan NV, Gordon AM, et al. , 2006. Carbon sequestration potentials in temperate tree-based intercropping systems, southern Ontario, Canada[J]. Agroforestry Systems(66): 243-257.

Schroth G, D'Angelo SA, Teixeira WG, et al. , 2002. Conversion of secondary forest into agroforestry and monoculture plantations in Amazonia: consequences for biomass, litter and soil carbon stocks after 7 years[J]. Forest Ecology and Management(163): 131-150.

Smiley G, Kroschel J, 2008. Temporal change in carbon stocks of cocoa-gliricidia agroforests in Central Sulawesi, Indonesia[J]. Agroforestry Systems(73): 219-231.

Smith P, Falloon P, Franko U, et al. , 2007. Greenhouse gas mitigation potential in agricultural soils. In: Ganadel JG, Pataki DE, Pitelka LF eds. Terrestrial Ecosystems in a Changing World[J]. Springer-Verlag, Berlin. 227-235.

Szott L T, Palm C & A, 1996. Nutrient stocks in managed and natural humid tropical fallows[J]. Plant Soil (186): 293-309.

Takimoto A, 2007. Carbon Sequestration Potential of Agroforestry Systems in the West African Sahel: An Assessment of Biological and Socioeconomic Feasibility[D]. Florida: University of Florida.

Tieszen LL, 1993. The role of riparian corridors in maintaining regional biodiversity[J]. Ecological Applications, 2 (3): 209-212.

Tilman, David, Downing, 1994. Biodiversity and stability in grasslands[J]. Nature(367): 363-365.

Udawatta RP, Jose S, 2011. Carbon sequestration potential of agroforestry practices in temperate North America.

In: Kumar BM, Nair PKR eds. Carbon Sequestration Potential of Agroforestry Systems[J]. Springer, Dordrecht, The Netherlands, 17-42.

Udawatta RP, Jose S, 2012. Agroforestry strategies to sequ- ester carbon in temperate North America[J]. Agroforestry Systems (86): 225-242.

Ward PR, Micin SF, Fillery IRP, 2012. Application of eddy covariance to determine ecosystem-scale carbon balance and evapotranspiration in an agroforestry system[J]. Agricultural and Forest Meteorology(152): 178-188.

Wolf S, Eugster W, Potvin C, et al., 2011. Strong seasonal variations in net ecosystem CO_2 exchange of a tropical pasture and afforestation in Panama[J]. Agricultural and Forest Meteorology(151): 1139-1151.

Yadava AK, 2010. Carbon sequestration: underexploited environmental benefits of Tarai agroforestry systems[J]. Indian Journal of Soil Conservation (38): 125-131.

Zhai T, Mohtar RH, Gillespie AR, et al., 2006. Modeling forage growth in a Midwest USA silvopastoral system [J]. Agroforestry Systems (67): 243-257.